卓有成效的企业年度经营计划

著 —— 王 磊 夸克书院

中国铁道出版社有限公司
CHINA RAILWAY PUBLISHING HOUSE CO., LTD.

图书在版编目（CIP）数据

卓有成效的企业年度经营计划 / 王磊，夸克书院著 .—北京：
中国铁道出版社有限公司，2022.8（2025.10重印）
ISBN 978-7-113-28947-8

Ⅰ.①卓…　Ⅱ.①王…②夸…　Ⅲ.①企业管理－年度计划
Ⅳ.① F272.15

中国版本图书馆CIP数据核字（2022）第040294号

书　　名：**卓有成效的企业年度经营计划**
ZHUOYOU-CHENGXIAO DE QIYE NIANDU JINGYING JIHUA

作　　者：王　磊　夸克书院

责任编辑：马慧君　　　　编辑部电话：（010）51873005　　　投稿邮箱：zzmhj1030@163.com
美术编辑：宿　萌
责任校对：孙　玫
责任印制：赵星辰

出版发行：中国铁道出版社有限公司（100054，北京市西城区右安门西街8号）
网　　址：https://www.tdpress.com
印　　刷：三河市兴博印务有限公司
版　　次：2022年8月第1版　2025年10月第5次印刷
开　　本：710 mm×1 000 mm　1/16　印张：19.25　字数：291千
书　　号：ISBN 978-7-113-28947-8
定　　价：69.00元

序　言

企业解决经营问题必备基本功

任何一个组织系统的变革都需要一个切入点，无论是组织架构还是薪酬，制度还是战略。经过十几年的企业顾问实践，我认为完善组织功能、实现企业效益目标最好的切入点是从年度经营计划开始！

任何一个成熟的组织系统，其最关键的标志是能否有效制订每年的经营计划。没有计划的组织系统，或者计划得不到实际执行的组织，对比计划周密且执行流程完善的组织来说，其经营风险会呈几何级数放大。

因此，制订、执行年度经营计划的方式是一个组织成熟度最重要的标志。

不同类型的组织往往使用完全不同的计划方式。依据量化管理思想中对组织进化发展的分析：一个组织从初级阶段逐步发展到高级阶段，其中要经历五个不同的发展周期。这五个完全不同的阶段性周期可以形象地比喻为：婴儿期（原始阶段）、儿童期（萌芽阶段）、青年期（成长阶段）、中年期（成熟阶段）和老年期（理想阶段）。

当然，组织发展处在不同的阶段，所适用的经营计划方式是不相同的。

婴儿期（原始阶段）的组织形态比较原始，根本没有制订年度经营计划的习惯，想到什么就做什么，哪里有利润就向哪里投入，组织经营的方向经常依据领导人的喜好甚至是一时的冲动而发生变化。这种组织形态的经营风险无疑是最大的。大多数流动商贩就处在这样的阶段，没有经营目的，只有经营动机，常常"打一枪换一个地方"。

儿童期（萌芽阶段）的组织形态经营思想已经开始萌芽，还不够清晰。组织已经懵懂地体会到了自己的经营优势与经营方针，但没有重视每年的经营计划。计划对企业来说，只是一个很简单的目标，或者是组织持续经营的必要前提。

青年期（成长阶段）的组织形态开始尝试有针对性、有目的性地执行经营规划。在提出年度经营目标的同时，开始注重实现目标的路径和执行过程中的监控与调整。然而，由于受到领导者经营经验以及企业内外部经营环境变化的影响，经营目标经常与组织能力不匹配。目标过高则导致疲于奔命，目标过低则导致无所事事。

中年期（成熟阶段）的组织形态更注重年度经营目标的合理性。经营目标不是某个人或者某几个人开会讨论出来的，而是通过详尽的市场调研分析出来的。同样，年度经营计划实现的路径也是组织多年经营经验的总结，因此，计划能得到最大程度的执行保障，从年初开始，就基本衡定了本年度的经营结果。

老年期（理想阶段）的组织形态一切经营活动都建立在事前规划的基础上，最大程度避免了各种经营风险的发生。组织经营如同设定好航线的航班，只要少量的监管和调整，就能顺利抵达目的地。

本书主要介绍组织在成熟阶段——中年期，所使用的年度经营计划制订及执行方法。这是一个企业从依靠"经验经营"到依靠"数据经营"的必要过渡阶段，也是一个企业开始塑造核心竞争力的必备基本功！

本书所介绍的年度经营计划的生成方式，比较适合发展到一定规模的企业使用。在计划的制订过程中，通过对经营计划产生原理的深入剖析，引导管理者思考经营的动力源在哪里，从而引发企业各层级对于战略、架构、薪酬、营销、生产、日常管理等多方面管理职能的更新升级，最终引导企业逐步完善现代化科学的管理系统，形成企业核心竞争经营能力。

　　本书不是一本简单的理论书籍，也不完全是一本可以照抄照搬的工具书。它的主旨是将企业管理的方法与策略通过制订及执行年度经营计划而有机连接起来，应该说是一本理论加实践的工具书。

　　虽然每个企业所处的经营环境不同、领域不同、行业不同，但制订经营计划的原理大同小异。只要掌握了年度经营计划制订的原理，再根据本书提供的必要工具辅助分析，千差万别的企业都将能够合理有效地规划经营，用最少的资源换取最大的经营成果。

　　如果您能将书中所提到的年度经营计划初步导入企业，一定会给您的企业带来可喜的增长与发展；如果您能持之以恒地完善各个环节，一定会给您的企业带来更深刻的变革，基业长青不再是一个奢望！

王　磊

2021 年 9 月 14 日夜·杭州

目　录

| 第 1 章 |

1

认识企业年度经营计划

内容提要：

1. 介绍企业制订年度经营计划的好处；

2. 介绍企业、年度、经营、计划每个词的含义；

3. 介绍企业年度经营计划；

4. 介绍事件结构模型；

5. 介绍项目、项目管理以及立项的相关内容；

6. 介绍年度经营计划中三种类型的项目。

本章导读

目前，我国企业正在经历由经验型向科学型转变的历程。大多数企业管理者做计划的方式还停留在经验型阶段，他们习惯于根据自己以往的从业经验和对市场的简单判断，得出本年度的经营目标，然后将这个目标分成几块，作为企业各部门的经营任务。至于这个目标是否合理，往往是管理者说管理者的道理，执行者说执行者的道理，企业管理的隔阂也由此而生。

其实，真正的计划不是凭空构想出来的，也不是根据以往的经验简单得出的，而是经过精密的逻辑推理出来的。可以这样说，一个企业制订计划的能力，代表该企业整体的竞争力。

世界上几乎所有成功的企业，都将有效制订年度经营计划作为每一年的重点工作。而我国不少企业年度经营计划的制订还停留在"拍脑袋计划、拍大腿后悔、拍屁股走人"的初级阶段。因此，我国企业必须学会如何制订计划、如何执行计划，让企业实现从经营机会到经营能力的转变，从经营产品到经营品牌的转变，从经营个体到经营组织的转变。

第一节　企业为什么要做年度经营计划

现在中国经济已经进入"下半场"，市场竞争的核心不再是谁能想到一两个好主意，谁能抢到一个好机会，而是到拼耐力的时候了。在新的市场环境下，中国企业将面临新的机遇和挑战，为了生存和发展，中国企业必须完成以下三个转变：

据世界银行统计，中国民营企业普遍存在以下一些问题：

1. 没有目标，企业管理者和员工都不清楚自己的工作目标、工作任务；
2. 没有操作流程，员工不知道怎么去干自己的工作或仅凭经验去工作；
3. 没有工作标准，员工不知道要做到什么程度；
4. 没有考核细则，企业在确定岗位职责时没有量化，没有细则；
5. 没有激励措施，员工做多做少一个样，做好做坏一个样。

1. 从经营机会到经营能力的转变。在新的市场环境下，中国企业已经不能再把抓住的一两个市场机会作为企业核心动力了，而是要真正打造属于自己的核心竞争力。这意味着同样做一件事情，需要用更高的效率，更少的人，达成更好的效果，这才是现代企业的核心竞争力，也是企业从经营机会到经营能力的转变。

2. 从经营产品到经营品牌的转变。企业要从原来简单的、短期的、战术性的销售，转变成一边销售一边打造自己的品牌，让品牌越来越强。企业可以通过销售来带动品牌，当然品牌又反过来推动销售的增值，形成一种正向的循环，这就是从经营产品到经营品牌的转变。

3. 从经营个体到经营组织的转变。 这个转变，是三个转变中最重要的，因为这个转变涉及本质，也是企业"耐力"的核心。企业"耐力"就是内力，是企业内部的一种人才力量，未来组织的竞争不是简单的营销竞争，而是人才的竞争。过去以企业家为核心的运营模式，未来将转变成以组织配合为核心的运营模式，这就是中国企业面临的转变。

一个组织只有完成了这三个转变，才能适应中国经济"下半场"的残酷竞争。未来，中国企业不再是靠一两个人，不再是靠找到一两个空白市场机会就能获得成功的经营模式，而是看谁具有真正的能力。年度经营计划就是帮助企业打造这种真正能力的工作方法。

运营体系（管理模式）

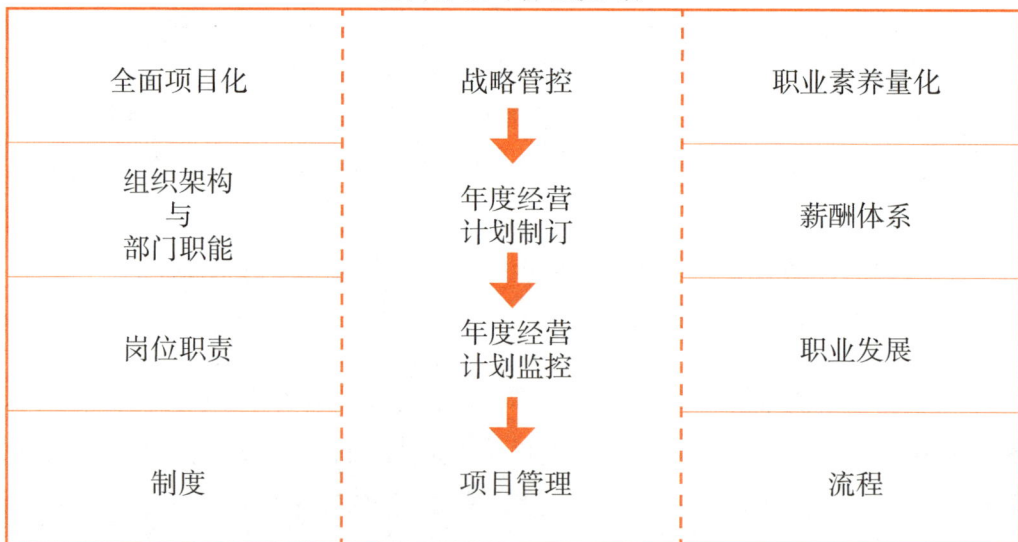

全面项目化	战略管控	职业素养量化
组织架构 与 部门职能	⬇ 年度经营 计划制订	薪酬体系
岗位职责	⬇ 年度经营 计划监控	职业发展
制度	⬇ 项目管理	流程

年度经营计划在组织运营中处于核心位置，向上承接战略，向下联系日常工作，向左向右连接公司组织架构、薪酬体系等。企业通过实施年度经营计划，可以带来以下改变：

改变一，目标更容易达成

实践证明，企业系统性导入年度经营计划以后，所确定的销售目标会更科学，这样企业每年目标达成的概率也会比没导入年度经营计划高很多。

改变二，利润得到提升

年度经营计划有一个重要的管理措施，就是实行全面项目预算制管理。每一笔钱都有项目归属，每一个项目所产生的费用都需要先经过项目经理的批准，这使得预算管理更科学和严谨。企业也因为有了更科学和严谨的预算思维，使利润得以提升。

改变三，部门之间的矛盾得以降低

因为年度经营计划导入了跨部门的项目管理机制和项目积分激励机制，这意味着只要被别人邀请，你就可以加入其他部门的项目，并获得项目积分和项目奖金。

这个机制可以推动各部门之间的融合和协作，增加各部门之间的相互配合，从而形成真正的团队合作。企业通过这种项目管理方式，将大家的利益绑定在一起，不仅提高了收入，还让各部门同事之间的关系变得更融洽。

改变四，真正的人才得以发现

年度经营计划有一个特殊要求，那就是每个项目都要有项目经理，并且项目经理不允许由部门负责人担任，必须由部门内部的其他人员担任。每个项目经理负责管理一到三个项目，这样这些项目经理就有了独当一面的机会。企业可以通过这种方式筛选所需要的人才，这些人才就是企业未来的中层管理人才，他们可以帮助企业走得更远更好。

改变五，员工整体的工作积极性得以提升

没有实施年度经营计划的企业，员工只需要在自己的岗位上完成自己的 KPI 就可以了。但是实施年度经营计划以后，所有员工的奖金都变成了项目的积分，员工用项目积分来兑换奖金。员工想要获得更多的奖金，只有不断地争取多参加项目，获得更多的项目积分。这可以增强员工对于工作的渴望和热情，节省整个组织的人力资源，让员工在有限的时间内发挥出最大的价值。

改变六，员工的专业化程度得以提高

企业施行年度经营计划后，会帮助员工养成良好的工作习惯。年度经营计划让员工学会做事先做计划，然后通过召开技术讨论会进行不断地调整，不断地改进。当一个组织能够改变自己的工作方法，从非职业化的工作方法走向职业化的工作方法以后，整个组织的进步是全方位的。员工整体能力和素质的提高，会给企业带来持续的增长。

改变七，专业知识库得以形成

年度经营计划能够帮助企业积累宝贵的经验。在年度经营计划导入项目管理的时候，会推出项目归档制。所有项目在做完以后都会要求参与员工将涉及项目过程的文件进行严格的整理和归档。只有归档完成以后才能叫项目结束，只有项目结束才能获得项目奖金。

这种特定的工作流程和要求，会让员工认真地整理和汇总资料，然后将资料交到指定的地方。这样，公司就会建立一个资料室，慢慢累积就会形成一个巨大的知识库。这些知识对于员工提高专业水平，完善工作方法，得到快速成长都有非常重要的意义。

当然，实施年度经营计划除了以上七个好处以外，还有一些其他的好处，比如让高管们更团结，让战略更清晰，还可以帮助企业建立内部培训机制。企业导入年度经营计划带来的改变是多方面的，通过一系列新型的做法和流程，最后让整个组织都发生巨大的改变，慢慢形成一种欣欣向荣的氛围。

年度经营计划是一种能解决企业各种经营问题的管理模式，可是很多企业无法将其有效落地。企业弄不清楚目标，找不到有价值的项目，导致实施效果不是很好。正因为如此，企业需要反复不断地实践，在不断实践中真正掌握年度经营计划，通过这种先进的管理模式，打破中国企业短寿的魔咒。

本书会向大家详细介绍如何有系统、有步骤、有组织地制订年度经营计划，并将其有效落地，帮助企业建立一套与市场竞争相适应的量化管理模式，从整体上降低组织成本，提高业务管理水平和经营效率。

本书所讲的这套年度经营计划制订体系，经过数十年的沉淀和提炼，还在一

些知名企业进行实践，并取得了理想的结果。一些企业导入该模式一年后，就实现了销售额与纯利润的双翻！这套计划模式不是凭空想象出来的，而是依据国际成型的管理模型推导出来，并在实践中得以升华与完善的。

　　企业年度经营计划模式将引导企业成功走出依据经验制订计划的风险陷阱，让企业依据逻辑、依据数据、依据科学完善的经营体系，实现从经营机会到经营能力的转变！实现从经营产品到经营品牌的转变！实现从经营个体到经营组织的转变！

思考与行动

1. 分析你所在的企业目前存在哪些问题？

2. 对于这些问题你有什么解决方案？

3. 如果在你所处的企业中推行年度经营计划，你觉得会产生什么效果？

第二节　了解企业、年度、经营、计划的含义

在介绍企业年度经营计划之前，我们有必要对企业年度经营计划中的企业、年度、经营和计划分别说明一下。

企业

企业是商业组织发展到一定阶段的称谓，是深度工业化的商业组织。不是所有的商业组织都能叫企业，只有内部深入贯彻专业协作工作方法的商业组织才能称之为企业，那些没有深度工业化的商业组织还不能称为企业。

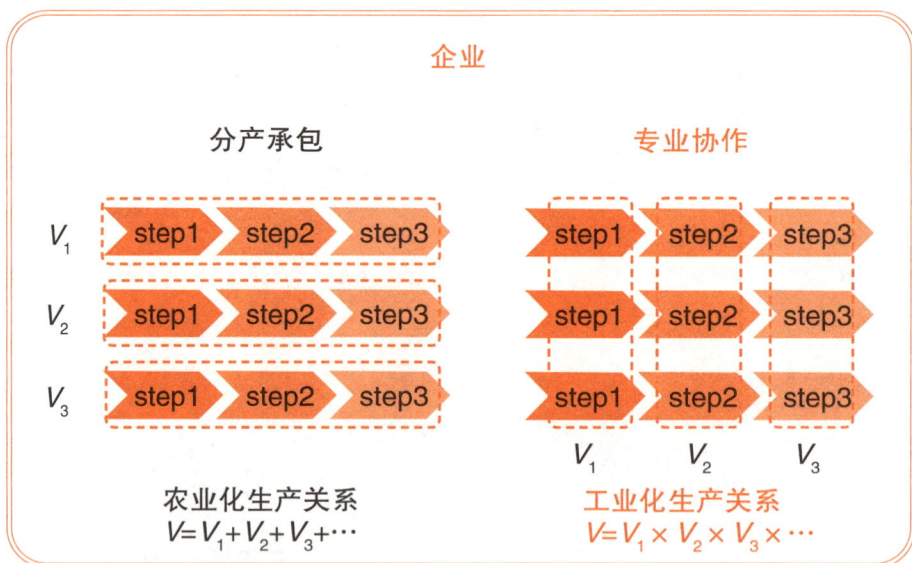

目前很多企业都还是以农业化的方式运作，其主要特征是分产承包，其创造

的价值是 $V_1+V_2+V_3$，是加法模式，效率低下；而工业化企业的特征是专业协作，其创造的价值是 $V_1 \times V_2 \times V_3$，是乘法模式，效率较高。

同样一块地，农业化企业会将这块地分块承包给不同农民耕种，最终所有农民的耕种收入便是这块地的全部收入。如果某个农民出现了一些问题，比如说生重病了，或者是田地没耕种好，那整块土地的收入就会受到影响。此外，由于不同农民的耕种方法和耕种水平有差异，不同地块土地的收入差异也会比较明显，土地的整体收入可控性较低。

工业化企业的做法完全不同。工业化企业会召集同样数量的农民，将他们分成几个小组，然后将耕种所涉及的所有任务打包成项目，将项目中的各个任务分给对应的小组，比如有的小组负责采买种子，有的小组负责除草耕地，有的小组负责播种，有的小组负责收割，有的小组负责仓储运输。这样不同时间段，不同小组就有了不同的任务，各个小组需要协同工作，才能完成整个耕种项目。

按照工业化企业的安排，擅长播种的农民会被分配到播种小组，擅长收割的农民会被分配到收割小组。参与劳作的农民并不需要掌握所有耕种技巧，只要精通其中的某个环节，就可以创造出最大的效益。即使一个农民在某个环节出现失误，小组中的其他人也会补齐相关工作，这样整体的耕种计划便会顺利实施。

在工业革命之前，许多手工作坊采用的都是农业化运作方式。但工业革命之后，工业化运作方式开始盛行起来，这种专业协作的工作方式也越来越受到认可。

进入国内市场后，宝洁公司只用16年就让中国地区的销售额增长近4 000倍。这个傲人的成绩就是靠工业化运作方式来实现的。在16年里，宝洁的员工走了一批又一批，部门经理也换了一拨又一拨，但宝洁在中国的销售并没有受到太多影响。

当宝洁公司在中国采用工业化运作方式迅猛发展之时，有一些中国企业也发现了这种管理方法的高效，便打算引入这种工业化运作方式。最后的结果如何呢？

这是一家广东企业，年销售额是2 000万元，共有5名专业销售人员，每人每年大约能够完成 400 万元的销售额。

这家企业引入工业化运作方式后，依然保留了原有的销售部门，作为销售一部，同时新开辟一个销售二部，招聘了 8 名没有相关工作经验的大学生。销售一部，依然是原来的 5 名专业销售人员，按照之前的方式销售。销售二部，采用工业化运作方式，8 名大学生被分为 4 组：1 组为客户信息组，主要负责收集客户信息；2 组为商务接洽组，主要负责与客户接洽，介绍公司业务及产品；3 组为招投标组，主要负责参与招投标活动；4 组为跟单组，主要负责已签订单的跟踪及售后服务工作。

一年后，销售一部的销售额依然为 2 000 万元，销售二部的销售额只有 800 万元；第二年，销售一部的销售额降到了 1 500 万元（有一个销售人员跳槽），销售二部的销售额达到了 4 000 万元；第三年，销售一部的销售额只剩下 800 万元（又有 2 个销售人员跳槽），销售二部的销售额达到了 8 000 万元。

在第三年后，这家企业取消了销售一部，全部按销售二部的工作方法开展销售工作。结果第四年，这家企业的销售额达到了 1.2 亿元。后来该企业逐步发展并成功上市。

短短三年时间，这家企业因使用工业化的运作方式，不仅取得良好的成绩，还在市场竞争中占得先机，成功上市了。所以，企业必须是深度工业化运作的商业组织，因为没有工业化这个基础，企业的经营效益提升就无从谈起。所以在企业这个概念中，最重要的便是工业化的专业协作方法。

年度

这里的年度是指财政年度，简称财年。财年是自定的，没有国际通用版本，不过划分的时候通常都不能打破季度。此外要注意，年度经营计划中所有项目都必须发生在本财政年度内。

公司财年一般分为以下几种：

圣诞财年（1 月 1 日——12 月 31 日）

春节财年（4 月 1 日——次年 3 月 31 日）

年中财年（7 月 1 日——次年 6 月 30 日）

建议：中国企业公司做年度经营计划的时候，最好采用春节财年。因为春节财年比较符合中国国情，符合中国企业的工作节奏。这样从 1 月 1 日开始启动年度经营计划项目到 4 月 1 日正式开启年度经营计划前，能顺利将计划做出来，到第二年 3 月 31 日前能顺利完成年度经营计划中的目标。如果采用其他财年，可能因为工作节奏不符合，导致年度经营计划中的目标无法实现。

经营

经营，包含了企业在一年内的所有活动，涉及营销、组织和生产的各个方面，也就是说企业所有的事都包含在经营中。

有些企业管理者将经营与销售混为一谈，将年度经营计划当成每年的盈利计划，这是不对的。虽然大多数企业都需要盈利，企业年度经营计划的侧重点也在营销，但年度经营计划不是企业每年的盈利计划。企业在实现盈利需求的同时还得兼顾组织环境、执行效率等外围客观因素。所以，企业年度经营计划是基于执行的组织经营计划。本书所说的经营可以用下面的公式表达：

$$经营 = 组织工作 \times 生产工作 \times 营销工作$$

从上面的公式可以看出，一家企业如果仅仅依靠营销，很难将企业长久地经营下去；同样，仅仅依靠生产或者组织活动，企业也不会长治久安。比如，粗放型企业在不规范的市场环境中，市场供不应求，营销工作就变得多余，产品只要生产出来就能卖出去，这时生产计划几乎等同于全部经营计划；但是，在成熟的市场环境中，同行业竞争激烈，营销工作就非常关键，这时如果没有适合的营销计划，产品再好也会无人问津。而组织工作是在任何情况下都不能缺少的。

经营与销售的区别：

经营——是指管理者追求企业绩效的一切行为，是顾客、竞争者以及职工价值观与操作行为的体现，在此基础上归总形成企业基本设想与科技优势、发展方向、共同信念和追求的目标。从定义可以看出，经营不等同于盈利，一个目标、一种观念，甚至是一个遥不可及的理想，都可以成为经营的方向。不论是营利组织，还是非营利组织；不论是企业，还是机关团体，任何组织都需要依靠经营而存在。

销售——就是展示商品提供的利益，以满足客户特定需求的过程。商品包括有形的商品及其附带无形的服务。满足客户特定的需求是指客户特定的欲望被实现，或者客户特定的问题被解决。

因此，能够有效提升企业运营效率的年度经营计划，必然是考虑到组织工作、生产工作和营销工作的综合性计划，而不是单纯地讨论如何完成销售额的指标分解计划。年度经营计划不但要探讨如何确定各部门的工作目标，还要研究如何实现这些目标。

企业经营不是简单的累加，不是一个人一年能实现一万元的纯利润，一万个人一年就一定能实现一亿元的纯利润。当组织规模扩大后，会面临各种问题，这时需要一个能实现分工、协调、沟通、保障、生产、文化建设等职能的高效组织。只有高效的组织才能保障组织成员工作成果的累加，才能保证目标的达成。

计划

计划源于系统目标，表达为项目集合。

提到计划，大家可能想得比较简单，以为就是一个行动时间表，什么时间做什么事情，这只是对计划的一般理解。当我们谈到年度经营计划时，这个计划是有特殊含义的。它有什么特殊含义呢？

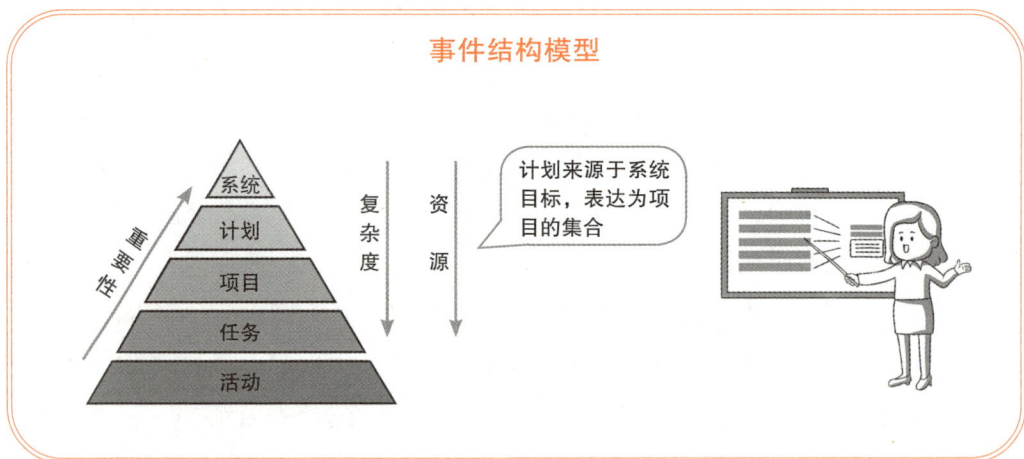

事件结构模型

计划来源于系统目标，表达为项目的集合

制订企业年度经营计划的基本工作模型就是事件结构模型。该模型一共分为五个层级，最上面的层级就是系统，也就是一个公司，系统的目标也就是公司的目标，就是销售目标。如果我们把公司目标比喻成方程，用 y 来表示销售目标，那么系统每年研究的就是多元多次方程，相当于解 $y=ax^n+bz^m+ct^e$ 这样的多元高次方程。公司想要把销售做起来，需要生产、研发、销售、财务等多"元"（相当于部门）的配合，每一"元"里面，比如财务部，又包含税务管理、费用管理、成本管理等，所以公司每年销售的达成就相当于公司管理者每年解一个多元高次方程的过程，不过这个方程可不好解，因为影响因素实在太多了。

想要解这样的多元高次方程，一般第一步是将其降为一元方程，$y=ax^3+bx^2$，这个一元方程相当于计划；不过计划有一定的难度，一般人做不了，所以还要继续降维，将其降到一元一次方程，$y=ax+3$，这样的话大家就知道怎么解了，这个一元一次方程就相当于项目。

所以做计划就是将复杂的计划分解成一个相对简单的项目，通常这个分解工作需要公司中层管理者来做。从这来看，**年度计划就是降维，是按照上面的模型和思想将复杂的系统问题转化成相对简单的计划问题，然后再转化为项目问题。**年度经营计划其实就是将整个销售目标分解成以部门为单位的工作目标，然后再向下分解为具体的一个个项目。如果将复杂的目标分解成一个个简单的项目了，那年度经营计划就成功了；如果没有很好地完成这个降维工作，那年度经营计划就是不成功的。

> 做计划最关键的因素：
> 1. 计划来源于目标；
> 2. 计划分解为项目。

计划的本质就是将复杂的目标分解为项目。计划最重要的价值就是将复杂的事情分解成由简单的项目所组成的工作。计划是什么？就是由简单项目组成的一个集合，是以目标为导向，由目标分解而来，最后表达形式是由简单的一次方程组成的项目的集合。

一个好项目的特点就是非常简单，当我们说到一个项目，就知道是什么，怎么去做。如果说到一个项目，别人都不知道怎么去做，那这就不是真正的项目。一个真正的项目，一说名字就能想象出大概动作是什么，比如参加展会这个项目，听到项目名字就知道要拿公司资料去布展。

目前企业年度经营计划常见的问题，就是目标要么没分解到位，要么分得太细，导致立项太多。如果没分解到位，导致项目太难，将不利于授权和执行；如果立项颗粒度（每个项目打包的大小）太小，导致项目太多，将不利于管控。一般全面项目化的企业，立项最好控制在 100 个左右；如果只是重点项目化，那么立项控制在 30 个左右就行了。

年度经营计划的系统运作模式是企业问题的综合解决方案；年度经营计划是引领企业从传统运作模式（游击队）向现代化运作模式（正规军）转变的起点。年度经营计划是一个非常重要的模式，这个模式有提纲挈领、牵一发而动全身的重要作用。如果企业能够认真把这个工作方法贯彻到组织中去，可帮助组织从传统的管理模式走向正规化管理，打造一支专业化和正规化的团队。有了一支这样的队伍，还有什么目标达不成呢？

思考与行动

1.你所处的企业属于农业化模式还是工业化模式？

2.你所处的企业还有部门属于农业化部门吗？如果有，要不要变成工业化？怎么变？

第三节　什么是企业年度经营计划

绝大多数企业有自己的年度计划，却没有自己的年度经营计划。

为什么这么说？因为很多企业虽然每年都制订计划，但这个计划不是年度经营计划。这些企业的计划通常是这样的：

第一种，只设定一个目标，然后直接将目标分解到销售人员头上；

第二种，设定一个目标，然后按以往经验采取一些措施；

第三种，采取分部门的做法，各部门做各部门的年度计划，然后汇总成为整个公司的计划。

这些企业的年度计划存在一些问题：

第一种做法，虽然有目标，但是没有具体的策略；

第二种做法，虽然有设计策略，但这些策略仅凭经验和头脑风暴的方式获得，带有赌博性质，是不靠谱的；

第三种做法会导致各部门做计划的过程是一个争夺资源的过程，会导致企业利润始终上不去，经常处在亏损的边缘。

这些年度计划都不是正确制订年度经营计划的方式。真正的企业年度经营计划不是简单的指标分解计划，而是事业促成计划。真正的年度经营计划不是"猜"出来的，也不是"定"下来的，更不是"商量"好的，而是"算"出来的。

年度经营计划是基于企业内部的各部门专业协作，以立项的方式来制订计划的一种方式。它既包含对实现年度目标的策略思考，也包含了将工作策略转化成具体的工作项目和预算的管理，可以说，年度经营计划是现代企业管理中一个重要的组成部分。

企业在制订真正的年度经营计划时，不仅要关注计划的目标，还要格外关注实现计划目标的路径。企业在制订年度经营计划时，不仅要告诉各个执行部门今年需要完成的目标，还要告诉执行部门应该怎样去完成，配备的资源有多少，应该怎样控制完成目标的过程，以及完成目标的各个关键点等。

年度经营计划制订的原则：

1. 以战略为导向，由上至下的制订模式，由战略规划到年度经营计划，再到项目；

2. 以目标为导向，围绕目标展开，生成策略、需求，再分解为项目；

3. 以市场为导向，对市场进行研究分析，发现问题，生成策略，满足客户需求；

4. 以协作为导向，整合资源，将市场部、销售部、研发部、产供部通过营销价值链整合在一起。

所以说，企业年度经营计划的制订是从目标到措施的分解与细化过程，是从措施到资源匹配的过程，是从资源匹配到资源获取、资源保障的过程，也是企业管理职能支持、过程检查、控制和调整的过程。在这个过程中，会同时涉及组织的设置、人员的安排、流程的梳理以及内部考核激励等各个环节。

有效制订年度经营计划，是企业从经验型组织转变到科学型组织最关键的里程碑。如果想自己的企业能长长久久，那就从有效制订年度经营计划开始吧。

在有效制订年度经营计划之前，要在基础概念上统一认知。如果基础概念没有统一，直接套用本书的工具、模板、表格和工作模型，不仅不能给企业带来收益，可能还会打乱原本的组织管理秩序，给企业造成损失。

思考与行动

1. 你之前认为的企业年度经营计划跟本书所阐述的一样吗？

2. 假设现在让你负责企业年度经营计划，你会从哪几个方面去考虑？

第四节　制订年度经营计划的基本工作模型

事件结构模型是企业有效制订年度经营计划的基础工作模型，它为年度经营计划的执行提供了参考依据，所以在制订年度经营计划前要对该模型有所认识。

根据事件结构模型，企业的工作可划分为系统、计划、项目、任务、活动五个不同的层级。每个层级设置不同的管理者：总经理是一个公司的系统管理者，总监是计划管理者，部门经理是项目管理者，主管是任务管理者，普通员工是活动管理者，具体说明如下：

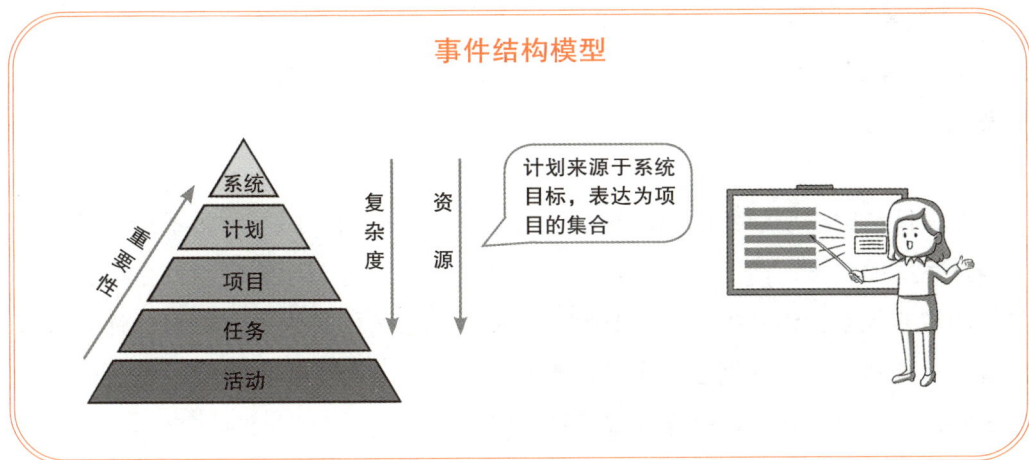

系统层级

总经理是企业的系统管理者，负责确定并掌控企业的战略发展方向，其主要工作内容就是定义企业战略规划。一个优秀的总经理是思考者而非执行者，他需要思考企业未来的生存模式和经营形态，同时需要合理地调配各种资源——资金、产品结构、组织结构等，在某段时间内实现企业的战略规划。

比如说史蒂夫·乔布斯将"苹果电脑公司"转变为"苹果公司"，就是一次具有战略意义的转型。以前人们都认为苹果是卖电脑的公司。面对竞争日趋激烈的 PC 零售市场，乔布斯制订了公司的战略规划："我们不是卖电脑的，我们是卖快乐的，我们需要客户通过我们的服务感受到快乐，因此除了卖电脑，我们还可以做很多事情。"于是，苹果成功开发了 iPodMP3、iPhone 等一系列产品，让公司得以成功转型。在企业内部，系统层级的工作必须由总经理主导，只有总经理才有足够的权力和能力协调好复杂的战略规划问题。系统层级的工作是宏观且长远的经营行为，决定企业的生存状态。

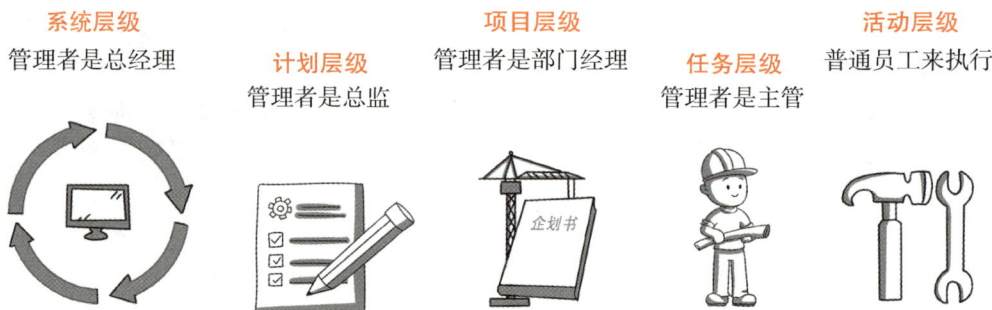

系统层级
管理者是总经理

计划层级
管理者是总监

项目层级
管理者是部门经理

任务层级
管理者是主管

活动层级
普通员工来执行

计划层级

在事件结构模型中，计划层级起到承上启下的作用，向上承接系统，其目标要服从系统的目标，向下连接企业日常具体的工作。计划层级的工作是根据企业整体的战略规划，将其拆分成有步骤、有秩序的可行性计划，并对这些计划进行监督、管理和执行。计划层级的管理者是总监，其主要工作任务是根据战略目标生成实现目标的计划，并保障这些计划得以实现。

年度经营计划属于计划层级，其管理者——总监位置是非常重要的。但现在很多企业的总监形同虚设，或者进化为副总经理——做高级秘书的工作，或者退化为部门经理——做项目执行的工作。国际先进企业的总监，主要实现两个职能：一是生成策略的职能，根据企业的战略要求，分析出具体的执行策略，也就是做计划；二是管理职能，能够有效地监督、管理、控制计划的落实。

项目层级

项目层级的管理者是部门经理，主要工作职责是管理并监控工作项目的完成情况。项目层级是企业最重要的管控层级，从项目的执行数量和质量上就可以清晰地评估企业计划的实施情况。年度经营计划的进一步细分，是生成若干个工作项目。比如，总经理根据市场环境和公司资源的综合评估结果制订出五年内要成为行业第一的战略目标；营销总监根据这个战略目标制订了将市场占有率扩大为40% 的年度经营计划；部门经理根据这个计划，制订出一系列工作项目，比如，提高产品终端覆盖率、提升经销商满意度、改进产品性能或者包装、降低零售价格等。这些项目依次完成之后，市场占有率扩大 40% 的计划就被实现了。

任务层级

任务层级的管理者是主管。任务是对项目的进一步细分，所以任务层级的目标更加具体而清晰，比如，一个促销管理项目可以分解为制订促销计划、与销售终端商洽、采购促销品、现场促销实施和评估促销结果等多个任务。

任务层级对执行者的管理素养要求不高，更偏重于执行能力。大多数经过训练的人员，都可以履行任务层级的工作职责。有些企业将任务层级的工作进行规范化处理，形成标准的工作流程，从而保障任务的顺利执行。

活动层级

活动层级是企业管理中最细致而又最频繁发生的工作，通常由普通员工来完成。由于活动层级的工作庞杂且随机性很强，所以大多数管理者容易忽视对该层级工作的管理。但活动层级工作完成的好坏、效率的高低关系着系统目标能否完成，所以管理者要重视对该层级的管理。

思考与行动

1. 根据事件结构模型，你目前处于哪个层级呢？
2. 你目前所做的工作符合你所在的层级吗？

第五节　用项目描述年度经营计划

企业想要制订切实可行的年度经营计划，需要从事件结构模型入手，找到工作管理的基本单位，并通过定义这个单位，来度量所有的工作分配和完成情况，从而保障每年的计划得以落实，最终实现企业的战略目标。

实践结果表明，构成年度经营计划的基本单位只有定义在项目层级上，效率才是最高的。

一、项目的定义

项目是以一套独特而有相互联系的工作事务为前提的，有效地利用资源，为实现一个特定的目标所做的努力。

二、项目的特征

明确的起止点	每个项目都有明确的开始和结束时间
明确的产出	每一个项目必须有一个成果，并且这个成果是可估量的
独立性质	项目和项目之间相对独立

三、项目管理（MBP）

所谓项目管理，就是项目的管理者在有限的资源约束下，运用系统的观点、方法和理论，对项目涉及的全部工作进行有效管理，即从项目的投资决策开始到项目结束的全过程进行计划、组织、指挥、协调、控制和评价，以实现项目的目标。

四、立项的核心内容

立项，就是制订年度工作项目列表的简称。立项的目的是将客户需求、具体的关键问题和策略，落实为可操作的项目，所以立项时需要考虑：做什么？做到什么程度？谁来做？什么时间做？需要多少资源？对这些问题回答就成为立项的核心内容，如下图所示：

五个问题	五个核心内容
A. 做什么	A. 项目名称
B. 做到什么程度	B. 项目目标
C. 谁来做	C. 项目经理
D. 什么时间做	D. 时间计划
E. 需要多少资源	E. 资源需求

项目名称

每个项目都要有一个具体的项目名称，项目名称要求能简单、清晰地表达核心工作、明确并且无歧义，正确的格式是"××年度××内容管理项目"。比如，公司做一次广告宣传活动，如果直接把这个项目命名为"广告宣传项目"，就比较宽泛，不具体，如果改成"2021年度 TV 广告投放管理项目"就比较清晰具体。

项目目标

项目目标，就是实施项目所要达到的期望结果，即项目所能交付的成果或服务。项目实施过程实际就是一种追求预定目标的过程，因此，从一定意义上讲，项目目标应该是被清楚定义，并且可以最终实现的目标。

一个没有目标的项目是很可怕的，比如市场调研项目目标是"调研一级市场"，这同于没有项目目标。目标是什么？企业要知道调研的结果，比如了解一级市场的容量、检测现有品牌与竞争对手的差距等等。只有把这些具体的目标量化出来，才叫定好了项目目标。

项目经理

每个项目必须有专门的项目经理，并且只能有一名项目经理。项目经理要对整个项目负责到底。很多企业想提高效率而同时设立两个项目经理是不科学的，因为多人管理往往会产生出了成绩相互争功，出了问题相互推诿的情况。

项目经理不仅是项目执行者，还参与项目的需求确定、项目选择、计划直至项目收尾的全过程，并在时间、成本、质量、风险、合同、采购、人力资源等各个方面对项目进行全方位的管理，因此项目经理可以帮助企业处理需要跨领域解决的复杂问题，并实现更高的运营效率。

项目经理的工作量可以通过项目积分制去考核。项目积分制是项目管理中用来管理项目参与者的一种积分机制。通过对项目中的 T（时间）、O（操作复杂度）、U（不可控性）三个维度的综合评估得出该项目总的积分。项目经理按照一定的规则将这个项目积分分配给参与该项目的员工，一般项目经理自身的分值不能超过总分值的一半。这样通过项目积分就能知道每个人的工作强度如何，是超负荷工作，还是正好。

假设一项目经理一年共负责 4 个项目，这 4 个项目的期限都是 12 个月，其分值分别是 100 分、80 分、60 分、30 分，该项目经理可以分得的分值占各项目总分的一半，则该项目经理每月的平均项目积分 =（100+80+60+30）×50%÷12=11.25。把该项目经理的平均积分跟其他项目经理的平均积分进行对比，如果偏多，说明该项目经理的负荷比较大，应该给他降低工作量；如果偏少，则说明负荷太轻，应该给他增加一些工作量。

同样的道理，企业可以通过项目积分制对公司员工进行考核，通过积分来统一调配人员，从而达到人力资源的高效利用。

时间计划

立项过程常被管理者忽视的是时间问题。"时间待定"绝对不可以出现在项目单上，项目一定要有清晰的时间规划，什么时候开始，什么时候截止。假如到了指定时间，项目还没完成，造成时间拖延，那么这个项目的总体评价就会受影响，即使最终把项目完成了，项目的评价分也会很低，这将直接影响到项目负责人的绩效考评。

资源需求

要清晰列出项目所需要的资源需求。资源需求分为人力资源需求与资金需求两类。需要特别指出的是,一旦资金需求被确定下来,原则上就不能轻易做出调整,至少项目经理无权限更改项目对资金的要求，假如实在需要追加项目预算，则需要经过总经理的审批。

五、立项的步骤

第一步：分层

分层是形成项目合集的过程，工作项目并不是凭空产生的，而是根据本年度需求分析出来的（如下图所示）。企业根据市场调研的结果生成本年度经营策略之后，各个部门将根据每一条经营策略或者经营目标，生成本部门的项目，如下图所示：

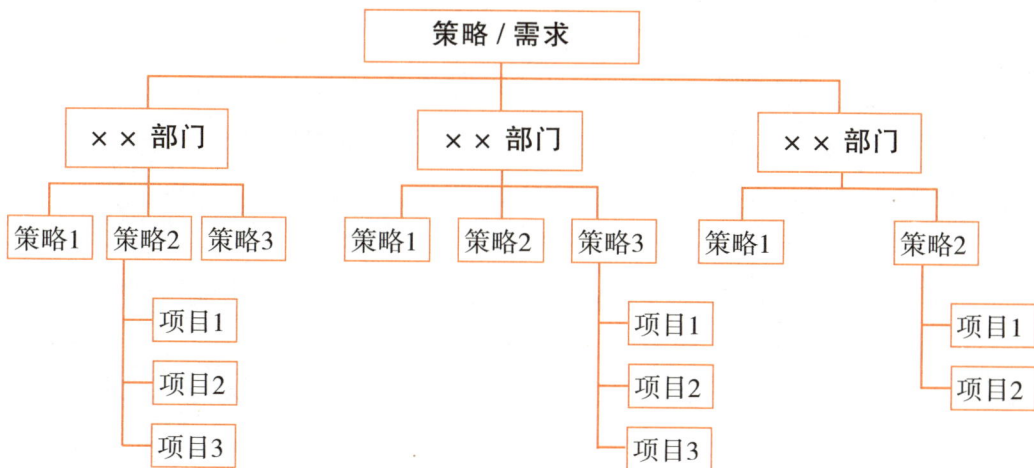

第二步：打包

打包是对工作项目进行剪辑的过程。为什么要对工作项目进行剪辑呢？因为有的项目工作量很大，有的项目工作量很小，为体现公平性原则，项目的工作量大小应该接近，所以在确定项目时要对项目重新剪辑，也就是打包，让其工作量大小接近。

第三步：确定项目名称和项目目标

项目目标是项目最终状态的体现，能反映项目最终完成的一种明确状态，有可衡量性。量化分为两种形式：

1.一种状态的描述；（如：×××时间内完成营销政策报告）

2. 有明确的数据指标；（如：×× 产品市场占有率提高 3 个百分点）

通常用以下格式来表达：

> **【项目目标】**
>
> 在_____年_____月_____日前，完成/提交_____；
>
> 标准为：1......
>
> 　　　　2......

注意：以要点形式清晰表达标准的关键指标三条以内为宜，否则项目评估就会非常复杂。

第四步：确定项目经理、资源需求和项目排期

一位出色的项目经理大约可以同时监管 3 ~ 6 个项目，排期上要注意平衡每个月度的项目数量，不能太多，以免影响项目的结果。项目时间跨度以 3 ~ 6 月为宜。

六、立项模板

某服装企业市场部 2022 年度立项示意如下：

编号	SC2022-CG002	SC2022-GS040	SC2022-ZL056
类型	常规型	改善型	战略型
项目名称	新产品上市支持	2022年终端门头、灯带标识更换	产品定价流程和标准建立
项目目的	通过订立陈列指导手册、波次陈列方案及对销售指定人员的培训，满足新产品上市的支持需求。	通过对终端门头、灯带标识的更换，提高品牌识别度和记忆度。	通过定价流程和标准的建立，对内规范公司内部工作流程，对外体现品牌定位，维护品牌档次。
项目目标	1.内容完整（包含搭配陈列手册、波次陈列方案）；2.无明显逻辑错误；3.销售部指定人员考核通过率90%以上。	在2022年3月15日前完成终端门头、灯带标识的更换，标准为：1.更换数量至少为1 000家；2.验收通过率100%；3.通过识别度和记忆度的测试（至少60名消费者60%通过）。	在2022年9月30日前完成，标准为：1.内容完整（包含公司自产成衣、外购成衣、饰品的定价流程、标准及数学公式）；2.定价思想符合品牌定位；3.符合公司实际，无明显逻辑错误。

续表

编号	SC2022-CG002	SC2022-GS040	SC2022-ZL056
项目经理	×××	×××	×××
项目预算	×万元	×万元	×万元
起止时间	2022年1月4日 2022年12月31日	2022年1月4日 2022年3月15日	2022年1月4日 2022年9月30日

思考与行动

1. 你从事过有关项目类的工作吗？

2. 试着分析一下你所从事的项目是否具备前面所讲的五个特征。

第六节　年度经营计划中三种类型的项目

企业年度经营计划中的所有项目都来源于需求，并经过了恰当的分解，生成常规型项目、改善型项目和战略型项目这三种类型（如下图所示）。

常规型项目

为维持企业正常运营所要做的项目

· 关键词：稳定可靠
· 项目来源：全面项目化

改善型项目

为了改善企业的某种现状、状态开展的项目

· 关键词：立竿见影
· 项目来源：营销价值链
  1）营销策略
  2）需求传递

战略型项目

为企业未来的发展的项目

· 关键词：立足长远
· 项目来源：策略规划

常规型项目来源于日常工作，通过全面项目化将日常工作进行打包，生成了常规型项目，它是为了维持企业正常运营所要做的项目，它需要按照一定的流程来做，所以要稳定可靠。

改善型项目来源于营销价值链，其目的是改善企业的某种现状或状态开展的，直接服务于营销，跟业务挂钩，要求速度，所以必须要有立竿见影的效果，否则就没有意义了。

战略型项目来源于战略规划，是战略回顾中的一条条策略生成了战略型项目，它是为企业未来发展开展的项目，是一个打基础的工作，所以要立足长远。

如果一家企业年度经营计划中，这三种类型都有，则说明该企业年度经营计划已经达到了高级水平，并且已经实行了全面项目化；如果企业还没有实行全面项目化，通常只有战略型项目和改善型项目，没有常规型项目。

通常情况下，如果一个中小型企业实行了全面项目化，那么所有项目的数量控制在 100 个左右，其中常规型项目控制在 70 个左右，战略型项目控制在 10 个左右，改善型项目控制在 20 个左右。不过还是以企业实际情况而定，所有项目最好控制在 80-120 个，并且常规型项目：改善型项目：战略型项目三者的比例应该是 7∶2∶1。

常规型项目

如果企业实行了全面项目化，那么常规型工作打包生成常规型项目，比如日常办公用品的采购、人才的招聘等。一般常规型项目第一年做好后，以后每年不用再重复去做了，直接拿过来用就行，因为常规型项目基本很少改变，都是 70 个左右。常规型项目可以和其他项目同时进行，不过改善型项目和战略型项目最好一个项目经理一次只负责一个，不要同时负责两个这样的项目，否则就会影响项目完成的效果。

为什么常规型工作也要立项？因为，如果不立项就会诞生常规型工作，这时企业有一部分叫项目，有一部分叫工作，项目和工作是两个不同的概念，就产生了矛盾：如何去比较做工作的人和做项目的人他们对公司的贡献？如何考评他们？这导致管理越来越复杂。此外，如果一个人既做常规型工作，又做项目型工作，这样既有 KPI 奖金，又有项目奖金，这时员工就开始比较，要将工作重心放在哪儿？不管员工侧重于哪个都不对，因为我们希望员工两个都重视。

将常规型工作项目化的好处是提高了员工综合职业化水平。我们知道人对经常做的工作容易产生懈怠，如果一件工作每天都在做，就不会再严格要求自己，这将导致员工整体的认真态度降低。但是如果将这些常规型工作项目化，因为项目本身有着严格的流程，所以不管这项目做了多少遍，都会严格按照流程走，这会时刻让员工保持着严谨认真的态度。

将常规型工作立项是为了训练员工严谨、认真、专业化的工作作风，虽然有些麻烦，但必须这样做，因为对员工习惯的培养，要大于对技能的培养，让员工养成正确的工作习惯，思维习惯，要远比教员工某个工作的具体做法好得多。

所以比较理想的企业年度经营计划，是把所有工作都立项。不过，如果是第一年开始做，觉得精力上跟不上，日常工作可以先不立项，只立战略型及改善型项目，等熟练之后再实行全面项目化也是可以的。常规型工作是经常发生，并且相互之间大多是平行、独立的，但我们不能将每一件常规型工作都立成一个项目。对于常规型工作我们一般遵循 50 次异常合并成一个项目的原则。

这是什么意思呢？假设某企业准备 2022 年实行全面项目化，那么财务部的常规型工作就要全部立项，这时财务部将所有相互独立的工作都列举出来，然后统计每一项工作在 2021 年出现的异常次数，比如报销在 2021 年出现 90 次异常，报表出现 20 次，记账出现 48 次，预算出现 20 次，审核工资出现 10 次。因为报销出现异常次数多，说明该项工作的流程有问题，不标准，正好通过立项去纠正，按照 50 次异常为一个项目的原则，可以将报销立两个项目，将记账立一个项目，将报表、预算和审核工资合并立一个项目，这样财务部的常规型项目就立好了。其他部门的常规型项目也按照这样的方法去立。

企业立项规范及常规型项目案例如下表所示：

结　　构	说　　明
项目编号	一般为【部门缩写+年份+"－"+项目类型缩写+序号】
项目名称	一般为【时间+范围+宾语+动词】
项目目的	用关键词描述项目达成的状态，一般为【维度+程度描述】
项目目标	项目目的近似量化的描述
项目预算	预估的项目现金支出
起止时间	预估项目正式开始及结束时间
项目经理	对项目结果负责，并拥有项目内最高管理权的唯一项目责任人
项目积分（TOU）	T代表时长，O代表复杂程度，U代表不可控性，每一个项目从这三个方面进行评估、打分，然后将分值相乘得出项目积分

市场部常规型项目案例	
项目编号	SC2021–CG005
项目名称	2021–2022年产品规划
项目目的	完成方法科学的、内容完整的、符合品牌定位的产品规划
项目目标	1.完成一次包括定性、定量的需求调研，定量调研的样本不低于1 000个 2.产品规划报告至少包括需求分析后的产品种类开发和改进方向、基于品牌规划的产品上市时间布局 3.产品规划报告获得品牌管理委员会基于品牌定位的审核通过
项目预算	4万元
起止时间	2021年1月4日–2021年12月31日
项目经理	刘××
项目积分（TOU）	3×3×2=18分

改善型项目

在企业年度经营计划中，除了常规性工作之外，为了实现长期的战略目标，年度经营计划中还会有一些"补短板"的工作。所谓的"补短板"工作就是改善型工作，就是那些企业之前做得不好，让客户不满意的工作。如果这些工作在新的财年没有得到改进，企业就会失去一部分客户，所以企业必须抓紧时间补足这块"短板"。于是这些补"短板"的工作就会变成一个个项目，这些项目就是改善型项目。改善型项目来自营销价值链（将在第五章介绍），改善型项目的数量每年控制在 20 个左右；改善型项目的完成时间要控制在 3 个月内完成，最长不要超过 6 个月，时间跨度太长，不利于改善业绩。

改善型项目案例：

销售部改善型项目案例	
项目编号	XS2021–GS002
项目名称	2021年上半年谈判
项目目的	完成需求匹配的、客户认可的、流程标准的个性化客户谈判
项目目标	1.完成不少于20个客户需求的调研，并完成需求的匹配 2.至少完成4个客户且每个客户15万元产品金额的谈判
项目预算	4万元
起止时间	2021年1月4日–2021年6月30日
项目经理	王××
项目积分（TOU）	3×4×4=48分

战略型项目

企业除了常规型工作和改善型工作，还有一种要立足于长远目标的工作，这就是企业的战略规划。想要这些战略规划得以实现，也需要将其变成一个个项目，这些项目就是战略型项目。战略型项目来自战略规划，一般战略型项目的数量每年控制在 10 个左右，过多企业将无法完成，完成时间最好控制在 12 个月以内。

为什么要对年度经营计划中项目的起止时间要求那么严？

因为一家企业优秀的项目经理本来就不多，通常一个项目经理会管理好几个项目，如果一个项目的时间拖得过长，就会出现一个项目经理被迫同时管理好几个项目，这样会导致该项目经理管理的所有项目质量都会下降，所以理论上我们希望一个项目经理在一个时间段内，只管理一个改善型项目或一个战略型项目，这样能将全部精力聚焦在一个项目上，会提高项目的完成质量。如果项目经理一个项目还没做完，又来一个项目，最后的结果可能是每一个项目都没做好。所以，企业在安排项目时，一定要提前考虑好起止时间。

战略型项目案例：

销售部战略型案例	
项目编号	XS2021–ZL002
项目名称	新产品销售
项目目的	完成可盈利的、流程清晰的新产品销售
项目目标	1.完成10个新产品上架 2.盈利要≥15万元 3.完成售前、售中、售后销售流程的制订
项目预算	3万元
起止时间	2021年1月4日–2021年12月31日
项目经理	许××
项目积分（TOU）	5×3×4=60分

思考与行动

1.试着分析一下，你目前所做的项目属于什么类型的项目？

2.分析一下这类型项目的来源、立项目的，以及怎样才能顺利完成？

2

企业年度经营计划由谁来制订

内容提要:

1. 市场部的职能是什么?

2. 年度经营计划的制订流程有哪些?

3. 如何制订企业年度经营计划?

本章导读

很多人对市场部的职能不是很清楚，以为市场部只是销售部的附属，是配合销售部做促销、宣传的部门。其实不然。市场部是一个非常重要的部门，不仅负责制订企业年度经营计划，还负责很多其他重要的工作，比如，品牌管理、品牌规划、品牌传播、新产品上市、促销管理、公关管理、制订市场策略等。市场部相当于企业的"大脑"，负责协调其他部门的运作。

市场部的核心职能是品牌和产品，主要对品牌和产品收益负责。一个企业想要长久发展下去，必须要建立自己的品牌，这就需要搭建一个专业的市场部。

如何建立一个专业的市场部？企业需要做两件事情：一个是策略，一个是品牌。策略是指市场部作为企业的市场策划部门，主要负责企业市场工作的方向和进程，实现企业战略规划中的营销规划，具体包括公司的品牌策划、年度经营计划、广告与媒体策划等。品牌分为战略类品牌和战术类品牌。战略层面包含建立品牌定位、品牌规划、品牌管理手册等工作；战术层面包含品牌策略调研、分析，年度计划制订以及日常品牌监控工作。

如何落实这些工作？首先，完善市场部的组织架构（市场部总监、项目经理、主管、职员）与岗位职责，同时将相应的人员调整到位；其次，需要将市场部的工作通过立项、专人专职落实；最后，需要对市场人员进行专业技能培训，包括消费者行为学、市场调研、品牌管理、媒介管理、广告管理等课程的培训与带教，形成教学课程与操作手册，帮助企业完善人才培养机制，实现人员能力提升。

第一节　市场部的职能

　　企业想要在激烈的市场变化中保持竞争力，必须尽快实现从经营产品到经营品牌的转变，然而品牌想要得以创造、管理和发展，必须要有专业的市场部来管理和建设。很多人可能都以为市场部是配合销售部做促销、宣传的部门，或者是做市场调研，抑或是做媒介管理、文案策划的部门。这些看法是错误的，对市场部根本不了解才会出现这样的误解。

　　我们知道一支精锐部队作战取得胜利的关键因素，不是前方英勇的士兵，不是后方辛苦奔波的后勤，也不是骁勇善战的军官将士，而是足智多谋的总参谋部。因为在战斗开始前，总参谋部就决定了应该怎么打、打多久、打到哪里。虽然其他各项因素也很重要，但都得服从总参谋部的统一调配。对于一家优秀的企业来说，市场部就相当于精锐部队中的"总参谋部"。

　　那些世界著名的企业，没有一个不是以强大的市场部支配运行的。苹果、微软、宝洁、联合利华等企业，都配有完善和健全的市场部。企业在市场部的统一指挥下，销售、研发、生产、财务、人力资源等各部门，既能独当一面，又能相互形成协调一致的整体。为什么这些著名的企业都这么重视市场部？因为在实际工作中，市场部太重要了，它像"总参谋部"一样指挥着企业各部门的协调运营。

　　目前很多企业的市场部根本没有发挥出其相应的职能，并且还存在各种各样的问题，导致市场部缺乏策划和计划的能力，沦为销售支持部或推广部。其实，市场部的核心职能有两个：一个是策略，一个是品牌。

　　所谓策略，是指市场部作为企业的市场策划部门，主要负责企业市场工作的方向和进程，实现企业战略规划中的营销规划，具体包括公司的品牌策划、年度经营计划的制订、广告与媒体策划等。如果用人体来比喻市场部跟其他部门的关系，市场部相当于人的大脑，其他部门则相当于人体的骨骼、肌肉、血液、神经系统等，这些部门都需要市场部门的指挥与命令。

某企业 2021 年度经营计划目标

1. 业务类目标

2021 年销售目标 1 亿元，比 2020 年增长 25%，税前利润率为 6%。其中：

（1）渠道销售目标 3 500 万元（国内渠道 3 000 万元，国外渠道 500 万元），比 2020 年增长 16.67%，税前利润率达 4.43%；

（2）店面销售目标 2 500 万元，比 2020 年增长 25%，税前利润率为 5%；

（3）电商销售目标 4 000 万元，比 2020 年增长 33.33%，税前利润率为 8%。

2. 组织类目标

人均利润 6 万元 / 人　计划人员编制 100 人。

所谓品牌，又分为战略类品牌和战术类品牌。战略层面品牌包括建立品牌定位、品牌规划、品牌管理手册等工作；战术层面品牌包括品牌策略调研、分析，年度计划制订以及日常品牌监控工作。

很多企业根本没有意识到品牌的价值，只看重销售额的提高，每年追求的也只是销量的增长，认为只要销量持续提高，企业的运营就是成功的。但真正成功的企业，除了销量的增长，还要有品牌价值的增长，只有两者都不断增长才算是真正的成功，企业才能长盛不衰。

有些人不知道市场与销售的区别，常常将二者混为一谈。其实市场和销售是两个完全不同的概念，并且市场人员和销售人员每年的任务指标也是完全不同的。因为市场部的核心职能是策略和品牌，所以市场部主要对品牌和产品收益负责；而销售部的核心职能是销量和服务，所以销售人员主要对渠道收益负责。

市场部对品牌、产品负责。销售部不对单独的产品负责，只对管辖的渠道销量负责。通常市场部按照产品和品牌做策略，考虑的是产品升级，或者多做促销活动；销售部考虑的是怎么在现有的渠道上增加销量，或者怎么拓展新渠道。

市场部和销售部，这两个部门相互配合、相互制约。销售部会对市场部提出改进要求，市场部也会对销售部提要求——销售人员进入某个渠道后，尽量让公司更多的产品也进入该渠道销售。

市场部和销售部的利益是一致的，都是为了销量的增加，但二者思考的原点不同。市场部为品牌和产品服务，销售部则围绕渠道的增量，这正是市场和销售的区别，也是营和销的配合。

> **品牌经理的职能：**
>
> 1. 制订品牌规划，确定公司远景和品牌统一性；
> 2. 定期检测品牌结构与品牌资产状况；
> 3. 在内外部沟通品牌的统一规划，规划并实施媒体 / 时机 / 广告 / 资讯的有效组合，仔细评估各项工作与品牌的一致性；
> 4. 争取高层和员工的支持；
> 5. 管理产品特性与定价；
> 6. 建立与完善分销渠道；
> 7. 通过科学的商业计划争取资本支持；
> 8. 品牌法律保护；
> 9. 审视经营环境。

建立市场部是企业战略发展的需要，想要让组织走向职业化，必须要有专业的人员对产品和品牌负责。

通常市场部按照品牌和产品来分二级部门；销售部按照渠道来分二级部门。市场部核心管理者是品牌管理者和产品管理者；销售部核心管理人员是渠道负责人，比如，卖场负责人、电商负责人、连锁负责人等。

品牌经理就是单个品牌的直接负责人，负责品牌的整体运作，维护和提高所管辖品牌的品牌资产，也就是说品牌经理负责品牌的综合销售和品牌综合的溢价。产品经理是品牌下面某些产品的直接负责人，负责该产品的整体运作。

品牌经理跟产品经理相互制约，产品经理考虑的是产品的销量，品牌经理考虑的是品牌的溢价。如果将产品经理比喻为拉马车的马儿，那品牌经理就是掌管马车的人，由他负责马儿跑的方向和速度。

有的企业只设置产品经理，没有设置品牌经理，这将导致各产品经理为了提高自己所管辖产品的销量，采取不同的定价策略，直到最后公司都没有形成一个统一的定价。

企业品牌建设是一个漫长的过程，需要市场部的持续推动。品牌的积累和沉淀是市场部不断在内部和外部推动的结果。只有建立起来一个强大的市场部，企业才能拥有经营品牌的实力。只有建立起一个真正的市场部，企业才能从"游击队"变成"正规军"。

思考与行动

1. 你所在企业有市场部吗？

2. 你所在企业的市场部履行的是市场部的职能吗？如果不是，应该怎么整改？

第二节　年度经营计划的制订流程

通常情况下，企业年度经营计划由市场部制订，并按照项目管理的思想进行运作。一般按照以下流程制订年度经营计划：

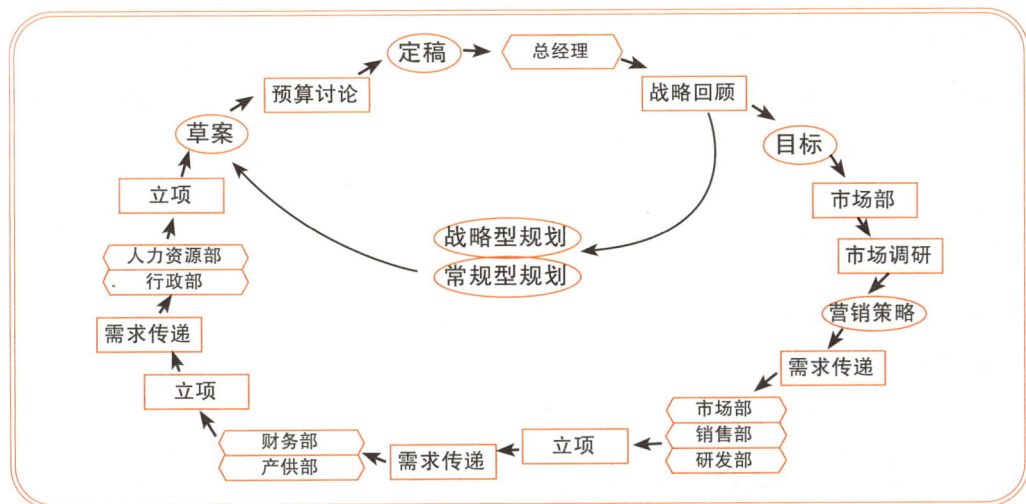

一、项目启动会

年度经营计划属于常规型项目，每年都需要立项，启动时间根据企业选择的不同财年而不同。如果是第一次做需要提前三个月，等熟悉之后提前一个半月开始，具体要视企业自身的实际情况而定。如果企业选择的财年是 1 月 1 日到 12 月 31 日，可以从 10 月 1 日启动，到 12 月 31 日结束。如果非常熟练，则最晚启动时间为 11 月 15 日，不过保险起见，建议还是从 10 月 15 日开始。

二、制订年度经营目标

企业管理者根据企业远景确定本年度的战略规划，如果之前已经做过战略规划，需要对之前的战略进行回顾，看目前企业处于什么阶段，然后根据战略规划及市场调研生成本年度经营目标。

> 启动时间：根据选择的不同财年，提前一个半月到三个月
> 项目负责人：市场总监
> 参会人员：总经理、副总经理、各部门总监
> 会议内容：项目组对项目计划达成共识

这里需要注意控制战略型项目的数量，一般控制在 10 个, 最多不要超过 12 个；还要注意每年经营目标的确定不是根据上一年的销售情况简单推算出来的，而是以战略规划为导向，根据战略的重点确定工作的重点。如果战略规划要求某年需要提升利润，那这一年的目标就是利润，所有工作都是围绕这一点。企业的年度经营目标一定是基于战略目标，且要严格遵守。

> **一个合理的年度目标的特点：**
> 1. 与企业远景、战略规划、品牌规划目标一致；
> 2. 与企业目前的资源相匹配；
> 3. 增长速度与市场环境相匹配。

三、制订具体的经营策略

年度经营目标确定后，市场部将围绕年度经营目标进行调研和分析，然后制订出本年度具体的经营策略，以达到经营目标的实现，这些策略也成为立项的基础。经营策略包括宣传策略、渠道策略、性价策略。

四、前端部门立项

企业前端部门，包括市场部、销售部、研发部。这些部门根据年度经营计划策略开始立项，确定部门的预算支出及资源分配，并将自己的需求传递给后端部门。通常是前端部门向生产部提出生产需要，向财务部提出财务需求。此外，销

售部、研发部、生产部、财务部再向人力资源部提出人才的需求，向行政部提出行政需求。

> **立项原则：**
> 1. 以实现营销目的为导向；
> 2. 围绕关键问题与机会，突出重点；
> 3. 项目要落实到部门工作中。

五、后端部门立项

后端部门，包括生产部、人力资源部、行政部、财务部。这些后端部门接收到前端部门提出的需求，经过内部讨论分析后进行优先级排序，将需求落实成项目，一一解决。

前端部门、后端部门通过不断立项，生成了战略型项目、改善型项目，注意战略型项目数量控制在 10 个左右，改善型项目控制在 20 个左右。因为常规型项目每年都差不多，很少改变，做计划的时候一般不再重复讨论，直接将上一年度的常规型项目（70 个左右）加进来就可以了。这样 100 个项目（这里指中小规模企业的项目数量）加在一起就形成了年度经营计划的草案。

六、年度预算

企业完成年度经营计划的草案后，交由总经理审阅。因为草案中有每个项目的预算，将其相加就有了年度经营计划的总预算。总经理根据企业战略规划及资源，对项目进行一些调整，跟各部门讨论后，最后将年度经营计划定下来。

一般年度经营计划的定稿时间要在新财年开始的前 10 天，需要留一些时间给部门经理将项目部署下去。

七、宣导

年度经营计划定稿后，总经理、副总经理及各部门负责人要在上面签字。签完字的年度经营计划由总经理面向全体员工进行宣导，宣导内容包括总预算、时间、各部门的项目编号等，宣导要在新财年开始之前完成。

制订完成后的年度经营计划，一份交给财务部，让其以此为依据控制年度预算；一份交给人力资源部，让其考核项目经理的工作。

八、监控机制

企业通过一套有效的监控机制监督年度经营计划的实施，如果发现问题马上进行改正，保障计划的顺利实施。

思考与行动

1.如果你所处的企业要实施年度经营计划，分析一下最好什么时候开始？

2.制订年度经营计划一共需要八步，你觉得哪一步最重要？

第三节　企业年度经营计划制订实战案例

河南巨力公司，成立于 2000 年，是一家专业制作电梯设备电缆及周边配件的制造业企业。巨力公司刚成立时只有 40 人左右，因为人少，管理比较原始，基本是老板直接管理员工和各项事务。管理的重心也只放在生产和销售上，其他方面如市场推广、财务、人力资源等都只起到基础的配合作用。后来，巨力公司慢慢发展壮大，老板董某发现之前那种管理模式已经不适用现在的规模了。为了将公司继续做大做强，董某开始积极学习一些新的管理模式。

2009 年，董某带领巨力公司的核心管理团队，开始学习全面项目化、职业素养量化、项目管理、薪酬激励、品牌量化等方面的知识，了解量化管理体系。学习完理论知识后，董某及其核心团队开始在企业内部尝试导入年度经营计划，不过实施的效果并不理想。为了避免企业花费太多的时间去摸索试错，避免因试错打击管理团队的积极性，董某决定请专业团队——夸克公司来帮助自己的企业制订年度经营计划。

夸克团队经过调查和研究，发现巨力公司制订的年度经营计划存在以下问题：

1. 年度经营目标缺乏科学依据，没有分析出经营中的影响因素，主要依靠领导的经验和感觉，最后不管目标能否达成都很难总结经验教训；

2. 年度经营计划只是销售指标的分解，没有具体的策略，员工拿到指标就去做，根本没有事前的思考计划；

3. 因为缺乏统一规划，各部门经常发生争夺资源的事情，企业内耗严重；

4. 高层管理者对年度经营计划并不是很了解，缺乏整体控制力，也没有及时监控年度经营计划的执行，直到出现大问题才发觉，造成了资源浪费甚至丧失了补救的机会。

巨力公司通过对量化管理的学习，已经掌握并基本导入全面项目化、战略规划、项目管理等模块，这为制订年度经营计划打下了坚实的基础。不过巨力公司还没建立起完整的年度经营计划制订流程，所以工作流程、工作方法上还有待加强和完善，于是夸克公司决定巨力公司在制订2010年年度经营计划时加强以下几个方面：

1. 通过市场调研、基于ADP模型（将在本书第四章第三节详细讲述）的分析生成年度策略；

2. 年度经营计划最终体现为：战略准备性项目、改善提升性项目和常规维持性项目；

3. 建立年度经营计划管理制度和流程，为计划落地做保障，为知识固化打基础。

确定解决方案后，2009年12月巨力公司跟夸克公司正式开展了2010年度经营计划制订项目的合作。

以前，巨力公司认为作为B2B企业根本不需要做调研；每年年底根据领导的经验和感性判断，以及前一年的销售情况确定下一年的销售目标；每年除了对销售额有计划外，其他方面基本没有任何计划；管理上没有具体的章法，完全是老板决定；每年的工作计划缺乏控制，目标无法达成，只能不断修订。

通过调整，巨力公司发生了以下改变：

1. 先做客户调研，了解企业面临的真实现状后，再制订应对策略，这摒弃了以往"拍脑袋"做计划的方法。

对于年度策略的制订，夸克公司提供了一个非常好用有效的模型——ADP模型。该模型中，A指消费者态度/品牌体验，D指终端因素/渠道表现，P指价格因素/产品体验。

夸克公司根据巨力公司B2B的行业特性，对调研内容进行了个性化的匹配：直接调研巨力公司目标客户企业的态度，而不是直接调研消费者的态度；直接调研针对企业客户的销售队伍的表现；直接调研企业客户对巨力公司产品和服务的满意度。这三个方面的调研完成后，对调研发现的关键问题进行深入分析，然后提出解决策略，具体如下所示：

· 消费者 / 客户态度方面（A 值）

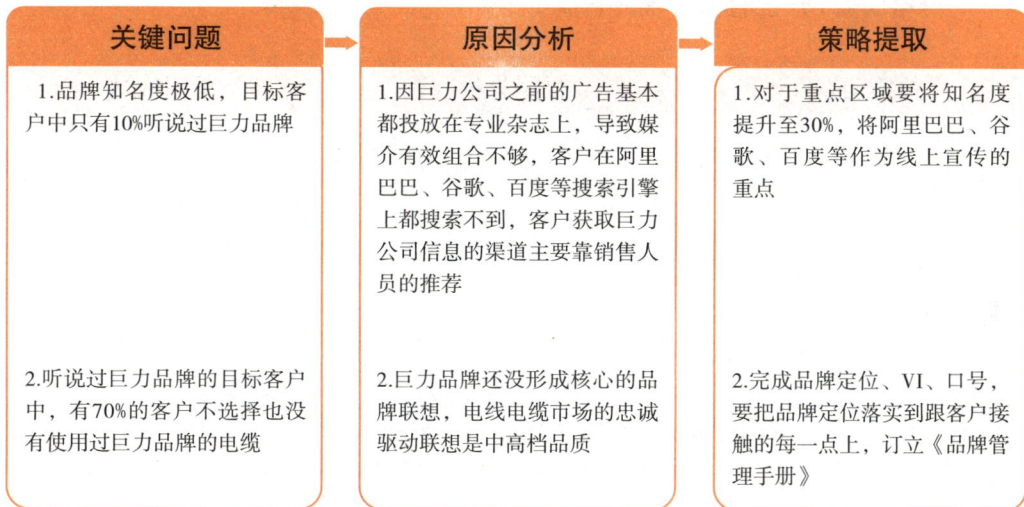

关键问题	原因分析	策略提取
1.品牌知名度极低，目标客户中只有10%听说过巨力品牌	1.因巨力公司之前的广告基本都投放在专业杂志上，导致媒介有效组合不够，客户在阿里巴巴、谷歌、百度等搜索引擎上都搜索不到，客户获取巨力公司信息的渠道主要靠销售人员的推荐	1.对于重点区域要将知名度提升至30%，将阿里巴巴、谷歌、百度等作为线上宣传的重点
2.听说过巨力品牌的目标客户中，有70%的客户不选择也没有使用过巨力品牌的电缆	2.巨力品牌还没有形成核心的品牌联想，电线电缆市场的忠诚驱动联想是中高档品质	2.完成品牌定位、VI、口号，要把品牌定位落实到跟客户接触的每一点上，订立《品牌管理手册》

· 终端因素 / 渠道表现方面（D 值）

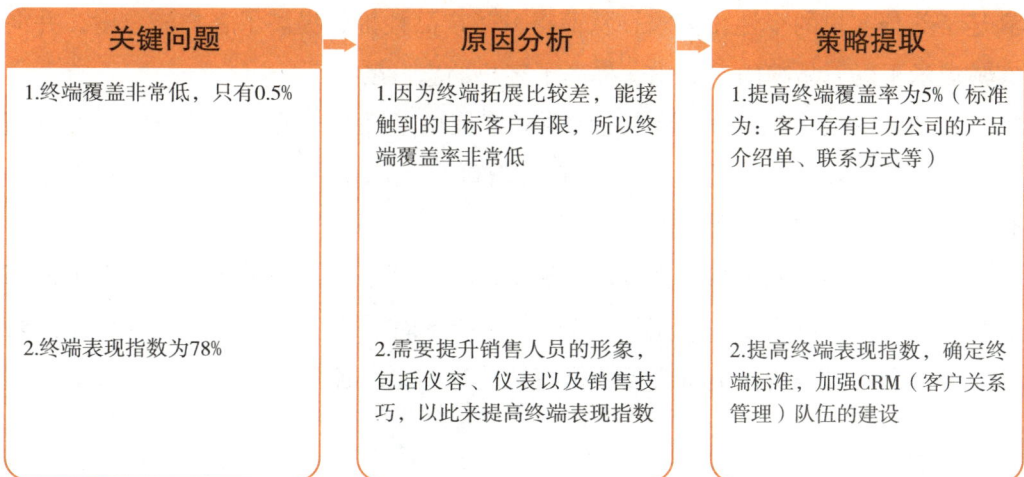

关键问题	原因分析	策略提取
1.终端覆盖非常低，只有0.5%	1.因为终端拓展比较差，能接触到的目标客户有限，所以终端覆盖率非常低	1.提高终端覆盖率为5%（标准为：客户存有巨力公司的产品介绍单、联系方式等）
2.终端表现指数为78%	2.需要提升销售人员的形象，包括仪容、仪表以及销售技巧，以此来提高终端表现指数	2.提高终端表现指数，确定终端标准，加强CRM（客户关系管理）队伍的建设

巨力公司原来依靠采购员 / 经理单一关系模式，每个销售人员独自完成寻找客户、签单、维护客户的全部工作，现在变成专业化分工模式，通过团队几个专

业职能划分分工来收集信息、洽谈、谈判、跟单。这种转变降低了员工需要掌握销售全过程的技能要求，有利于提高专业技能、促进流程优化，同时也在一定程度上避免了企业因依赖单一销售人员，而造成销售人员带走客户资源的风险。

·价格因素 / 产品性价方面（P 值）

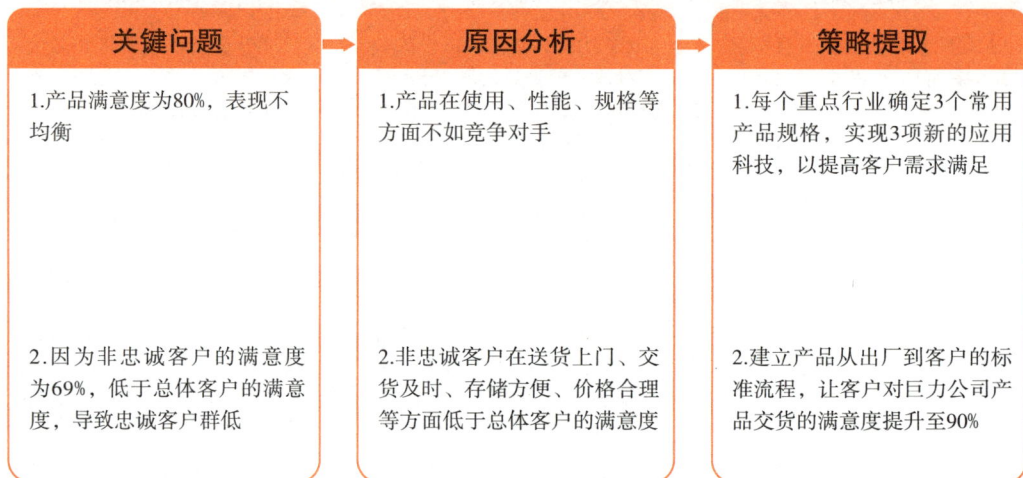

关键问题	原因分析	策略提取
1.产品满意度为80%，表现不均衡	1.产品在使用、性能、规格等方面不如竞争对手	1.每个重点行业确定3个常用产品规格，实现3项新的应用科技，以提高客户需求满足
2.因为非忠诚客户的满意度为69%，低于总体客户的满意度，导致忠诚客户群低	2.非忠诚客户在送货上门、交货及时、存储方便、价格合理等方面低于总体客户的满意度	2.建立产品从出厂到客户的标准流程，让客户对巨力公司产品交货的满意度提升至90%

巨力公司针对客户对产品性价的需求，一方面对包装进行了升级；另一方面满足了部分客户的个性化需求，从而提升了产品性价、提高了客户满意度，并向客户展示了巨力品牌的专业化，提高了客户的忠诚度。

2.结合 ADP 模型生成完整的前端营销策略，通过营销价值链（将在本书第五章第一节详细讲述）的方式传递到后端部门，帮助巨力公司建立内部客户服务机制，具体流程如下图所示。

企业经过调研和分析，在提出经营目标、生成经营策略的同时，不仅要回答各部门负责人"我们要去哪里"的问题，还要回答"我们怎么去"的问题。这时企业通过利用营销价值链将市场需求有效传递到组织各个层级中。

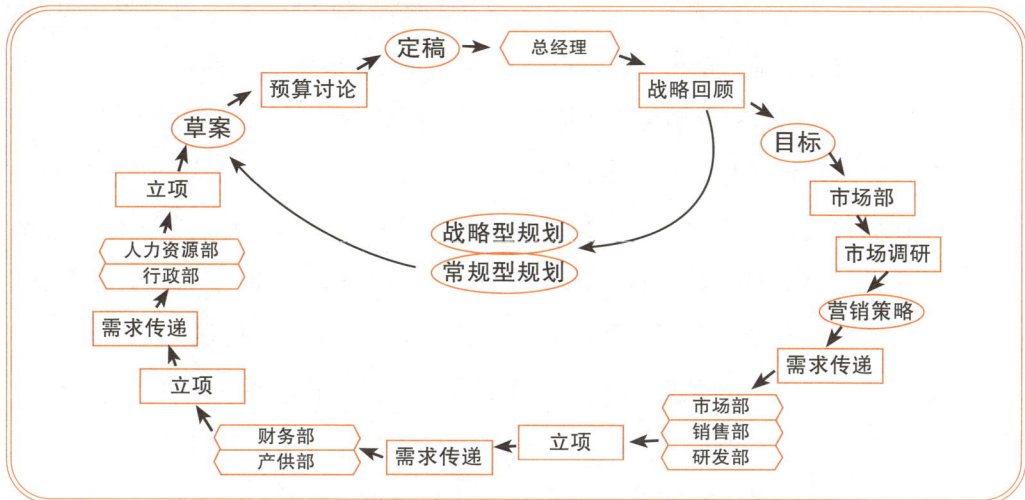

营销价值链的传递如下：针对 A 值问题生成的策略任务，主要由市场部负责；针对 D 值问题生成的策略任务，主要由销售部负责；针对 P 值问题生成的策略任务，主要由生产部和研发部负责。再把基于年度经营计划所需要后端部门配合的人力需求、财务核算需求等传递给人力资源部、财务部，具体如下图所示。

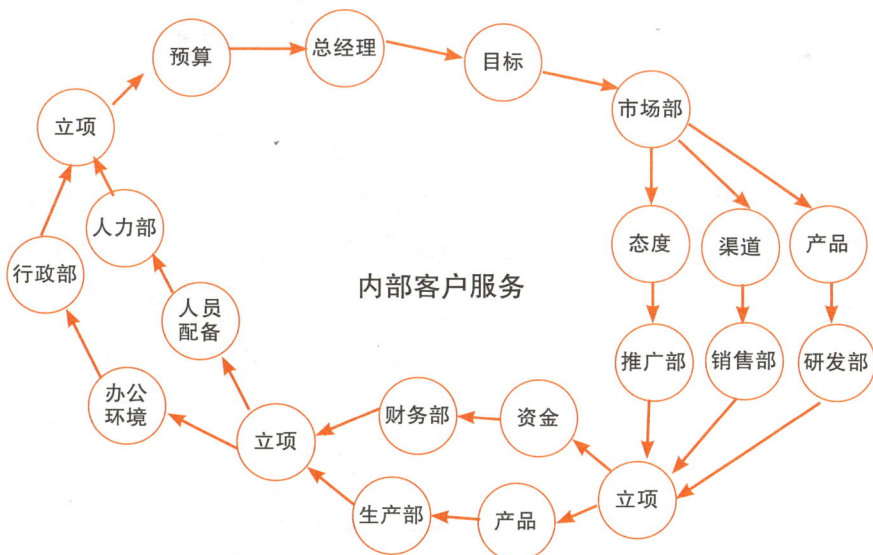

比如，针对产品性价的问题，提出了提升价格满意度的策略，针对这条策略，由市场部确定报价政策，销售部执行报价政策，研发部核算生产成本，财务部监察整体利润。这就可以看出营销价值链是怎样将需求从前端部门传递到后端部门的。

通过营销价值链，巨力公司各部门间的合作增强了，并且形成内部客户服务机制，使得各部门的工作有了统一的规划。实行年度经营计划后，巨力公司各部门之间的关系变得非常融洽，再也不像以往那样只重视生产部门、销售部门，也避免了以往各部门争夺资源的现象。企业现在整体性、合作性更强。

3.通过年度经营计划监控系统、项目管理工作模式的对接，实现年度经营计划的有效落地。

如果没有一个有效的落地机制，再好的计划也难以推行下去。巨力公司有了年度经营计划后，还建立了完善的体系用以保障年度经营计划的落地执行。

年度经营计划一共包含三种类型的项目（如下图所示），这些项目充分考虑了企业长短期的发展平衡：**战略型项目来源于战略规划，这是企业的长远发展计划；改善型项目来源于年度 ADP 调研发现的问题，这是对企业每年的经营改善提供支持；常规型项目来源于各部门的日常工作，是为了保证日常经营的有序进行。**

巨力公司根据量化管理体系，在企业内部建立了战略管理体系——年度经营计划——项目管理的主心骨，建立了"战略规划部"专门负责战略发展规划的制订和落实，用战略型项目明确每年需要完成的战略任务，让每个高管对战略规划工作了然于心。

巨力公司进行了 ADP 调研，针对经营表现的不足之处确定改善型项目。此外，巨力公司还完成了全面项目化，将全部常规工作分类打包，进行专业化分工，成了常规型项目。

这三类项目共同构成巨力公司的年度经营计划。公司通过成立项目让年度经营计划得以落实，并用项目管理的方式设立项目目标和项目预算，对项目目标和预算进行有效的控制。

年度经营计划

战略型项目

改善型项目

常规型项目

　　巨力公司还通过每月、每季度的年度经营计划监控，各部门对项目完成情况的回顾，整体预算的使用情况以及销售目标的达成情况等，来监控年度经营计划的实施。此外，年度经营计划实施过程中发生的问题，需要在会议上提出并讨论解决措施，同时总经理根据实际情况的变化及时对年度经营计划进行调整。年度经营计划配套的监控机制，通过项目管理和月度监控双重保障计划的高效完成。

　　巨力公司通过实施年度经营计划，短短几年就快速成长起来，目前已经成为行业领先企业。其2011—2014年销售收入及利润如下表所示：

年　份	销售收入（万元）	净利润（万元）
2011	6 049.39	38.14
2012	7 235.48	−560.32
2013	7 792.52	59.45
2014	9 102.54	332.58

经过几年的实践，巨力公司对年度经营计划应用得得心应手，已经实现从僵化到优化的转变，自己能够根据企业经营环境的变化对量化管理模式进行优化。现在巨力公司这种管理模式已经成为其核心竞争力。

思考与行动

1. 通过以上案例，你对年度经营计划的制订有新的认识吗？

2. 根据以上案例，试着总结一下制订年度经营计划的步骤。

3

| 第 3 章 |

企业年度经营计划从战略开始

内容提要：

1. 战略规划制订时需要坚持的规律有哪些？
2. 如何制订总体战略规划？
3. 如何利用 OGSM 模型制订五年战略规划？

本章导读

　　企业年度经营计划不是凭空产生的，而是从战略开始的。战略指导着企业每年的年度目标，这些年度目标生成了战略策略，这些战略策略又变成了年度经营计划中的一个个战略型项目。企业每年的经营计划必须符合企业战略规划的要求，因此企业年度经营计划要先从战略开始。只有这样，才能保证企业经营不偏离固有的航线，使其向着一个统一的方向有步骤地前进。这是有效制订年度经营计划的第一步。

　　从企业未来发展的角度来看，战略表现为一种计划（pLan）；而从企业过去发展历程的角度来看，战略则表现为一种模式（pattern）。如果从产业层次来看，战略表现为一种定位（position）；而从企业层次来看，战略则表现为一种观念（perspective）。

　　如果组织成员对战略规划并不清楚，他们就会不由自主地按照各自的想法展开行动，而不是按照战略目标展开行动，最后的结果就是该组织效率低下。在高效的组织中，无一不对战略规划进行清晰描述。只有组织的前景确定后，组织成员才能按照既定的目标展开工作，才会向着同一个目标前进，组织才会高效地运行。

第一节　战略规律与能力

从古至今无数企业发展的案例告诉我们，决定企业能否长久发展的重要因素之一就是战略规划做得好不好。战略规划相当于人的大脑，年度经营计划相当于人的神经系统，项目管理相当于人的四肢。人先在大脑中产生想法，然后通过神经系统传递到四肢，四肢才会行动起来。做企业也是如此，要先有战略规划，然后根据战略规划制订年度经营计划，最后分解成一个个项目，这样企业才能很好地运转起来，所以，企业在制订战略时要慎重。

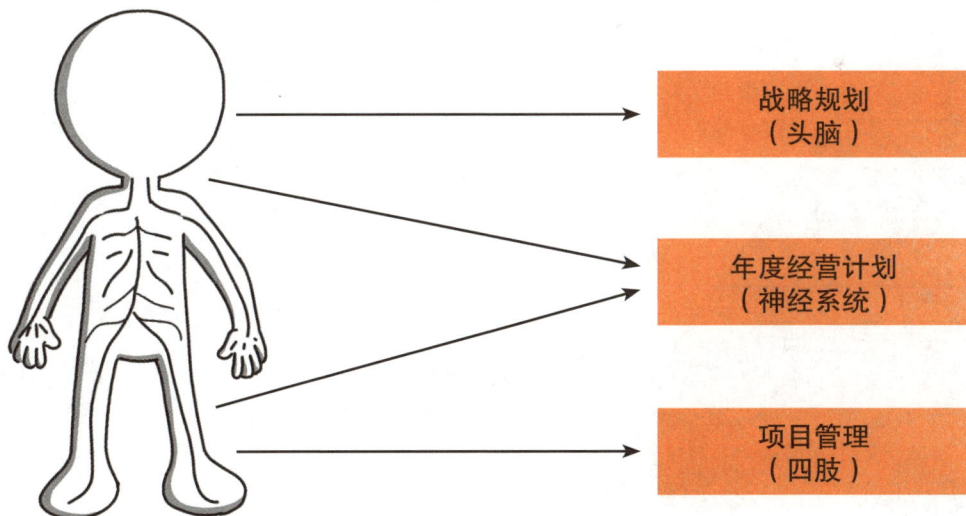

战略规划
（头脑）

年度经营计划
（神经系统）

项目管理
（四肢）

　　企业战略不是基于对事物基本点的理解随随便便就制订的，而是基于对规律的理解，比如当企业发展到一定程度，就需要了解竞争对手的产品，然后提升自己产品的性能，从而提升竞争能力。但是我们不能真的仅基于对竞争对手的了解来制订自己企业的战略，因为竞争对手的产品也在不断优化。如果该企业只是一味地根据竞争对手的产品来优化自己的产品，那么该企业的发展战略从一开始就是错的。因为这个战略的制订不是基于发展规律制订的，而是基于眼前所见所知而制订的。

　　正确的做法应该是将目光放长远一点，除了要分析竞争对手的产品，还要分析该企业所处的行业，看该行业的发展规律是怎样的，然后基于对手、行业规律以及企业自身的实际情况，制订自己的战略。这样制订出来的战略，不会因为外界市场的变化，或竞争对手的变化，或上下游产业链的变化，出现问题。因为规律是恒定的，是不随时间和空间变化而变化的。

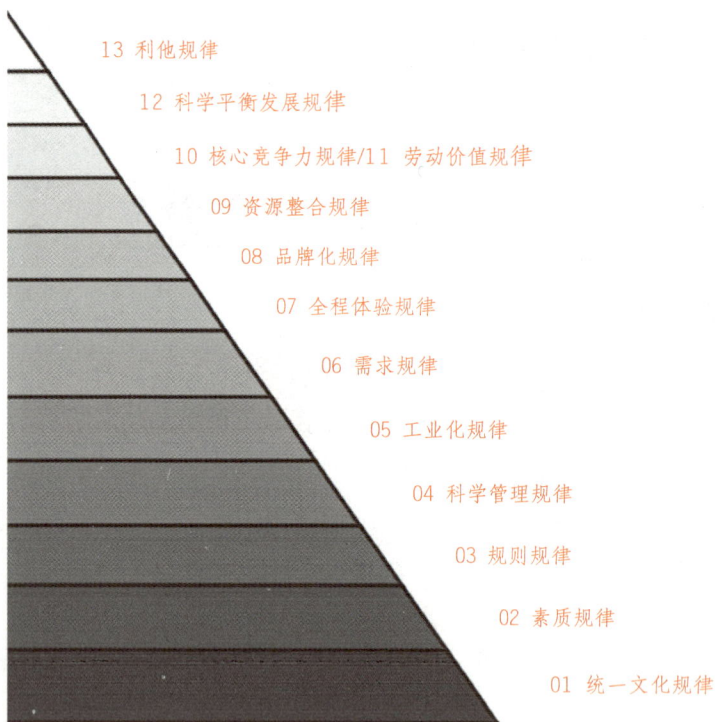

13　利他规律

12　科学平衡发展规律

10　核心竞争力规律/11　劳动价值规律

09　资源整合规律

08　品牌化规律

07　全程体验规律

06　需求规律

05　工业化规律

04　科学管理规律

03　规则规律

02　素质规律

01　统一文化规律

所以，做战略的一个重要指导思想，就是要基于事物发展的基本规律。当然，这里的事物发展规律不一定是所有规律，但一定是一些主要规律。为了方便大家使用，这里我将多年在实践中总结出来的规律罗列，请大家在制订战略时遵循这十三条规律，制订出科学的、符合企业自身的战略。

规律一：统一文化规律

文化是所有行为的根源。组织内每一个人是怎样行动、怎样思考、怎样去做事情的，其根源在于文化，也就是在于我们共同的价值观、行为准则和习惯。比如，中国人习惯春节要跟家人一起度过，虽然没有法律要求大家这么做，但已经形成了一种约定成俗的习惯，这就是中国人的文化。

统一文化规律是统一企业内部的价值观、行为准则和习惯。该规律有助于统一员工的工作行为，减少内耗，提高内部的沟通效率，保持良好的工作氛围，从而提高员工的工作积极性，让组织达到自动运转的状态，促进企业高效协作。

企业的文化统一性越高，企业的发展就越稳定、越和谐。这一点其实很好理解。同样是人口超 10 亿的国家，有的国家可以利用短短几十年时间迅速崛起，有的国家却依然在缓慢前行。这之中有科学技术发展的影响，有人才水平的差异，但主要还是在于文化的统一。文化的统一性可以让 10 多亿人团结在一起，为了美好的新生活而努力。文化的分裂则会使力量分散，无法集中力量办大事。

利用统一文化规律，企业可以：

（1）打造与保持职业化文化的能力；

（2）打造与保持专业化文化的能力；

（3）打造与保持精英化文化的能力。

处于不同发展阶段的企业，需要打造不同的文化能力。企业需要借助统一文化规律，按阶段去夯实各种不同的文化能力。

农业化企业		工业化企业		
		职业化阶段	专业化阶段	精英化阶段
价值观	·家庭优先 ·资源有限	·团队协作 ·合作互信	·追求进步 ·主动进取	·主人翁精神

续表

农业化企业		工业化企业		
		职业化阶段	专业化阶段	精英化阶段
价值观	·追求全能 ·优胜劣汰	·传承 ·纪律严明	·勤奋工作 ·突破自我	·社会责任感 ·创新
行为准则	·我愿意为家庭作出最大牺牲 ·我要争取更多资源 ·我要各方面做到最好	·我信任我的团队 ·我愿意和他人一起工作 ·我有义务帮助团队提高 ·做事有规则	·我享受挑战自我的快乐 ·我享受帮助他人的快乐 ·工作是为了自己得到提升	·我的努力是为了让社会变得更好 ·我要有益于社会 ·做正确的事情
习惯	·家庭有事及时请假 ·会议中以提出批评性意见为主 ·称呼上级为领导 ·下级的每项工作成果都必须获得上级的签字通过	·管理者放权给下属 ·会议中以提出建设性意见为主 ·工作完成后及时进行资料归档	·工作有需求主动加班 ·主动承担具有开拓性、挑战性的工作	·上级观点有错误会主动指出 ·参与公益组织的活动,为社会弱小者提供帮助

规律二:素质规律

素质规律就是通过提升员工的素养,来实现企业人均效能的提升。一个高级的组织,需要高素质、追求进步、主动进取的员工。高素质员工将为企业带来高速发展,员工素质过低,则会影响到企业的发展及稳定。从某种意义上,提高员工整体素质将会帮助企业提升运营水平和运营能力。

利用素质规律,企业可以:

(1)打造培养与发展职业素养团队的能力;

(2)打造培养与发展管理素养团队的能力;

(3)打造培养与发展专业素养团队的能力。

在企业发展的素质规律中,领导者素质的提升是最为重要的。在这之外,才是管理者素质和执行者素质的提升。如果企业的董事长及股东的素质较低且无法提升,那其他人员的素质提升便无从谈起。现在很多企业都在抓员工素质提升,对于领导者素质提升却丝毫不提,这其实是本末倒置的做法,很难取得预期效果。

企业在确定好素质提升的人员后,还要确定素质提升的方向。根据前面提到的职业素养量化的相关内容，可以知道，企业人员素质的提升应从基础素养出发，逐步过渡到管理素养和专业素养，不能越过基础素养和管理素养，直接去提升专业素养。

在培养与发展专业素养团队时，企业管理者可以将工作的责权利向员工交代清楚，然后放手，给员工机会和舞台，让员工逐渐参与到决策之中、管理之中，让他们在工作中逐渐成长。

规律三：规则规律

规则规律是让组织形成规范化的、要求成员共同遵守的行为准则，从而为组织带来更高的秩序和协同效应。一个发展好的企业，它的规则体系是非常健全的，员工的规则意识也是非常强的，这是企业的一种能力，它可以让企业内部标准统一，管理团队有法可依；可以对人才产生较强吸引力，让人才源源不断地涌向企业；还可以让工作流程化，使员工办事效率大大提高。企业若要持续发展下去，就必须不断丰富和完善自身的运营规则。

利用规则规律，企业可以：

（1）打造建立制度、规定、流程的能力；

（2）打造维护制度、规定、流程的能力；

（3）打造发展制度、规定、流程的能力。

在量化管理体系中，制度契约便是围绕规则规律来制订的，其中既有对规则概念的阐述，也有对规则内容的介绍，最为重要的是对如何建立规则、完善规则方法的论述。一旦制度契约在企业内部建立起来，企业的发展就会变得"有法可依"。

规律四：科学管理规律

科学管理规律，是把数字化、量化的方法运用到管理中，让管理科学化，从而提高决策的有效性，比如，企业招聘的时候，不是仅凭着感觉走，而是要建立一个数字化模型来辅助招聘。

在企业经营发展过程中，怎样做决策已经成为一种重要能力。生活中的决策可以凭借经验、感觉来做出，企业中的决策则要基于事实、数据和规律来做。企业通过科学管理，可以增强决策的科学性，减少决策失误，节约资源，提高决策的效率。

利用科学管理规律，企业可以：

（1）打造战略管理的能力；

（2）打造计划管理的能力；

（3）打造项目管理的能力；

（4）打造流程管理的能力；

（5）建立薪酬绩效与职业发展体系；

（6）打造知识库管理的能力。

在具体应用上，首先，企业需要在组织内部建立起科学决策的模型，针对各种不同方面的决策，要有相应的科学测算模型、广告投放模型、薪酬绩效模型、项目积分模型……只有建立起各方面的科学决策模型后，事实和数据才有用武之地。

其次，企业还要建立专门的数据收集机构，也就是从事市场研究或市场调研的部门。这一部门主要是通过各种渠道收集市场信息、客户信息，并将事实和数据提交给决策机构进行决策。

只有完成这两个步骤的工作，企业才能真正建立起科学决策的体系。

规律五：工业化规律

工业化规律，是将人和人之间的生产关系，通过专业分工、协作，从而获得更高的工作效率。比如，工业化的销售模式将销售人员进行分工，有人专门负责信息管理，有人专门负责谈判，有人专门负责销售跟单，有人专门负责售后，通过这样的划分把销售人员变成专业协作不同专业领域的个体，使得销售业绩大幅提高。

企业的长久发展必须依靠专业协作。只有将分产承包式的个体工作方式，转换成高度专业的团队协作模式，企业才能走得更远。通过专业化的分工与协作，可以实现 1+1 ＞ 2 的效果，使团队能力最大化；还可以让企业员工统一工作习惯，提高工作稳定性。这样便可以降低企业的管理成本，提高企业的运营效率。

利用工业化规律，企业可以：

（1）打造实现部门间工业化的能力；

（2）打造实现部门内工业化的能力；

（3）打造实现模块间工业化的能力。

在具体应用方面，企业可以从以下四方面进行优化：

（1）组织架构的建立，要从各自为政的管理模式，转变为以价值链为基础（这个价值链可以是营销价值链，也可以是客户服务价值链等），一起为客户服务的模式。企业要根据自身的业务形态开展相应工作。

（2）企业可以通过建立 ADP 模型，帮助确认各个部门的职责，以及确认各部门和主体流程的对应关系；通过 ADP 模型将营销工作分成三个不同的专业模块，使营销工作由原来的一个部门负责变成三个不同的部门负责，最后将三个部门整合在一起，共同服务客户。

（3）各部门必须加强部门之间的协作，可以通过明确岗位职责，制订部门流程等方式进行落地执行。

（4）根据价值链和整个企业的管理流程，进行部门结构的设定，在关键节点设立关键部门，推进企业正常的运营。

规律六：需求规律

需求规律是企业的产品或服务能真正解决客户的问题，并获得来自客户的持续认可。寻找客户需求并持续满足客户需求，是企业的一项重要能力。一些企业在某个发展阶段，找到了客户需求，并很好地满足了客户需求，进而获得较大程度的发展。但由于无法持续发掘客户需求，这些企业又慢慢走向衰落，这样的企业在中国的商业市场上，可以说是多如牛毛。

利用需求规律，企业可以：

（1）打造不断跟踪客户需求的产品管理体系能力；

（2）打造发现客户需求的产品管理体系能力。

需求规律的本质强调企业应注重满足客户需求，而非完善产品功能，在设计产品时，要以客户的需求为导向，能够提高客户感受，形成口碑传播，进而实现乘积效应。比如，曾经在胶卷时代无比辉煌的柯达，在踏入数字化时就因为忽略了客户在新时代的需求而被市场所淘汰。

为此，企业必须具备持续发掘客户需求的能力，以及快速满足客户需求的能力。当前，中国的商业市场竞争已经进入存量化阶段，谁能持续找到客户需求，并迅速予以满足，谁就能抢先占据这本就不多的市场份额。对于企业来说，这两项能力是不可或缺的，如果在某一方面有所欠缺，那发展便会受到影响。

在具体操作上，企业除了要进行各种市场调研外，还需要在内部建立新产品开发与上市模式。在这一模式中，有详细从客户需求到产品研发、上市的完整流程，可以帮助企业顺利完成从发现客户需求到满足客户需求的过渡。

规律七：全程体验规律

全程体验规律即管理客户在营销中的全过程，包含产品体验、购物体验及品牌体验，以获得最大化的客户满意度。比如，家装行业升级的时候，尚品宅配直接让设计师代替销售员对接客户，让客户的营销体验从一开始就是专业的、完善的，不仅增加了客户的满意度，还避免了企业经营方面的风险，这成为尚品宅配迅速发展的一个重要因素。

利用全程体验规律，企业可以：

（1）打造建立全员全面质量意识的能力；

（2）打造维护全员全面质量意识的能力。

组织行为学研究表明，大多数消费者在消费过程中超过半数的消费都不是因为"有用"，而是为了"快乐"。买新衣服是因为一件能穿的旧衣服都没有了吗？去更高档的餐厅就餐是因为路边摊吃不饱吗？显然不是，这其实都是为了让自己快乐、舒心。全程体验规律强调的是企业要在与客户接触的整个过程中都让客户感受到满意和快乐。为此，企业便需要将与客户接触的流程细分，并对每个细分流程进行分析，研究出如何在各个流程中都能让客户满意、快乐。一个优秀的企业，无论在销售前、销售时、销售后，都会让客户感到快乐，这便是其持续获客、持续发展的奥秘所在。

规律八：品牌化规律

品牌化规律，就是通过品牌提高营销效率，从而获得最大化、最长期的价值交换。比如，两个外观、材质、实用性都一样的女士皮包，一个是爱马仕，一个是普通品牌，当询问哪个包是爱马仕品牌时，大家肯定会认为价格高的那个是，这就是品牌的力量。

在品牌的加持下，商品的溢价会较高；客户对品牌的忠诚度也比较高，而且不容易流失；企业的品牌资产可以持续累加，并帮助企业获取高额利润；相比于依靠产品获取利润的企业，品牌化经营企业受到成本价格波动的影响要小。

利用品牌化规律，企业可以：

（1）打造建立品牌的能力；

（2）打造维护（发展）品牌的能力。

在营销领域，如果想让企业获得最高效率的营销，能够用同样的工作赚取最高额的利润，企业就要想方设法提高自己的品牌度。没有品牌的企业在营销之中只能拼价格，最终会让自己陷入"价格战"的深渊，这对于企业发展是极为不利的。

为此，企业必须要在品牌规律的指导下，完成从经营产品到经营品牌的转变，完成以销售为导向到以品牌价值为导向的转变。

企业在具体操作上，首先，要建立市场部，作为品牌的主要管理机构；其次，要建立一系列品牌管理模式，完成从做产品到做品牌的转变。按照这一流程，企业便可以慢慢建立起自己的品牌，并从根本上转变自身的营销发展方式。

规律九：资源整合规律

资源整合规律，就是通过寻找互补资源进行整合，实现最大化的资源利用效率。资源整合通常是借助别人的力量，摆脱自身由于资源不足造成的局限，从而实现优势互补，创造共同利益。

利用资源整合规律，企业可以打造整合外部资源的能力。

如何运用好自己的资源，是企业的一种重要能力。企业应该将所有重要资源都投入自己的专业领域，或是投入关乎企业核心竞争力的方面。所有与核心竞争力无关的内容，都应该对外整合资源，而不应该过多占用企业内部资源。

当前很多企业喜欢建大厦、买大厦，不可否认，为员工提供优质的办公环境，确实有利于企业的发展，但在这一过程中，企业却需要为大厦管理工作额外付出资源，这对大多数企业的核心竞争力提升都没什么作用。

宝洁公司进入中国直到今天，也没有营建属于企业的办公大楼，始终选择租赁办公楼，就是出于资源整合的考虑。作为全球最大的日化企业，宝洁公司有能力在中国营建并管理好一处办公大楼，但这项工作与其核心竞争力是无关的，盖不盖自己的办公大楼，并不会影响其长远发展。为此，宝洁公司才选择租赁办公大楼，将管理办公楼的工作交给外部来做。

规律十：核心竞争力规律

企业的核心竞争力，是指企业所拥有的、不易被其他竞争对手所模仿的、能持续稳定输出的、独特的能力。而核心竞争力规律，则是指企业要发展自身的高价值性、高稀缺性、高不可替代性的核心竞争力，成为社会中不可代替的角色，以取得长期稳定的发展。企业想要长久稳定地发展，就必须要具备一种核心能力，这种核心能力是其他企业无法模仿，更难以超越的。肯德基、麦当劳的快餐产品并不具备核心竞争力，但它们对服务方式的精准控制在同行业中却是无人能及的；苹果公司的产品科技水准很高，但这还构不成其核心竞争力，苹果产品的核心竞争力在于将艺术与科技完美结合，这一点是绝大多数同行业企业无法做到的。

利用核心竞争力规律，企业可以：

（1）打造建立核心竞争力的能力；

（2）打造发展核心竞争力的能力。

企业的核心竞争力主要表现在五个方面，分别是产品的核心竞争力、服务的核心竞争力、品牌的核心竞争力、组织（管理）的核心竞争力，以及文化的核心竞争力。一般产品核心竞争力的生命周期为 2 年，服务核心竞争力的生命周期为 5 年，品牌核心竞争力的生命周期至少能达到 20 年，组织（管理）的核心竞争力可以维持 50 年，而文化的核心竞争力则可以达到百年不衰。一种核心竞争力至少可以让企业在 5～10 年时间里保持行业领先地位，在这段时间中，企业还需要继续开发其他核心竞争力，以求在下一个 5 年甚至 10 年，继续维持领先优势。如果企业失去核心竞争力优势，那它便会逐渐掉队，最终消失于行业之中。

规律十一：劳动价值规律

劳动价值规律，是让企业选择从事劳动价值高的部分，以获得更高的价值回报。那些目前还不能直接从事高劳动价值部分的企业，其发展方向也应该是往高附加值的方向发展，这样也有助于提高企业的竞争力。比如，格兰仕在 20 世纪90 年代，还是一个为跨国公司提供 OEM 服务的公司，每卖一台微波炉利润只有

0.05%；格兰仕发现这样不行，就开始转型，实现了 4.0 工厂；接着，格兰仕又将自己的目标定位在"科技格兰仕"上；现在，格兰仕已经进入芯片行业，开始向全球提供成熟稳定、性价比高的系统级解决方案。

利用劳动价值规律，企业可以：

（1）打造自主创新的能力；

（2）打造资源高效利用的能力。

企业若想持续发展，就要努力转变自己在微笑曲线中的位置，从劳动价值较低的位置向劳动价值较高的位置转型。如果企业一直处在劳动价值较低的位置，想要持续生存，就是非常困难的，企业利润会一点一点被压缩、榨干。

规律十二：科学平衡发展规律

企业想要长久经营下去，就要坚持科学平衡发展规律，即遵循事物发展的节奏和规律，为长期发展奠定基础。如果企业不遵循这个规律，一味追求市场机会，最后将导致瞬间崩盘。就像 OFO，2017 年时用户量达到 2 亿，活跃用户市场占有率第一，但其发展太快，没有遵循企业发展的节奏和规律，最后导致资金链断裂。

企业要注重短期利益和长期利益的平衡，不能因为短期利益损害长期利益，竭泽而渔；企业的资源要分阶段、分重点地进行分配，要做到有的放矢；企业要对长期发展进行一些基础的储备，为持续发展提供源源不断的动力。

利用科学平衡发展规律，企业可以：

（1）打造组织平衡发展的战略管理能力；

（2）打造组织平衡发展的计划管理能力。

企业发展讲求"阴阳平衡"，组织能力和管理能力是"阴"，营销水平和营销能力是"阳"，企业在注重组织管理能力与营销规模相平衡的同时，还要注重"生长"与"收藏"的交替发展。正是基于此，平衡发展规律才有了用武之地。

一味追求业绩增长的企业，很容易出现后继乏力。那些连续多年业绩增长在 20% 或 30% 的企业，为何会突然走向衰败，这便是过分追求"阳"的结果。那些不停搞组织建设的企业，不关心市场，也不知道抓住市场机遇，最终管理体系没建立起来，市场份额也没占有多少，这便是过分追求"阴"的结果。

企业的发展路径是一条波动上升的曲线，而不是一条笔直上升的直线。上升之处，便是企业开拓市场、大力营销的阶段；波动之处，则是企业韬光养晦、优化管理的阶段。只有沿着这样的路径向上发展，企业才能一步步达到顶峰，不至于中途"跌落悬崖"。

规律十三：利他规律

利他规律，就是通过为他人创造价值，获得自身价值的提升。它可以最大限度地满足各个角色需求，获得社会的认可，提高社会影响力。比如，海尔通过寄售、下线结算、建设客户零距离平台等措施，跟供应商进行深度合作，达成双赢的局面。

利用利他规律，企业可以：

（1）打造让客户共赢的能力；

（2）打造让股东共赢的能力；

（3）打造让员工共赢的能力；

（4）打造让合作伙伴共赢的能力；

（5）打造让社会共赢的能力。

商业企业经营的本质是做价值交换，只有从企业那里获得有价值的商品，消费者才会愿意持续为企业提供的商品"买单"，企业也才能持续不断地获得利润。从这一角度来看，企业只有持续不断地利他，才能持续不断地利己。企业发展中的利他主要表现在五个方面，分别是利客户、利股东、利员工、利伙伴、利社会。只有给这五个不同的"他"都能带来利益，企业才能持续稳定地发展下去。

互联网企业偏爱谈商业模式，什么是商业模式呢？资本市场对此众说纷纭、莫衷一是。其实，从利他规律的角度来讲，商业模式就是一种让所有人都得利的一种模式。消费者能够获得实惠、经营者能够获得收入、平台能获得利益、投资者也能获得收益，这便是一种好的商业模式。如果只是平台获利，经营者和消费者都没有获得太多价值，这种商业模式就算不得好的商业模式。

13 利他规律：打造让客户、股东、员工、合作伙伴、社会共赢的能力

12 科学平衡发展规律：打造组织平衡发展的战略管理和计划管理能力

11 劳动价值规律：打造自主创新与资源高效利用的能力

10 核心竞争力规律：打造建立与发展核心竞争力的能力

09 资源整合规律：打造整合外部资源的能力

08 品牌化规律：打造建立与发展品牌的能力

07 全程体验规律：打造建立与维护全员全面质量意识的能力

06 需求规律：打造不断跟踪与发现客户需求的产品管理体系能力

05 工业化规律：打造实现部门间、部门内、模块间工业化的能力

04 科学管理规律：打造战略、计划、项目、流程、薪酬绩效与知识库管理的能力

03 规则规律：打造建立、维护与发展制度、规定、流程的能力

02 素质规律：打造培养与发展职业素养、管理素养、专业素养团队的能力

01 统一文化规律：打造与保持职业化、专业化文化、精英化文化的能力

　　以上十三条规律是分析海量企业长期发展历程总结出来的宝贵经验，可以直接运用它们生成战略策略，再由策略生成战略型项目。企业在制订战略策略时一定要谨遵它们，这样制订的策略才科学有效。当然，以上规律可以搭配使用。企业在运用的时候一定要结合自身实际情况，分清轻重缓急，这样才能保证规律的有效践行。一旦企业确定了践行的规则，就要坚定不移地执行，相信它会给企业带来不可估量的变化。

思考与行动

　　1.试着从每一条规律出发列举出 1～3 条企业战略策略。

　　2.分析、讨论这些战略策略，然后制订出企业战略型项目。

第二节　战略规划从企业远景开始

战略源于梦想。战略的本质就是为实现梦想而打造能力的过程；而能力的本质就是一种习惯，是将符合规律的知识变成组织做事的行为和思维习惯。

凝聚员工的力量

战略的意义

统一组织的思想

用未来指导现在

保持企业独一环境的适应性

研究表明，运用战略管理方法的企业比没有运用战略管理方法的企业更容易成功。邬适融在《现代企业管理中》指出："根据对美国 101 个零售、服务和机械行业制造企业在连续 3 年期间跟踪研究得出的结论，由于业务管理上使用了战略管理，在产品的销售、利润和生产效益方面比没有系统规划活动的企业有更大的改善。而低效运作的企业由于未能有效地采用战略管理的手段，没有准确分析企业的内、外部劣势，对外界变化没有予以足够重视，导致企业运作困难。"这就可以看出进行战略管理的重要性。

战略规划是围绕目标（梦想），基于事物发展的基本规律，对未来发展方向与道路的一整套组织约定，它包括总体战略规划和 5 年战略规划。总体战略规划包括企业远景、使命、价值观；5 年战略规划是根据战略能力和 OGSM 制订而成（这个将在本章第三节详细讲解，这里先讲总体战略规划）。

战略规划框架　　1.总体战略规划——远景使命价值观
　　　　　　　　　　2.5年战略规划——战略能力&OGSM

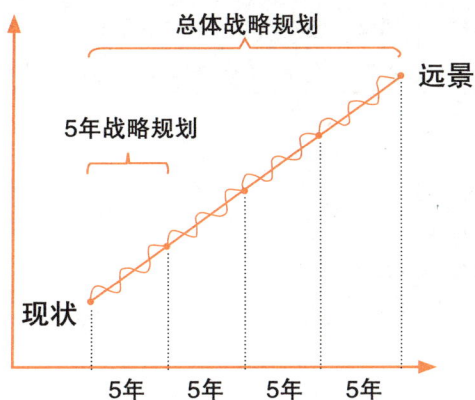

远景

远景是组织的理想存在状态，其格式：远景 = 时间 + 地域 + 领域 + 达成状态。远景是经由团队讨论获得组织一致认可所达成的共识，是大家愿意全力以赴的未来。

哲学围绕人存在的价值、存在的目标以及如何存在得更有意义等进行了一系列的探究。企业同样如此，企业也要时常审视自身存在是为了什么、存在的价值是什么以及如何存在等问题。所以企业必须要提出自己的远景，用这个远景来指导员工朝着同一个目标而奋斗。

企业远景是企业对未来发展的一种期望和描述，它告诉人们这家企业是干什么的，未来将会变成什么样子。一家企业，只有清晰地描述出发展的远景，员工、社会、投资者和合作伙伴才能对它有一个更清晰的认识。一个美好的远景能够激发人们内心的感召力，激发人们强大的凝聚力和向心力，能让企业变得更好。

制订企业远景，必须先回答以下三个问题：

问题	1.您希望公司未来在什么地域范围内发展
	2.您希望公司未来在什么领域内进行经营活动
	3.您希望公司未来将在上述两个范围内达到什么样的状态

以具体示例说明企业的远景：

企业远景	**同仁堂**：以高科技含量、高文化附加值、高市场占有率的绿色医药名牌产品为支柱，具有强大国际竞争力的大型医药产品集团
	腾讯：最受尊敬的互联网企业
	高诗：成为全球具有影响力以服饰为核心的个人外在形象塑造企业

企业远景	企业	地域	领域	状态
	同仁堂	国际	医药行业	强大国际竞争力
	腾讯	全球	互联网	最受尊敬
	高诗	全球	服饰行业	有影响力

使命

现代管理学之父德鲁克认为"管理就是界定企业的使命，并激励和组织人力资源去实现这个使命。界定使命是企业家的任务，而激励与组织人力资源是领导力的范畴，二者的结合就是管理。"

使命，是组织对所有利益相关者的总体价值承诺，即，使命等于通过什么手段，为谁带来什么价值。使命是在企业远景的基础上，具体定义企业在全社会经济领域中所有经营活动的范围和层次，具体表述企业在社会经济活动中的身份或角色。

企业可以根据以下五个问题来确定使命：

问题	1.企业要为消费者（或客户）提供什么
	2.企业要为社会创造什么
	3.企业要为合作伙伴带来什么
	4.企业要为员工带来什么
	5.企业要为股东/投资者带来什么

以具体示例说明企业的使命：

华东医药的使命	1.对于社会，我们始终以大众健康为己任，致力于提供优质产品及服务以达到满足顾客需要和改善其生活质量的目标
	2.对于员工，我们为他们提供有意义的工作和良好的福利待遇，并指导其进行职业生涯规划，同时给予良好的晋升机会
	3.对于投资者，我们通过企业的不断盈利，给予优厚的回报
	4.对于合作者，我们谋求共同发展，实现双赢

华东医药的使命	对内		对外	
	对员工：良好的福利待遇、职业生涯规划和晋升机会		**对社会**：满足顾客需要、改善生活质量	
	对股东：优厚的回报		**对合作者**：共同发展，实现双赢	

价值观

价值观是基于组织的战略目标，组织设定的关于人与人，人与事的一整套是非标准，是企业做事的方式和行为准则，通常内化为企业文化，外化为品牌形象。

企业价值观是领导者与员工据以判断事物的标准，一经确立就成为全体成员的共识，具有长期的稳定性，甚至成为几代人共同坚守的信念，对企业具有持久的精神支撑力。

商业组织进化的五个阶段：

	工业化企业		
	职业化阶段	专业化阶段	精英化阶段
价值观	·团队协作 ·合作互信 ·传承 ·纪律严明	·追求进步 ·主动进取 ·勤奋工作 ·突破自我	·主人翁精神 ·社会责任感 ·创新

企业可以根据以下四个问题来形成价值观：

问题	1.在企业里，用什么标准评价对错
	2.什么是企业必须坚守的
	3.企业信奉的宗旨是什么
	4.做事的最基本原则是什么

微型企业	**小型企业**	**中型企业**	**大型企业**	**集团**
30人以内	30～150人	450～800人	800～4 000人	4 000人以上
组织结构单一 运营风险高	工作行为参差 内部资源浪费	缺乏专业技能 做事成功率低	实现企业化运营 为社会创造价值	从容面对环境变化 实现高效稳定运营
自由	职业化	专业化	精英化	传承卓越
	年销售额：0.2亿~1.5亿	年销售额：1.5亿~13亿	年销售额：13亿~67亿	年销售额：>67亿
婴儿期	儿童期	少年期	青年期	成熟期

以具体示例说明企业价值观：

企业价值观	**同仁堂**：同心同德，仁术仁风
	安心：厚德载物，主人翁精神，纪律严明，真实简单，公平公正，勇于创新
	高诗：诚实守信，服务他人，纪律严明，务实创新
	梦洁：品格第一，最为他人着想，付出不亚于任何人的努力
	强生（中国）：顾客第一，社会第二，员工第三，股东第四
	世纪伟业：团队合作，诚信，传承，纪律严明，激情，专业，敬业，拥抱未来

总体战略规划案例

明月实验室系统科技有限公司（以下简称明月公司）的战略规划如下表所示：

企业远景		在2035年，成为全国销售规模排名前十的实验室建设服务商
明月公司企业使命	对客户	通过提供一站式、精细化、高质量、响应快的实验室建设服务，帮助客户成为在所处行业的领先管理者
	对股东	通过专业的营销策划、科学的组织管理与积极的资源整合，为股东带来稳定的、高于同行业平均水平的投资回报
	对员工	通过提供持续的培训与实操、合理的职业发展与晋升机制、科学且有竞争力的薪酬绩效体系的职业平台，帮助员工提升能力，成就自我价值
	对合作伙伴	通过诚信的合作理念、清晰的角色定位、严谨的法律程序，帮助合作伙伴获得双赢的商业发展机会
	对社会	通过合法经营，回馈社会，推动实验室建设产业的发展
企业价值观		专业、创新、进取、共赢

思考与行动

1. 你所在企业的远景是什么？

2. 读到你所在企业的远景时，你有什么感觉？有被激励吗？

3. 你所在企业的战略规划又是什么？

第三节　用 OGSM 模型制订五年战略规划

美国前总统艾森·豪威尔曾说过："战略规划并不是要预言将来要发生什么事，也不是提前做好以后 5 年的决策。战略规划只是一种思考的工具，思考为了取得未来的结果现在应该做些什么。"

现代市场营销学认为，战略规划的制订和实施是一门艺术，也是一门科学。以前，企业管理者还能凭借以往的经验和直觉去制订，但是现在在日益复杂的内外部环境下，这种制订方法已经不可行了。企业管理者要学会利用一些管理工具去制订出适合企业发展的战略规划。这里介绍一种制订战略规划强大的管理工具——OGSM 模型。

OGSM 模型是一种计划与执行管理工具，由世界著名公司——宝洁公司通过上百年运营总结出来的成功战略模型。该模型由 objective（目的）、goal（阶段目标）、strategy（执行策略）、measurement（评估标准）的英文首字母组成。

OGSM 既是一种制订战略计划的工具，能让企业业务集中在大的目的与目标及关键策略上，同时也是一种实践战略的手段，可以达成理想的目的与目标。跟市场上现有的传统战略模型相比，OGSM 模型具有更加明确的总体目标和拆分目标，通过一层一层推演，以确保总体目标和拆分目标都得以实现。企业可以通过 OGSM 模型来制订公司的战略计划，规划未来发展的蓝图。

企业通过 OGSM 战略规划系统可以解决以下三个问题：

一、它能分析出清晰而现实的战略目标；

二、它能分析并量化出战略与现在的关系，得到实现战略的路径；

三、它能合理分配和利用资源，真正实现战略指导战术，让现在所做的每一件事都与战略息息相关。从战略目标到年度目标，从目标到策略，从策略到项目，从项目到任务，从任务到活动，环环相扣，让每一位员工都亲身体验到战略无处不在，让战略不再是股东们或企业管理层的事。

通常企业应按照下图所示的流程去制订战略规划：

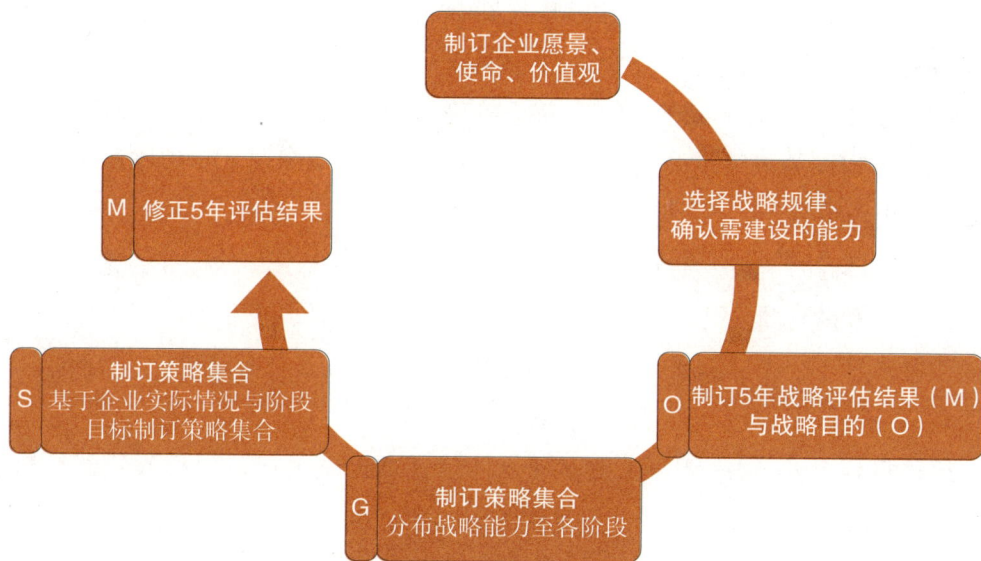

战略规划制订流程

本章前面两节我们已经讲过战略规律和能力，讲过企业远景、使命、价值观，这里就不再重复，直接讲解怎么使用 OGSM 模型制订五年战略规划的具体流程。

第一步：制订 5 年评估结果（M）与战略目的（O）

战略目的（objective）： 是指企业 5 年达成的总体状态，一般由时间、地域、领域、达成状态 4 点组成。不过，企业可以根据自身情况适当取舍，加强可行性。

企业在描述 objective 时，需要达到以下两点：

1. 5–10 年后，企业将在什么领域经营。这个领域，既包括专业领域，也包括行业领域，还包括地域领域，也就是说，企业要描述的是 5 年或 10 年后，在中国或亚洲或世界范围内，在哪个行业达到什么样的专业水平。

2. 5-10 年后，企业在该领域内的市场地位。比如，成为该行业内的第一，或者业内前十，抑或是在行业立足。

战略规划的一个重要意义，就是明确企业未来的成长道路，它直接决定了企业资源分配的导向，企业根据这些战略规划，知道哪些事情必须要去做，哪些事情不能去做。

比如，某企业制订的战略目标是：到 2025 年 12 月 31 日前，在中国地区，在医药领域，成为领导企业（品牌资产最高）。

评估标准（measurement）：是每个阶段目标 G 的衡量标准，一般通过销售收入（当年到账的销售额）、利润率（指税后的）、人均利润及品牌资产（可选）四个标准去衡量。

对阶段目标的考核一定要清晰具体，不能凭主观判断去评估任务的完成情况，而是建立客观的标准去考量。这个评估标准因行业背景、企业策略不同而各异，不过不管确定什么样的标准一定要定期考核，及时检查，及时调整。

第二步：确定发展阶段及阶段目标 G

阶段目标（goal）：是企业为实现总体目标所规划的阶段目标及道路轨迹。这个阶段目标是从整体目标中分解出来的，是明确的、可量化的，与目的一致并且是可实现的。

阶段目标是对目的的进一步细化，不过需要注意不能均化分布阶段性目标。比如说每年销售额要做到 1200 万元，不能将每个月的目标平均设置为 100 万元，这主要是因为企业的发展不可能是匀速的，并且销售也有淡旺季，所以战略规划也要根据企业的实际情况去制订，阶段性目标也要应如此。

在企业生长期，阶段性目标要设置高一些；在企业收藏期，因为需要深耕市场，阶段性目标就要设置低一些。如果不管这些，直接平均分配阶段性目标，这样是不科学的，也是不现实的，这样的战略规划也不可能被有效执行。

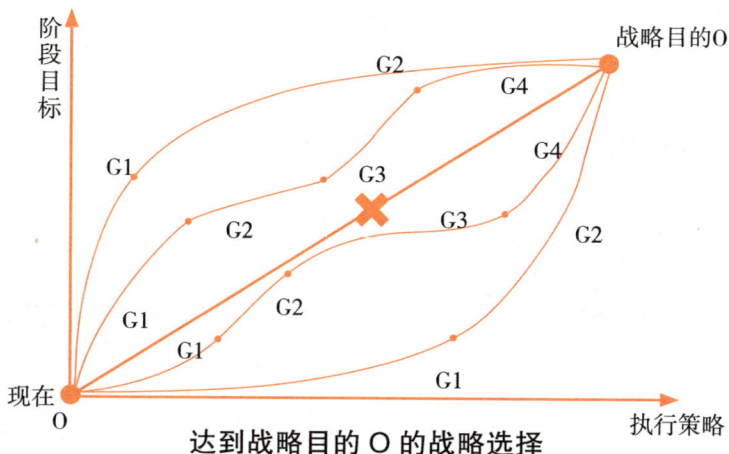

达到战略目的 O 的战略选择

大家可参考下面的 G 阶段目标的生长收藏周期，判断自己企业处于什么周期，并合理设置销售增长（注意生长收藏需交替进行）：

周　　期	重　　点	表　　现	建议销售增长设置
生长期	业务扩张、销售增长	销售收入上升	高于50%
收藏期	组织内部调整、资源准备	利润率上升	低于或等于20%

第三步：制订策略集合（S）

执行策略（strategy）：执行策略是企业为了打造战略能力，根据战略规律所制订的策略集合。执行策略的制订要在确定企业发展期的基础上进行，处于不同发展期的企业，需要应用不同的执行策略。这一步骤便是对上一步骤需要践行的基本规律的具体论述，具体到为了打造哪些战略能力，需要制订哪些具体策略。

在具体的执行策略表述上，需要写清楚每个细节点上的问题，比如，营销应该怎么做？渠道要怎样扩张？市场宣传该做些什么？质量管控该怎样把关？组织建设要有几个流程？薪酬体系该怎样调整？人员培训都该做些什么？因为是执行策略，所以必须要具体、可执行，能够拿来直接使用。

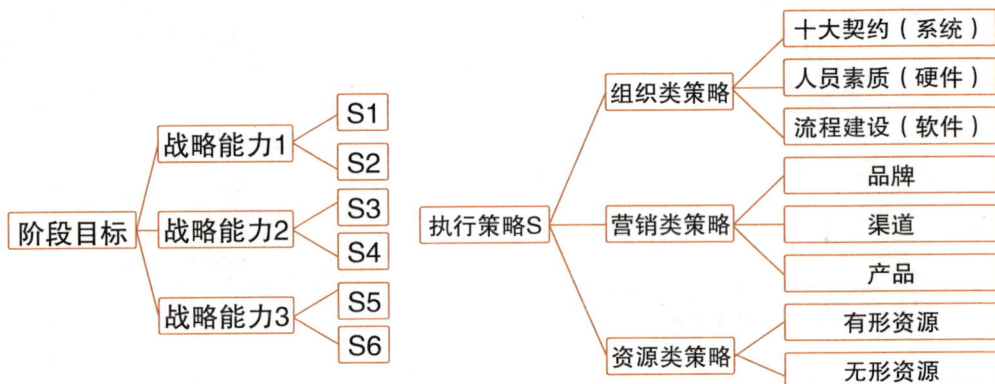

执行策略来源于战略规律，从规律到能力，再到策略。执行策略可划分为组织类、营销类、资源类三种，具体如下：

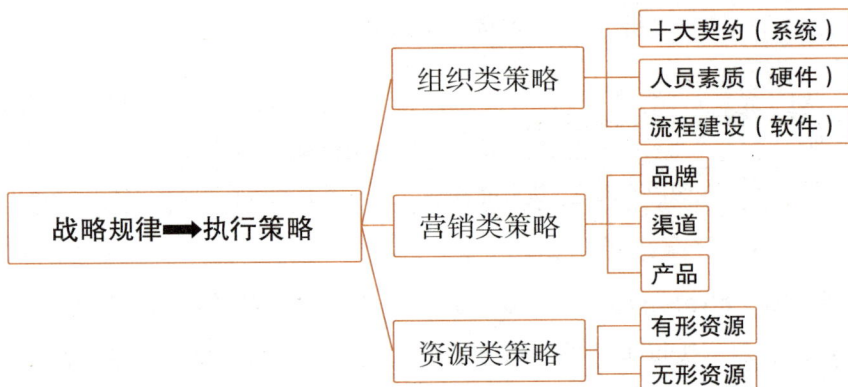

第四步：修正 5 年评估结果（M）

企业要根据自身实际情况和市场环境优化修正 5 年评估结果（M）及战略规划的其他内容，并做出战略发展规划报告，其格式如下图所示。

战略目的（objective）	阶段目标（goal）	执行策略（strategy）	评估标准（measurement）
	第一阶段		
	第二阶段		
	第三阶段		

企业管理者制订出战略规划以后，各部门根据企业战略规划生成战略型项目，

通过全体员工的共同努力将战略型项目落实下去，以实现企业战略目标。

以下继续以本章第二节总体战略规划案例中的明月公司为例来说明 5 年战略规划的制订：

· **明月公司本阶段需要实践的战略规律及需要打造的能力，如下表所示：**

需要实践的战略规律	需要打造的能力
文化规律	打造保持专业化文化的能力
素质规律	打造高素质的管理团队
	建立全员专业持续提升的机制
工业化规律	打造模块间专业协作的能力
品牌规律	打造建立和发展品牌的能力
核心竞争力规律	打造建设高质量的实验室与系统数据库的能力
资源整合规律	打造以客户需求为导向的技术整合能力

· **明月公司发展之道**

十三条规律	明月公司发展之道
远景	成为全国领先的实验室建设服务商
利他规律	让客户满意、与员工共享、为股东增值
平衡发展规律	能力与产品平衡、春生秋收冬藏
核心竞争规律	打造建设高质量的实验室系统数据库的能力
资源整合规律	整合上、中、下游产业链，实现一站式服务
劳动价值规律	辅助政府实行搭建实验室工程
品牌规律	品牌定位、品牌规划、品牌手册、品牌机构 品牌：商业、公益
全程体验规律	国家级实验室参观服务
需求规律	打造智能实验室设计、建筑、数据一体化服务
工业化规律	打造面向客户需求的多专业、多系统、多模块协同机制
科学管理规律	打造企业量化管理模式
规则规律	ISO管理体系建设（重点在实验室搭建指导手册、流程建设）
素质规律	打造高素质管理团队、打造全员专业持续提升机制
统一文化规律	打造与保持专业化文化的能力（价值观：专业、创新、进取、共赢）

·明月公司战略 OGSM

明月公司战略目的（Objective）：到 2025 年，成为广东省销售规模前十的实验室建设服务商。

阶段目标（Goal）	执行策略（Strategy）	评估标准（Measurement）
第一阶段–收藏阶段 （2022年1月4日–2023年12月31日） 1.本阶段收入平均增速：20% 2.本阶段完成以下能力打造： ①打造满足客户需求的必要资质条件（需求规律） ②打造保持专业化文化的能力（文化规律） ③打造高素质的管理团队（素质规律） ④建立全员专业持续提升的机制（素质规律） ⑤打造建立与发展品牌的能力（品牌规律） ⑥打造建设高质量的实验室与系统数据库的能力（核心竞争力规律） 3.本阶段策略数 ①2022年需完成策略2条，需同步开展策略3条 ②2023年需完成策略10条，需同步开展6条	2022年共5条，其中：本年度需完成（2条） **打造满足客户需求的必要资质条件（需求规律）** 1.2022年，完成规划、建筑资质从一甲到三甲的转变（规划与设计中心/田××） **打造保持专业化文化的能力（文化规律）** 2.2022年，完成W&DP模式建立（人力资源中心/李××） 本年度需同步开展（3条） **打造模块间专业协作的能力（工业化规律）** 3. 2022–2024年，打造基于客户需求的多专业多系统多模块协作机制（市场与发展中心/陈××） **打造高素质的管理团队（素质规律）** 4. 2022–2024年，建立管理大学机制（1–3年级）（人力资源中心/柴××） **建立全员专业持续提升的机制（素质规律）** 5.2022–2024年，开展行业高层次系统设计人才工程推荐工作，建立与211高校的实验室人才培养合作机制，完成高层次专业技术储备人才的培养（≥50人），完成≥5名博士等高学历人才引进（系统研发中心/林××）	2022年 1.销售到账金额： 　≥5.25亿元 2.营业收入： 　≥5.25亿元 3.净利润： 　≥7 875万元 4.税后净利润率： 　≥15% 5.人均利润： 　≥18.75万元 　（420人） 6.品牌资产： 　≥21.02亿元

明月公司根据以上执行策略制订当年的战略策略，然后对当年的战略策略立项就生成了年度经营计划中的一个个战略型项目，随着战略型项目的完成，明月公司的战略目标得以实现，于是明月公司的年度经营目标也得以实现。所以企业年度经营计划要先从战略开始，只有这样，才能保证企业经营不偏离固有的航线，使其向着一个统一的方向有步骤地前进。

思考与行动

1.回忆一下利用 OGSM 模型制订战略规划的流程。

2.试着用 OGSM 模型，制订你所在企业的战略规划。

4

制订企业年度经营目标

内容提要：

1. 如何制订出合理有效的年度经营目标？
2. 采用什么方法进行市场调研？
3. 如何分析市场？
4. 如何正确评估企业的品牌？

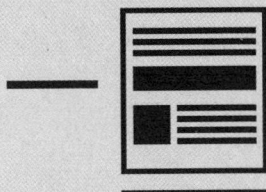

本章导读

一

有效制订年度经营计划的第二步是设定年度经营目标。

通常企业设定年度经营目标是总经理根据上一年的销售情况，结合当年的大体形势，预想一个企业需要达到的经营效果，便将下一年的经营目标设定好了。这样设定出来的目标被分解到执行层面之后，会有很多人抱怨"这不可能"，可能也有人庆幸"这太简单了"。无论是抱怨还是庆幸，都说明一个问题：企业设定的经营目标是不合理的。

合理的经营目标不是总经理一个人预测出来的，而是经过调研和分析研究出来的。在设定企业年度经营目标之前，企业要利用 ADP 营销模型对市场进行详细的调研，要利用整合品牌评估模型对企业品牌进行评估，根据调研和评估的结果，详细分析业务在哪里能够得到增长，以及增长多少。根据 SMART 原则，制订出年度经营计划。

一切用数据说话，才能增加年度经营目标的可执行性，才能让目标在执行过程中被更好地监控和管理。

第一节　制订年度经营目标

年度经营目标是企业年度经营计划的根本，所有的计划都是为了实现这个设定的目标，经营目标的设定是一个非常重要的课题。但是有些企业对经营目标的设定并不科学，他们只根据上一年的销售情况，设定一个基本的增长目标，就将当年的经营目标确定了。

这种做法存在很多问题。企业销售额不一定每年都能增长，这样简单粗暴地设置一个增长目标很可能无法实现。我们知道销售额的增长与企业在市场中的总体竞争力有关，其中包括产品竞争力、品牌竞争力、服务竞争力等。如果这些都很强，企业的销售会增长，如果总体竞争力退步或者下降，销售也可能会下滑。这时不顾企业实际情况，还设置一个增长目标是不科学的。另外，企业在设定目标的时候，除了考虑当年的销售额外，还应该为企业下一年或未来的增长做些准备。

一个合理的**年度经营目标**，应具有以下特点：

1. 符合企业战略目标、品牌规划目标、品类规划目标及年度经营目标；
2. 目标与企业资源现状基本匹配；
3. 目标与市场容量及增长速度基本匹配；
4. 目标与对市场发展可能性的预测基本匹配。

年度经营目标是根据整体战略规划设定的，应以量化方式表述，通常可量化为销售收入、利润率、人均利润、品牌资产四个核心指标。

一些优秀的企业都以 5 年为单位制订企业的发展战略，将 5 年中的每一年都按照生长期（销售能获得快速增长的阶段，通常将年度增长率大于 50% 的叫生长期）、收藏期（销售增长不像生长期那么快速，销售增长率在 20% 以内，有的只有 10%，甚至 5% 不到。这样的年定为准备年，也就是为下一次快速增长做准备）进行划分，然后根据每一年不同的属性设置不同的销售目标。

企业设定经营目标时，先看根据战略规划这一年属于什么属性。如果这一年属于生长期，那么经营目标就设定一个比较高的增长率；如果这一年属于收藏期，那么经营目标就设定一个比较低的增长率。这样员工就有时间和精力去做一些准备工作，为下一个生长期做准备。这样设定的经营目标有快有慢，张弛有度，可以使企业进入一个良性循环状态。

从发展的规律来说，企业很难连续获得高速的增长率。因为每当企业获得一定量的增长，都要消耗组织内部各种各样的能量。如果不及时给组织赋能，还让企业继续保持这么高的增长率，就会出现各种各样的问题。有时，虽然有的企业获得了连续较高的增长，但这个增长却是不健康的——有的是通过降价，有的是通过压货等方式来获得一个表面的增长。这样的增长对企业未来的发展极其不利，所以不能根据上一年的增长率来直接设定当年的增长率。

经营企业就像跑一场马拉松，它是一个长期的事情，不能为了短期的增长而让组织内部产生健康问题，所以企业要从多维度去考虑自己的经营目标。

一些优秀的企业通常将年度经营目标分解为销售收入、利润率、人均利润、品牌资产四个核心指标。

销售收入

销售收入，是指从财年第一天到最后一天这段时间内企业主营业务的到账金额。通常销售收入不含应收款、应付款。

利润率

利润率，是指税后净利润。它是一个非常重要的指标，可以用来衡量企业的健康程度。如果企业利润率低于 8%，说明该企业已处于不健康状态，这时应该将利润指标设为企业第一目标，否则企业将很难维系（能融到资的企业除外）。因为没有足够的利润率，就无法给员工提供好的待遇，无法留住好的人才，企业各方面的能力都会下降。如果再遇上特殊事情，资金链会断掉，企业可能处于濒临倒闭的状态。

> 用 0 到 100 分给企业健康打分，则：
> 如果利润率只有 5%，企业健康状态相当于 60 分；
> 如果利润率达到 8%，企业健康状态相当于 75 分；
> 如果利润率达到 10%，企业健康状态相当于 85 分；
> 如果利润率达到 12%，企业健康状态相当于 90 ~ 95 分；
> 如果利润率达到 15%，企业健康状态相当于 100 分。

人均利润

人均利润，是指用企业税后净利润除以总员工人数得出的数据。人均利润是衡量企业竞争力与管理执行力的重要数据，它反映企业可持续发展能力，也就是组织的效率。如果企业人均利润很低，即便净利润很高，说明企业可持续发展的能力不强，也就是组织效率低下。如果企业人均利润低于 5 万元 / 每年，意味着企业进入了战略收藏期。这时不能再一味追求销量的增长了，要开始对组织赋能，否则企业的发展会越来越缓慢。

中国整体的产业结构偏低，国民经济侧重于资源密集型产业和劳动密集型产业，因此整体人均利润不高。有些企业年产值有几亿元，人均利润却不足一万元。如果你的企业人均利润偏低，就要改进组织结构，建立一个合理有效的组织，让每一个人都发挥自身最大的产能。只有这样企业才能在未来的竞争中取得胜利。

> 人均利润参考值：
> 人均利润每年达到 5 万元，为及格；
> 人均利润每年达到 10 万元，为良好；
> 人均利润每年达到 20 万元，为优秀。

品牌资产

品牌资产，是指企业拥有的品牌所具备的价值。一个品牌经营一段时间后，就会拥有一个无形资产，这就是品牌资产。企业关心销售增长的同时，还要考虑品牌资产的增长，只有这样企业才能健康、长久地发展。

企业在战略规划的指导下制订好下一年度经营目标后，就要设定相应的市场策略了。

思考与行动

1. 根据上面的标准，分析一下你所在企业的经营目标合理吗？

2. 如果不合理，哪些目标需要修改？

3. 判断一下你所在企业处在健康状态吗？

第二节　用大数据做市场调研

　　市场调研是市场调查与市场研究的统称，是为了提高产品的销售决策质量和解决产品销售中存在的问题与机会，从而系统、客观、有目的、有计划地收集、整理、分析各种信息、资料。市场调研的目的是生成市场策略，通过市场调研生成的市场策略为企业制订经营策略提供了科学的依据。

市场调研的流程：

1. 确定市场调研的必要性；
2. 确定问题及调研目标；
3. 确定调研方案；
4. 确定信息类型和来源途径；
5. 设计问卷、确定抽样方案；
6. 收集资料；
7. 对资料进行分析、总结；
8. 撰写调研报告。

　　市场调研是一项非常重要的工作。各企业在制订年度经营计划前一定要做详细的市场调研，要将"一切以客户需求为导向"真正落实下去。只有尊重市场，才可能获得市场的青睐。研究市场比研究对手更重要。未来的商业竞争趋势是，谁把握了市场，谁就赢得了消费者，也就赢得了未来。

　　市场调研通常有以下几种方法：

1.**电话访问**。调研人员通过电话对客户进行有条理的访问，向客户询问一系列的问题，并将回答记录在答案纸上。因为该方法可以直接跟客户访谈，所以通常客户的参与度较高。不过现在消费者越来越讨厌这种电话访问，所以电话访问越来越难了。

2.**在线访问**。一些企业通过一些软件，在线收集客户的信息。这种调研方法比较便利，反馈率比传统邮寄调查高很多，并且还可以借助一些软件对数据进行分析。不过，因为系统的自动回复导致这种方法收集的结果可能不准确。

3.**文案调研**。收集网上相关的资料和书籍中的一些信息，然后进行整理、分析。

4.**实地调研**。这种调研方法又可分为询问法、观察法和实验法三种。

实地调研方法	具体说明
询问法	调查人员通过各种方式向被调查者发问或征求意见，来收集市场信息
观察法	调查人员在现场，直接或通过仪器观察、记录被访者的行为和表情
实验法	通过实际的、小规模的营销活动来调查某一产品或某项营销措施的执行效果等市场信息

5.**特殊调研**。这种调研有固定样本、零售店销量、消费者调查组等持续性实地调查。

6.**竞争对手调研**。通过一切可获得的信息来调查竞争对手的状况，发现其优劣势，然后有针对性地制订营销策略。

7.**集中小组调查**。精心选出一定数量（通常是6～15名）的客户，在专业调研主持人的帮助下跟客户沟通，了解客户的满意度等。

现在随着互联网大数据技术的日益成熟，越来越多的企业开始采用大数据来做市场调研。采用大数据做市场调研的方法主要有以下几种：

1.利用终端信息收集系统分析市场份额

在服务等快消品行业中，二维码支付或 POS 机支付已经被广泛使用，企业可以通过这些收费系统反馈回来的信息了解市场动态，及时调整营销策略。

2. 利用移动应用客户端收集消费者信息

随着移动互联网的发展，很多企业都有了自己的 App，企业可以根据注册账户号了解用户动态、使用产品的次数以及反馈的意见。企业也可通过 App 向用户发布调查问卷，通过一些奖励措施，鼓励用户认真填写问卷。

3. 利用社交媒体进行市场调研

现在大家广泛使用社交媒体软件，如微信、微博、抖音等，企业可以制作电子问卷，通过这些社交媒体软件进行调查，收集信息。企业也可对用户发布的信息、评论的转发量、传播的速度进行分析，挖出当前的消费潮流及存在的消费理念。管理者通过这些数据对市场进行预测和分析，制订出新的营销策略。

4. 利用互联网进行定量调查和定性分析

跟传统调查相比，网络调查更加便捷，性价比也更高。现在很多公司也都有自己的网页，企业可以在网站上设置问卷调查，邀请用户来填写。用户通过调查问卷了解企业的产品和服务，企业也可通过问卷了解用户的需求，利用这样的互动提高用户的满意度。

企业在做市场调研的时候，除了采用以上调研的方法，还要学会利用大数据处理技术对庞大的数据进行研究，通过分析找到隐藏在表象之下的用户需求，从而帮助企业制订有效的营销策略。

思考与行动

1. 你所在的企业采用什么方法做市场调研？

2. 通过分析判断一下这些市场调研方法的效果如何？

3. 看这些市场调研方法有没有可以改进的地方？怎么改？试着写出一份翔实的报告。

第三节 用 ADP 模型分析市场策略

很多人都知道加大宣传、改善产品质量、降低价格等，可以促进销售增长。但是，为什么采取这些方法可以实现销售增长？还有，加大广告宣传一定能拉升销售额吗？如果是这样，那一些所谓的"标王"为什么倒闭了呢？

只有深入思考这些问题，找到促使销售增长的本质原因，才能采取有效措施从根本上提升销售，从而确保年度经营计划的实现。

到底是什么原因影响了企业的销售增长呢？看完可口可乐早期提出的 3A 营销策略，你可能会有所领悟。

买得到（available）

可口可乐公司要建立伸手可及的销售网。可口可乐是冲动性购买的产品，也就是说消费者在购买物品时大多数时候并没把它列入采购清单，而是随机购买。如果货架上有足够多的可口可乐，就会给顾客带来一种购买冲动。实际上，可口可乐公司的分销目标很明确：要让可口可乐像自来水一样，打开每一个水龙头就会自动流出水来。

买得起（affordable）

单价必须足够便宜，不能像珠宝、汽车那样，虽然非常吸引人，但并不会有人出于冲动而购买。另外，更有意义的是如何保持惯性购买，那就让消费者"买得起"，并且这个购买决不仅是一瓶、一听，而是持续不断地购买，要让消费者成为长久的忠实顾客。因此，可口可乐的广告语境里有"分享"的意思，邀请朋友共同分享可口可乐，是一件很快乐的事情。

　　愿意买（acceptable）

　　这与竞争密切相关，因为顾客购买饮料时会有很多选择，可以选择茶饮，也可以选择矿泉水，还可以选择果汁、牛奶等。要让顾客只买可口可乐，就必须给予顾客心理层次的特殊满足，可口可乐把这种满足建立在质量素质和品牌素质的基础上。

　　"买得到""买得起""愿意买"这三个因素是相对独立的，根据行为学理论，将这三个因素转化为与企业经营相关的范畴，就建立起国际上解决市场营销策略通用的 ADP 模型。"愿意买"解决的是客户态度（attitude）的问题；"买得到"解决的是产品的渠道（distribution）问题；"买得起"解决的是产品性价（profit）的问题。进一步研究发现，市场容量（marketsize）也是影响市场营销的关键性要素。于是，一个关于市场营销的量化公式就建立起来了：

> **市场占有率（S）=消费者态度指数（A）×渠道综合指数（D）×价格综合指数（P）×当量（Su）×市场容量（Ms）**

　　因为市场容量（Ms）是一个客观指数，一般情况下短期内极少会被主观控制，可以看成是一个常数，此外当量（Su）也是一个常数，所以影响市场占有率的主要因素是以下三个：

　　A：**消费者态度 / 品牌体验**，即消费者对产品的相对喜好程度——"愿意买"；

　　D：**终端因素 / 渠道体验**，即消费者获得产品的难易度——"买得到"；

　　P：**价格因素 / 产品体验**，即消费者获取产品的代价——"买得起"。

　　这三大因素是相对独立的，但同时又分别对销量 / 市场占有率产生直接影响，因此可以建立如下所示的 ADP 量化模型：

ADP经营计划模型公式	
S=（A×D×P）×Su×Ms	
Sale	=销量/市场占有率
Attitude	=消费者态度指数
Distribution	=渠道综合指数
Profit	=价格综合指数
Su	=当量/转换系数
Ms	=市场容量

从上面的公式可以看出，假如消费者态度指数等于零，即使渠道做得再好，产品性价也很合理，消费者也有需求，但大家都不会购买。出现这种结果的原因可能比较特殊，如假货、低劣质量等，导致消费者对此产品产生了恐惧心理，也就不愿意再购买了。

比如，某品牌奶粉，在发生三聚氰胺事件之后，就处于这种状态：当时商场还没撤货，消费者依然能买得到；价格合理，消费者能买得起；消费者有购买奶粉的实际需求，市场容量也足够大。但是，因为消费者态度指数近于零，所以最终的结果就是没人买。

如果渠道综合指数等于零，那么销量也是零。比如，美国前总统布什坐过的奔驰车，客户态度非常好，品牌形象也很好，很多人都愿意买，但是你有钱也没地方买，这种产品根本就找不到，因此销售必然为零。

当然，如果产品性价比极不合理时，销售必然也趋近于零。假设某种口香糖，大家愿意买，也买得到，但价格贵得离谱，一包口香糖售价是 10 万元，这种情况基本上没人会买。

所以，如果企业要制订有效可行的年度经营计划，就要从消费者态度指数、渠道综合指数和价格综合指数入手。在这三项基础要素中，渠道综合指数和价格综合指数的提高是有局限的。任何产品的渠道再广，也不可能像空气一样充斥在大街小巷。渠道建设到一定程度，再加宽、加深渠道对企业的销售增长也不会有太大的提升，甚至会变成一种资源负担，制约企业的发展。同样，价格综合指数主要反映产品性价比的问题，受到技术壁垒和资源需求及市场环境的限制，提升的空间也有限度。但是客户的态度，客户对品牌的认知，却是没有尽头的。

因此，对企业经营来说，消费者的态度尤为重要，所以制订合理有效的年度经营计划也必须重点分析消费者态度指数（A 值），看其是怎样产生变化，以及这些变化对经营计划将产生哪些影响。消费者的态度跟品牌建设有关，所以我们要进行年度品牌的跟踪研究，这一点将在下一节讲解。

为了方便大家做调查，我特意将一些 A、D、P 值通用的调查问卷放在本书最后的附录中，具体详见"附录 1：通用调查问卷模板"。

思考与行动

1. 利用 ADP 模型分析你所在企业的产品。

2. 通过对产品的 A、D、P 值的分析，找出能提升销售的因素。

3. 针对能提升销量的因素，制订出相应的解决办法。

第四节　用整合品牌评估模型评估企业品牌

　　企业在制订年度经营计划的时候，一个非常重要的决策取向就是"一切以客户需求为导向"，而不是以自身的猜测或者对市场的猜测为依据。企业在制订年度经营计划时，不能因为之前做过这件事，或者有这方面的经验，就觉着这件事这样做一定是对的。只有站在客户需求的基础上，才能有效分析问题，最后生成经营策略。想要做到这一点，进行有效合理的市场调研就是很重要的工作。

　　通过 ADP 营销模型，可以知道市场营销主要跟消费者态度、渠道及价格有关，企业想要赢得市场就要从这三方面入手。相对来说，渠道和价格的提升空间有限，但是消费者态度的提升空间却很大。所以企业想要抓住市场，重中之重就是提升消费者态度。

　　研究发现，消费者对某产品的态度归纳起来可分为以下七类：

组别	目标消费者分组	主要存在的问题	相应的市场策略	加权值（K）
G1	1.不知道"××"品牌	宣传的范围和效果	修改媒体计划	0
G2	1.知道"××"品牌 2.至今没购买过"××"品牌 3.将来选择同类产品时不会选择"××"品牌	广告概念的认可度	修改广告概念	5
G3	1.知道"××"品牌 2.至今没购买过"××"品牌 3.将来购买同类产品时会选购"××"品牌，但不是首选	与竞争对手的差别	有针对性地修改宣传内容	10

续表

组别	目标消费者分组	主要存在的问题	相应的市场策略	加权值（K）
G4	1.知道"××"品牌 2.至今没有购买过"××"品牌 3.将来购买同类产品时会首选"××"品牌	销售渠道、产品价格	铺货、加强促销等	15
G5	1.购买过"××"品牌 2.将来购买同类产品时不会选择"××"品牌	各方面的因素，如质量、体验、产品包装等	改进产品体验	50
G6	1.购买过"××"品牌 2.将来购买同类产品时会选择"××"品牌，但不是首选	与竞争对手的产品价值差别	增加产品价值形成差异性	80
G7	1.购买过"××"品牌 2.将来购买同类产品时首选"××"品牌	对品牌的忠诚度	维持并加深消费者忠诚的因素	100

　　消费者平时购买商品时，决定购买哪个品牌通常依赖于平时对该品牌的主观印象，因此，消费者的态度对品牌选择有很大的影响。专家根据消费者对产品的不同态度，做出了如下图所示的整合品牌评估模型：

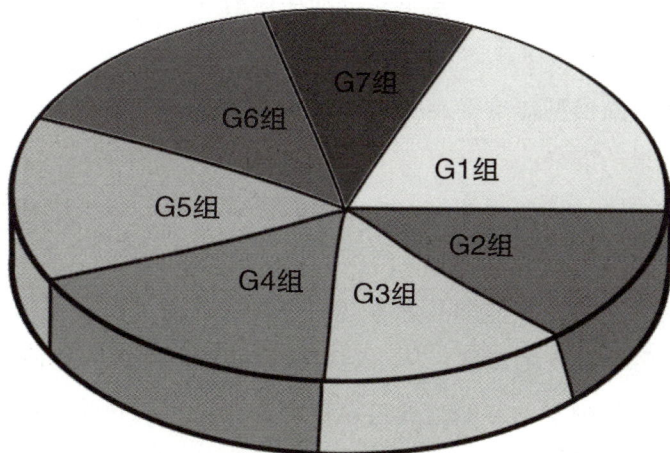

整合品牌评估模型

然后根据整合品牌评估模型得出该产品的综合品牌评估指数如下：

> 品牌指数＝（100%×G7）+（80%×G6）+（50%×G5）+（15%×G4）+（10%×G3）+（5%×G2）+（0×G1）

通过整合品牌评估模型，企业可以清楚自己目前的消费者主要集中在哪几组，自己哪些方面做得不错，哪些地方没有做好，哪些地方有待改进，根据这些信息修改市场营销策略。

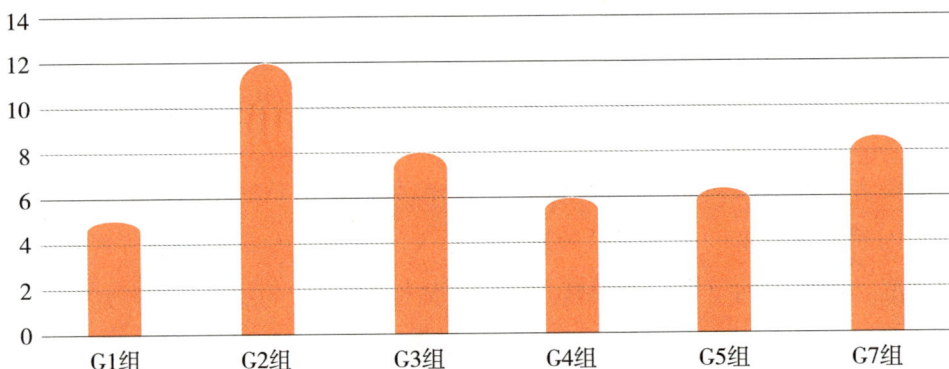

整合品牌评估模型

品牌评估模型具有以下优点：

1. 针对性强，该模型能准确反映品牌发展的现状，企业可根据这个模型得出的量化数据制订营销策略；

2. 重点突出，通过该模型能准确找出阻碍品牌发展的最根本性问题，从而制订出最有效的市场策略；

3. 可比性强，便于用来监测品牌发展。企业可以通过该模型对品牌进行连续跟踪测试，监测整个品牌的发展，从而对营销策略做出准确的评估；

4. 可分析各市场因素的影响，通过该模型，企业可以量化各种市场因素的贡献，了解各种市场因素的影响力，从而制订更好的组合营销策略。

企业可以根据上面的公式计算出企业的品牌指数，从而直观地评估自身品牌的市场状况，然后制订出有效的经营策略。此外，品牌指数也是反映 A 值（消费者态度指数）的重要指数，企业通过品牌指数可以精确地评估消费者对企业品牌的态度，为企业制订年度经营计划提供重要的参考依据。

思考与行动

1. 对企业品牌进行市场调研。

2. 将调研结果按照 G1 到 G7 进行分类。

3. 利用整合品牌评估模型对企业品牌进行评估。

4. 根据评估结果制订营销策略。

5. 新策略执行一段时间后，再重复前面的步骤，监测营销策略的效果，及时调整。

5

生成市场策略

内容提要：

1. 如何利用营销价值链生成企业经营策略？

2. 如何对 A 值、D 值、P 值进行专项分析？

3. 如何将策略变成项目？

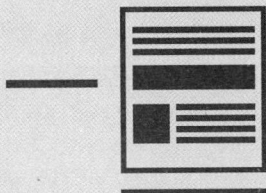

本章导读

有效制订年度经营计划的第三步，是根据年度经营目标生成企业具体的经营策略。

有了目标未必就能达成最后的结果。企业提出经营目标的同时，还需要根据目标进一步生成经营策略。企业不仅要告诉各个部门负责人"我们要去哪里"，还要告诉他们"我们怎么去"。

市场部门不但要发现问题，还要提供解决问题的路径或者工具，用"解决需求"将组织中各部门的行动统一起来，建立年度经营计划的执行基础，满足客户需求是解决经营问题的本质之一。

企业通过 ADP 营销模型对市场进行调查和分析，对 A 值、D 值、P 值分别分析找到客户的真正需求，然后利用营销价值链模型将市场需求有效地传递到企业的各个层级，引导企业满足客户的需求。这个解决客户需求的过程就是生成企业经营策略的过程。

第一节 利用营销价值链生成市场策略

通过前面几章的阐述，企业已经找到了经营的宗旨，确定了战略规划，进一步分析了市场需求，并由此设定了本年度的经营目标，在接下来的工作中，企业需要根据调研生成的客户需求找到满足这种需求的经营策略，这需要用到营销价值链模型。

营销价值链是在动态变化的市场背景下，以客户需求为起点，客户满意为终点，由提供者和客户两大主体为核心要素组成的需求满足链。它是为满足消费者需求，组织各专业部门间建立的协作关系。通过营销价值链，同一层级的工作（如项目）因相同的目的连接在一起。

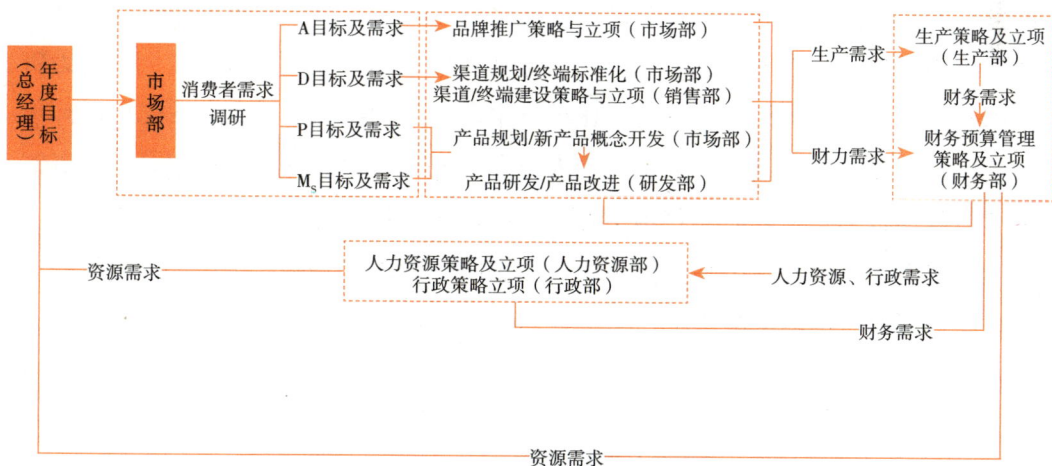

企业可以通过营销价值链优化核心业务流程，降低组织的经营成本，提升企

业的市场竞争力。企业可以通过营销价值链建立一套与市场竞争相适应的量化管理模式，弥补在组织结构设计、业务流程和信息化管理方面存在的不足，从整体上降低组织成本，提高业务管理水平和经营效率，实现企业利润增值。

市场部对消费者需求进行调研，并利用 ADP 模型对市场调研结果进行分析，得出跟产品、渠道、宣传相关的四种经营策略：

调研结果	生成策略类型	策略应用
基于A值（消费者态度/品牌体验）调查结果	品牌策略	市场部立项依据
基于D值（终端因素/渠道体验）调查结果	渠道策略	销售部立项依据
基于P值（价格因素/产品体验）调查结果	产品策略	研发部立项依据
基于Ms值（市场容量）调查结果	新产品上市策略	市场/研发部立项依据

这四种经营策略，成为企业前台，如市场部、销售部、研发部立项的依据。市场部、销售部、研发部接收到从市场传递过来的需求信息后，根据这些信息找到各自的工作重点和发现各自存在的问题，制订出本部门的改善型项目和常规型项目。

前台想要完成这些项目，就会提出一些资源需求。这些资源需求会被传递到中台，如财务部和生产部，财务部和生产部根据前台部门的需求，制订出本部门的改善型项目和常规型项目。这时，财务部和生产部会进一步对后台，如人力资源部和行政部提出各种需求支持，比如，生产部门的招工需求，行政部门的环境卫生、厂区安全等，这些需求又成为人力资源部和行政部立项的依据。人力资源部和行政部根据这些需求制订出本部门的改善型项目和常规型项目。各部门在立项的过程中，会对企业战略进行回顾，根据战略的需要再制订出本部门的战略型项目。各部门需求如下图所示：

序　号	部　门	提供资料	
1	市场部	常规调研报告	年度品牌调研报告
			年度渠道调研报告
			消费者需求调研报告
2		年度营销项目支持调研报告	
3		品类/品牌规划报告	
4		年度【品牌跟踪研究】数据	品牌指数/态度分组
			品牌联想
5		年度渠道参数报告	覆盖率
			终端表现
			渠道满意度
6	销售部	年度市场销售数据报告（包括销售额、市场占有率等）	
7		年度竞争对手销售数据报告（包括销售额、市场占有率等）	
8		年度各区域分类市场销售成本数据	
9	研发部	产品技术指标报告	
10		产品成本控制报告	
11	生产部	生产信息分析报告	
12		年度产品质量监控报告	
13		采购&储运管理报告	
14		生产设备管理报告	
15		生产成本控制报告	
16	财务部	年度财务审计报告	
17	人力资源部	年度人力资源运营报告	
18		年度人力资源调查报告	
19	行政部	年度行政运营报告	

这样各部门通过营销价值链确定了部门的战略型项目、改善型项目和常规型项目，各部门在立项过程中需要注意如下表所示的几个关键问题：

序　号	关键问题	解决方案	说　明
1	通常需要进行什么调研	年度品牌调研 年度渠道调研 年度消费者满意度调研	调研是所有工作的基础，如果没有调研，只能根据过往经验
2	市场部怎样提出策略	根据"ADP"模型	"ADP"模型（详见上一章）
3	市场部、销售部、研发部项目是怎样确定的	市场部只提供策略建议，立项决定权归各部门	市场部、销售部、研发部应始终围绕"ADP"模型进行立项
4	财务部、生产部、人力资源部、行政部项目是怎样确定的	下游部门根据上游部门的需求，提出解决方法并进行相应立项	上游部门对下游部门的需求，应该是具体的、量化的需求
5	企业工作非项目化怎么办	导入企业工作全面项目化思想	营销价值链通过连接计划，进而连接各项目。如果企业工作非项目化，其与计划的连接较弱，营销价值链的意义就不大

企业将各个部门的项目综合起来，就构成了年度经营计划的主体部分。各个部门立项之后，就要进行成本预算，最后的预算结果会递交总经理。总经理一手抓住目标，一手抓住预算，用目标减去预算就是预期的经营利润，然后衡量年度经营目标是否与公司的战略契合。假如出现不一致，那就把目标提升或降低，杠杆的支点只要稍微改变一下，计划过程中有些项目就消失了。砍掉项目就等于砍掉预算，利润指标就达成了。总经理通过这样的调节让目标与预算相吻合，然后正式发布各个部门的《年度经营计划》，让相关负责人在《年度经营计划》上签字确认。

注意：

1. 一般情况下年度经营目标如果降低 10%，年度预算会降低 30%~40%；

2. 负责人在《年度经营计划》上签字确认的过程不能少，一定要以契约的形式将年度经营计划正式地确定下来，只有这样，才能更好地保证执行的效果。

这样制订的年度经营计划是紧扣需求的，所有项目都与前台需求紧紧结合起来，让组织各个部门之间环环相扣。这样全年的工作计划更有目的性，要求更加明确，执行也就更加顺畅。

现以江北品牌年度经营计划为例，说明营销价值链的具体操作步骤：

1. 当江北品牌提出下年度总目标增长为 30% 后，通过市场调研，市场部找到达到目标的关键工作，提出下年度在产品、渠道、推广上的策略；

2. 市场部制订的策略成为前台研发部、销售部和市场部下年度的工作目标；

3. 为了完成工作目标，研发部、销售部和市场部也会提出一些资源需求，这些需求传递给中台生产部和财务部，这两个部门根据这些需求制订各自的工作目标；

4. 生产和财务部为了完成自己的工作目标，也会提出一些需求，于是后台行政和人力资源部门根据这些需求制订出自己的工作目标；

5. 最后这两个后台部门在满足前台、中台部门的需求时，也产生了对更高资源的需求，最终这些需求传递给领导层，由领导层进行协调；

6. 这个过程会不断循环，周而复始。

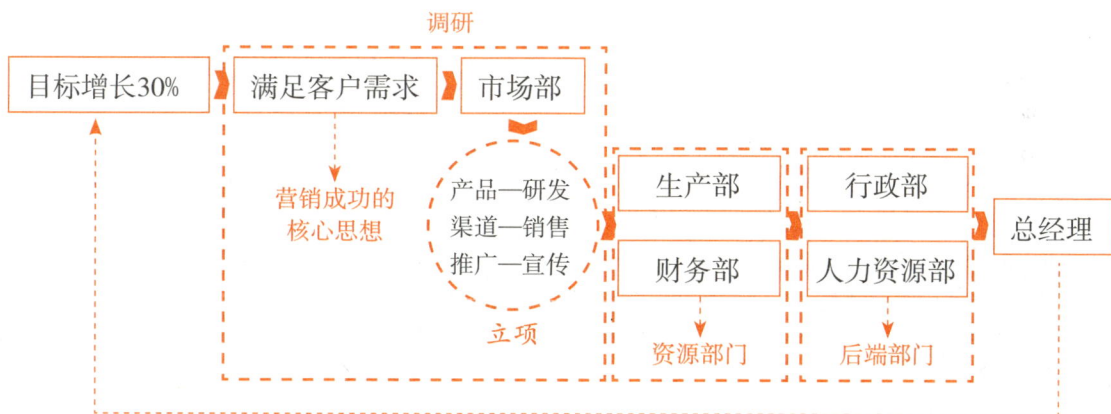

这样营销价值链思想就贯穿整个年度经营计划的制订过程，并且以流程的方式得以固化，用以指导部门与员工的工作习惯，这从根本上平衡了组织发展冲突，提升了企业运营效率。

思考与行动

1. 试着运用营销价值链模型制订你所在企业的市场策略。

2. 根据市场策略制订各部门的年度工作目标。

3. 将你制订的各部门工作目标跟企业各部门实际的工作目标相比较，看哪一个更契合实际工作。

第二节　基于 A 值（态度）的市场策略

　　营销的直接目的是促进消费者与企业达成交易并保持稳定。一般情况下，影响消费者跟企业达成交易的因素主要有 A 值（消费者的态度）、D 值（渠道 / 终端）、P（价格）三种，这一节主要讲对 A 值的专项分析，以及基于 A 值分析生成市场策略。

　　同一个产品在全国不同地区，其销售情况存在不同程度的差异，这些差异可能使得不同市场所面临的关键问题截然不同，于是企业针对不同地区所采取的营销策略也各不相同。为了方便研究，根据市场容量和产品在不同市场领域的品牌及合作达成的表现，把全国市场划分为核心市场、进攻市场、机会市场和兼顾市场四大类，如下表所示：

市场类别名称	区　　域	分类标准	特　　点
核心市场			
进攻市场			
机会市场			
兼顾市场			

　　通常，消费者对品牌的认知经历从不认知产品→认知产品→产生购买意愿→产生购买行为→加深对品牌的感知→有再次购买的意愿→成为首选品牌几个阶段。所以，对不同类型市场的 A 值分析，都要先分析消费者对本品牌及主要竞争对手的四大品牌联想（具体），通过分析检验过去的市场策略，从而发现存在的关键问题和未来重点工作的方向。

品牌联想问题	品牌联想建设方向	品牌联想现状	驱动消费者忠诚的因素	存在的问题与机会
品类联想				问题： 机会：
品质联想				问题： 机会：
利益联想				问题： 机会：
价值联想				问题： 机会：

　　然后，分析本品牌及主要竞争对手的品牌指数。通过这个分析，可以知道目前消费者主要集中在哪几个组，以及这部分消费者存在的原因等，为修改市场营销策略提供方向。一般情况下，不同地区存在不同的市场问题，通过这个分析可以发现每个市场存在的问题，然后采用不同的市场策略去解决，具体如下表1、表2所示。

表1　各组人群相应的市场问题及对策参考表

组　别	消费者分组	主要存在的问题	相应的市场策略	加权值
G1组	不知道品牌	宣传计划，获知产品渠道	修改媒体计划	K=0
G2组	知道品牌，但不在品牌选择集合内，而且没有计划体验产品	营销概念的独特性，品牌形象	修改广告概念	K=5
G3组	知道品牌和功能，在品牌选择集合内，但不是第一选择品牌，且没有计划体验品牌	与竞争对手的差别，未能满足消费者需求	有针对性的修改广告	K=10
G4组	知道品牌，在品牌选择集合内是第一选择品牌，但没有体验过产品	销售人员的水平，现场环境，店面数量，促销及产品价格	加强促销、铺货、现场环境陈设和销售人员培训	K=15
G5组	体验过产品，但不再选择品牌	产品各方面因素，如质量、设计等	改进产品体验	K=50
G6组	体验过品牌，在选择品牌集合内，但非首选	与竞争对手的产品价格对比	增加产品价值加强品牌形象	K=80
G7组	体验过品牌，在品牌选择集合内，而且是首选	如何加强品牌的忠诚度	维持并加深消费者忠诚原因	K=100

表 2　品牌指数分析表

品牌指数问题分类	品牌指数20××年现状	存在的问题与机会
总体品牌指数与各组人群分布		问题： 机会：
G2组知道但不使用的消费行为分析		问题： 机会：
G5组不再使用的消费行为分析		问题： 机会：
G6组选择但非首选的消费行为分析		问题： 机会：

通过上面的分析，最后以图表形式列出各组所需信息及相关策略。

关键问题		营销策略（思考方向，提升品牌指数方案）	工作项目	归属部门
A值	A产品	a. 未来增长来自哪些系列产品，如何调整产品结构 b. 要不要开发新产品，如何开发新产品，应该采用什么策略 c. 把未来增长的希望放在某一款主力产品上，它有能力完成我们的目标吗 d. 围绕这种主力产品，如何进行市场销售		
	B价格	分析产品基本价格的层次构成对应企业所必须具备的产品运作能力、经营管理能力、市场竞争力、渠道竞争力		
	C地点	a. 未来增长来自哪些地区，现有的区域哪些要重点发展 b. 要完成不同区域的任务，这些区域经理有能力吗 c. 如果形成重点区域，我们用什么样的策略与方式去打开这种市场，是渗透式的进入还是搞地震式的大策划		
	D推广	在产品推广、渠道推广、区域促销、品牌推广等方面，公司应做好哪些工作		
	E公关	如何通过企业的有效工作，寻找企业的新闻点，调动媒体的力量来报道企业及产品		
	F服务	有关产品服务化、服务产品化等思考和改进		
	G支持	a. 跨部门工作支持的流程改进 b. 如何加强商务支援，做到销售的专业化 c. 如何将大商务、小销售的概念逐步引入营销思路之中		

通过品牌整合评估模型调研（如下图）可以知道：

1. 目前消费者主要集中在哪几个组；

2. 分析这部分消费者存在的原因；

3. 为修改市场营销策略提供方向。

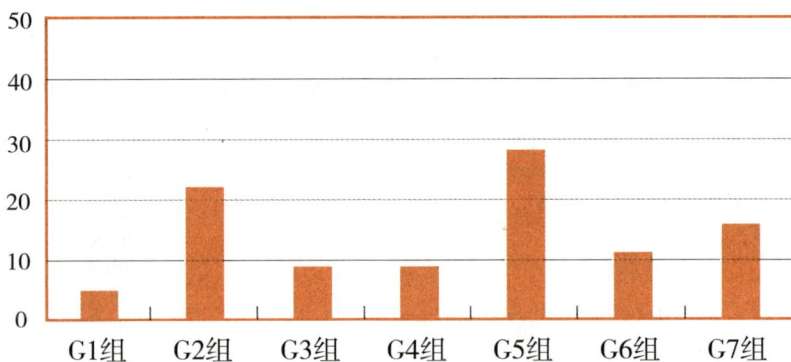

从上图可知，该企业目前消费者主要集中在 G2 组和 G5 组。G2 组人数多，表示"知道品牌但不计划使用"的消费者比例相对较高，这说明概念没有独特性，没有建立品牌形象，应该采取的重点策略是修改广告概念；G5 组人数多，表示"体验过产品但不再选择"的消费者比较高，这说明产品质量、设计等存在问题，应采取的重点策略是改进产品。

针对问题分析，生成如下市场策略：

1. 建议找到品牌的独特性，通过修改广告概念，建立品牌形象；

2. 建议改进产品质量、设计上存在的问题，然后再进行产品使用与态度研究，进一步找出产品主要存在的问题；

3. 建议改进销售渠道，增加铺货率；

4. 建议提高产品的价格性能比，优化品牌形象，有助于提高品牌的忠诚度。

思考与行动

1. 对消费者态度进行分析。

2. 根据分析的结果制订相应的市场策略。

第三节　基于 D 值（渠道）的市场策略

ADP 模型中的 D 值主要受终端表现（T）、渠道满意度（R）和终端覆盖率（C）三个方面因素的影响，且 D=T×R×C。终端表现（T）跟消费者的感知、认知、意动有关；渠道满意度（R）跟销售代表、经销商、零售商有关；终端覆盖率（C）跟终端店内覆盖率、终端店内占有率有关。企业可以根据 TRC 模型调整 D 值生成渠道策略。

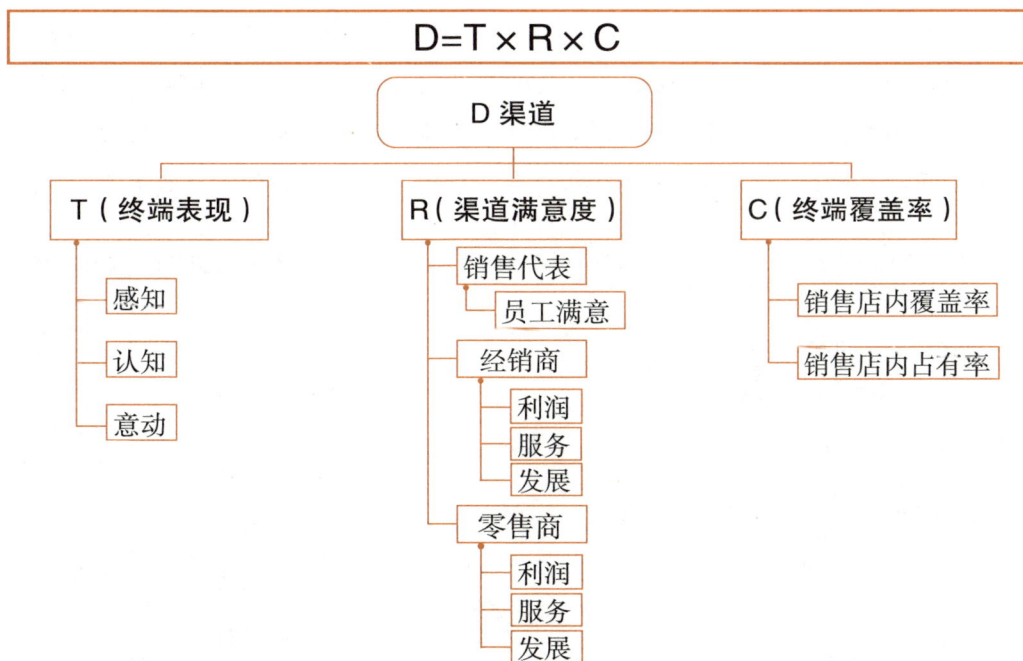

终端表现（T值）包含的具体内容如下：

T值		
	T1感知（视觉形象）	陈列
		包装
		辅助工具（POP或挂旗等）
		店面设计
	T2认知（推介能力）	导购解说
		书面解说
	T3意动（接触频次）	终端演示广告
		模拟操作
		派发
		体验
		交易的便利度

一般情况下，终端表现主要取决于两个因素：一是店员对产品的推荐；二是产品在货架的陈列。不过这两个因素通常不会五五对分，具体的比例研究过程中要视具体情况而定，比如，药品，店员推荐可能占80%、陈列只占20%。

企业市场部要根据调研结果总结出终端促销和助销方面的问题，以及与主要竞争对手存在的差异，进一步分析原因，制订出能提高终端表现的有效策略，如下：

T值		终端表现现状	与竞争对手的主要差异	优势与劣势分析	相应策略
T1 感知视觉形象	陈列			优势：	策略1：
				劣势：	策略2：
	包装			优势：	策略1：
				劣势：	策略2：
	辅助工具（POP）			优势：	策略1：
				劣势：	策略2：
	店面设计			优势：	策略1：
				劣势：	策略2：

续表

T值		终端表现现状	与竞争对手的主要差异	优势与劣势分析	相应策略
T2 认知推介能力	导购解说			优势：	策略1： 策略2：
				劣势：	
	书面解说			优势：	策略1： 策略2：
				劣势：	
T3 意动接触频次	终端 演示广告			优势：	策略1： 策略2：
				劣势：	
	模拟操作			优势：	策略1： 策略2：
				劣势：	
	派发			优势：	策略1： 策略2：
				劣势：	
	体验			优势：	策略1： 策略2：
				劣势：	
	交易的 便利度			优势：	策略1： 策略2：
				劣势：	

　　满意度是顾客事后可感知的结果与事前期望之间作比较后的一种差异（函数）表达，很多时候表达为顾客满意度指数，是阶段性工作累积的结果。渠道满意度（R）所包含的具体内容如下：

R值	R1销售代表	员工满意度
	R2经销商	利润
		福利
		未来发展
	R3零售商	利润
		服务
		未来发展

一般情况下，渠道满意度主要取决于三个因素：一是产品为各级渠道创造利润的高低；二是产品提供商（厂家）综合服务的好坏；三是产品提供商与各级渠道未来合作前景是否广阔。根据调研结果，企业可总结出渠道满意度现状，以及与主要对手的差异，进一步分析原因并制订关于提高渠道满意度的策略，如下：

R值		渠道满意度表现	与竞争对手的主要差异	优势与劣势分析	相应策略
R1 销售代表	员工满意度			优势：	策略1： 策略2：
				劣势：	
R2 经销商	利润			优势：	策略1： 策略2：
				劣势：	
	服务			优势：	策略1： 策略2：
				劣势：	
	未来发展			优势：	策略1： 策略2：
				劣势：	
R3 零售商	利润			优势：	策略1： 策略2：
				劣势：	
	服务			优势：	策略1： 策略2：
				劣势：	
	未来发展			优势：	策略1： 策略2：
				劣势：	

终端覆盖率（C值）所包含的内容如下：

C值	C1终端店内覆盖率	平均覆盖率
		加权覆盖率
	C2终端店内占有率	店内占有率
		店内断货率

一般情况下，终端覆盖率主要取决于两个因素：一是市场销售区域的终端覆盖率高低；二是覆盖区域的断货率高低。根据调研结果，企业可总结出各级终端

覆盖的现状、与主要对手的差异，进一步分析原因，找到关于提高终端覆盖率的策略，如下所示：

C值	终端覆盖率表现状	与竞争对手的主要差异	优势与劣势分析		相应策略
C1 终端店内 覆盖率	平均覆盖率		优势：		策略1： 策略2：
			劣势：		
	加权覆盖率		优势：		策略1： 策略2：
			劣势：		
C2 终端店内 占有率	店内占有率		优势：		策略1： 策略2：
			劣势：		
	店内断货率		优势：		策略1： 策略2：
			劣势：		

根据对终端表现、渠道满意度、终端覆盖率的分析，分别制订出相应的策略，提高企业渠道的销售，从而完成企业年度经营目标。

思考与行动

1. 对企业的终端表现、渠道满意度和终端覆盖率进行分析。
2. 制订出提高渠道销售的策略。

第四节　基于 P 值（性价比）的市场策略

性价比就是性能价格比，是指产品性能与价格的比值。它是一个相对的概念，即在市场中，性价比处于怎样的位置，通常用市场领导品牌产品价格与自己产品价格的比值 P=PL/PS 表示，如下图所示：

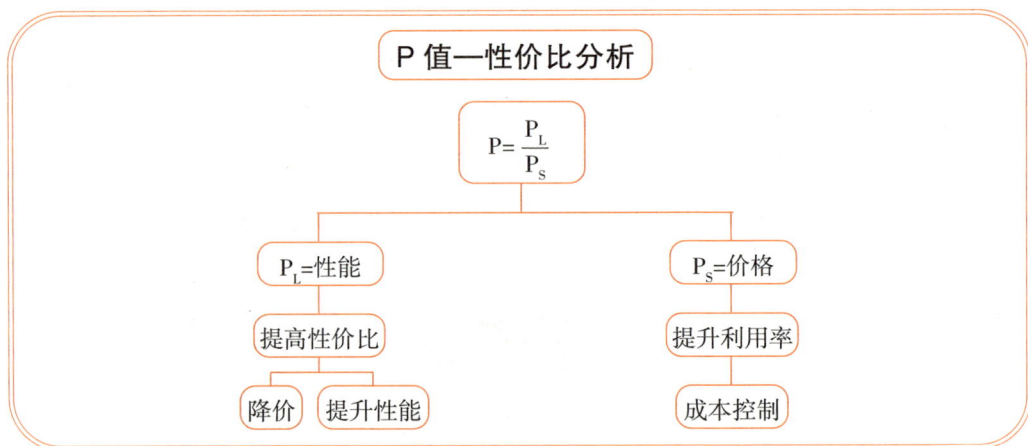

P 值—性价比分析

$$P = \frac{P_L}{P_S}$$

- P_L=性能
  - 提高性价比
    - 降价
    - 提升性能
- P_S=价格
  - 提升利用率
  - 成本控制

在 ADP 模型中，P 值问题一般包括产品定价政策、提升产品性能和成本控制三方面。因为各类企业在不同市场实行的定价政策和成本控制的变化率很小，因此对 P 值的分析将以全国市场为准。

一般情况下，P 值不作为重点考虑对象，只在产品性价问题对消费者态度与销售影响较大时，才会把 P 值作为重点考虑对象。大多情况下产品定价政策都是在新产品上市时制订的，所以做 P 值分析的时候，一般集中分析提升产品性能和成本控制方面的优劣势以及与主要对手的差异。各分类市场 P 值分析如下：

P值	现状	与竞争对手主要差异	性价方面的优势与劣势
产品性能			优势：
			劣势：
成本控制			优势：
			劣势：

对于新产品，企业在对其定价前要明确想要从新产品上市的行为中实现什么样的目标。通常情况下，企业想要通过定价来实现以下六种目标：

1. 生存。如果企业遇上生产力过剩或激烈竞争，或者要改变消费者的需求时，要把维持生存作为其主要目标。

2. 最大当期利润。有些企业想制订一个能达到最大当期利润的价格，希望该价格能给企业带来最大的当期利润、现金流量或投资回报率。

3. 最高当期收入。有些企业想制订一个能达到最大当期销售收入的价格，要注意想要实现收入最大化就要考虑需求函数。

4. 最高销售增长。以最高销售增长为目标的企业相信销售额越高，单位成本就越低，长期利润也就越大，于是就制订了可以渗透市场的最低价格。

低价的原因：
1. 市场对价格非常敏感，低价可刺激市场份额进一步扩大；
2. 随着生产经验的积累，生产和分销成本将会降低；
3. 低价抑制了现实的和潜在的竞争对手进入市场。

5. 最大市场撇脂。许多企业喜欢制订高价来"撇脂"市场，用最快的速度撇取市场利润。比如，有些手机产品刚投入市场的时候就是采取这种市场定价策略。对于每一种革新手机，企业都会通过对新产品预测确定其最高价格。该价格必须让细分市场感到采用新产品是值得的。后来，当销售额下降时，企业便采取降价策略来吸引对价格敏感的顾客群。这样，企业就可以从不同的细分市场获取最高的收入。

想让市场撇脂定价奏效，需要具备以下几个条件：

（1）顾客的人数足以构成当前的高需求；

（2）小批量生产的单位成本不至高到无法从交易中获得好处的程度；

（3）开始的高价未能吸引更多竞争者进入；

（4）高价有助于树立优质产品的形象。

6.产品质量领先地位。这也可能成为一类企业新产品的目标，这样的企业采用的是高质量高价格策略。

企业要为一个新产品制订价格策略时，必须确定如何根据质量和价格来为产品定位。产品定位通常在如下七种水平：

细分市场	举例（汽车）
奢侈、顶级	Bently宾利
豪华	Mercedes奔驰、BMW宝马
特殊需求	Volvo沃尔沃
中档	Toyota丰田、Buick别克
便利、舒适	Fit飞度
大众、便宜、比较实用	Hyundai现代
价格导向	QQ奇瑞

从上表中可以看出，七种不同水平的市场并不存在明显的、直接的相互竞争（如宾利和其他细分市场的产品），但是竞争仍然存在于各细分市场内部（如奔驰和宝马）。下表列举了九种可能的价格、质量策略：

		价　　格		
		高	中	低
产品质量	高	①溢价战略	②高价值战略	③超值战略
	中	④高价战略	⑤中等价值战略	⑥优良价值战略
	低	⑦骗取战略	⑧虚假经济战略	⑨经济战略

其中④⑦⑧策略，其产品的定价相对质量来说有些过高。在这种策略下顾客会感到被欺骗，企业的商业诚信将受到严重打击。这三种策略应避免使用。

而①⑤⑨策略则提供与质量比较吻合的价格。它们分别是高价提供高质量产品，中等价格提供中等质量产品，低价提供低质量产品，所以它们的目标客户分别为注重质量型、二者兼顾型和注重价格型。

策略②③⑥则分别向①⑤⑨策略发起了冲击。它们试图告诉客户，它们提供与 ①⑤⑨一样的产品，但是价格更低。

企业在确定新产品价格时，应综合考虑多方面的因素，一般应遵循以下六个步骤：

选择定价目标；测定需求；估算成本；分析竞争对手的成本、价格和其他因素；选择定价方法；选定最终价格。

市场部应将对 P 值分析总结出的问题以及由此生出的市场策略及时反馈给生产部、研发部，给他们提供工作改进和立项的建议。

思考与行动

1.试着分析一下你所在企业新产品的定价，看其是否合理，如果不合理，哪些需要改进，理由是什么？

2.试着对企业某一种产品的 P 值进行分析，看其性价比如何，并跟实际结果对比，看其是否正确。

3.试着思考一下如何将 ADP 模型应用到电商业务中。

4.仔细分析 ADP 模型，看其怎么更好地应用于自己所在的企业。

第五节　如何将策略变成项目

　　企业年度经营计划最后落实成一个个项目，这些项目既有常规型、战略型、也有改善型。常规型项目来源于日常工作，强调的是平稳运行；战略型项目来源于战略规划，是为企业未来服务的，强调的是打基础，不追求速度；改善型项目来源于营销价值链，需要起到立竿见影的效果，强调速度要快。

　　这些项目是怎么产生的？本节主要以策略变成改善型项目为例来具体说明怎么立项。

　　企业通过 ADP 模型做市场调研，调研之后：首先横向跟竞争对手相比找差距，

纵向跟自己的上一年相比找差距，在找出的差距中挑出差距最大的显著差距；其次针对这个显著差距进行分析，找出造成显著差距的根本原因；然后针对这个根本原因生成策略，找到相应的解决办法；继而结合企业现有的操作能力和有限的预算，生成量化的策略；最后根据这个量化的策略，生成改善型项目。

改善型项目的特点是速度第一，质量第二，一般要在三个月内完成。改善型项目易快不易慢，易早不易晚，最好在财年的上半年结束前完成。如果采用的是圣诞财年，那就在 6 月 30 日前完成。改善型项目的效果要立竿见影，强调的是见效快，不追求状态最好，只要够用就行，所以改善型项目不用做到满分。改善型项目一旦确认后不能轻易取消，只能替换。

立项的撰写思路是从接受需求开始，到确认现状、确认根因、确认针对根因的改善状态、确认项目数量、项目名称、确认目的、确认目标，到最后确认立项表，如下：

立项撰写思路	
接受需求	改善型需求来源于营销策略，战略型需求来源于战略型策略
确认现状	通过科学调研的方式，量化描述事实，即目前状态、期望状态
确认根因	导致计划状态与事实状态产生落差的根本原因，解决这个原因后即可消灭落差或有效减少落差
确认针对根因的改善状态	量化描述期望根因能够被解决的范围和程度，即必须改善的维度所要达到的内容和标准
确认项目数量与项目名称	基于根因及改善状态相对独立性的高低确定项目的数量，并定义项目的名称
确认项目目的	本项目要解决的问题与直接带来的收益
确认项目目标	根因改善状态的量化描述
立项表	填写立项表

下面我们将以一个具体案例来说明如何将策略变成改善型项目：

接受需求

立项不是无源之水，一定要根据需求立项。营销策略生成改善型项目。

例如，大禹企业采用的是圣诞财年（1 月 1 日—12 月 31 日），2021 年时利用 ADP 模型制订了 2022 年的营销策略：

2022 年 3 月 31 日前建立门店盘点、次品处理、填货与调拨操作的 SOP 流程，改善门店产品断货缺货的情况。

确认现状

通过科学调研，找到企业存在的需求并对其做一个量化的描述，将其目前的状态和期望的状态准确描述出来，注意描述的时候要有损失感。

目前状态

1. 补货需求全由店长根据库存数据提出，这样容易出现补货不及时的情况。2021 年 5 月、10 月就因补货不及时造成产品断货，合计断货 160SKU（库存量单位），占全店 SKU 的 10.66%；

2. 门店收货和残次品处理的效率低，每个月都无法按时完成产品入库和数据统计；

3.10 次门店抽查，有 6 次出现库里有货但货架没货的情况；

4. 门店账面库存与实际库存有差异。这不仅影响库存管理的规范性，也造成了库存货值的损失。2021 年 3 月 A 门店盘亏货值 10 000 元，占 A 店当月销售额的 6%，6 月 B 门店盘亏货值 6 000 元，占 B 店销售额的 4%。

期望状态

通过建立门店盘点、次品处理、填货与调拨操作的 SOP（一种标准化操作流程），将门店断货率降低到 5% 以下。

确认根因

根因可以不量化，但是要把方向性的东西指出来，一般可以通过人（业务员、经销商、客户等）、机（使用的设备）、料（原材料等）、法（流程）、环境（一些政策）五个维度去分析。其实现状也可以从人、机、料、法、环这五个维度去分析。

1. 门店收货与次品处理没有相应的工作标准，都是根据店员的经验来操作，这导致返工，拉低了效率；

2. 货物入库后不能及时更新库存，导致账面库存与实际库存不符；

3. 因为库存不准确，导致店长不能准确判断补货的时间和补货量；

4. 门店备用仓和排面仓库存目前仅凭经验进行管理，店员巡店发现货架卖空后才进行填货。

确认针对根因的改善状态

这里需要将改善状态量化。

1. 完成门店盘点、次品处理、填货与调拨操作的 SOP 流程。

·完成参考流程

在 2022 年 1 月 28 日前完成"门店调拨"操作的参考流程；

在 1 月 28 日前完成"门店填货""门店盘点""门店次品处理"操作的参考流程。

上面所说的参考流程包括完成信息系统运行环境的开发，参考流程通过销售部、市场部、仓储事业部、财务部负责人的审核，并完成所有流程操作人员的当年宣导与学习签字确认。

·形成 SOP 流程

2022 年 2 月 28 日前完成"门店调拨""门店填货""门店盘点"和"门店次品处理"操作的 SOP 流程。

2. 2022 年 3 月 31 日前完成对 SOP 流程使用满意度的调研，调研结果要大于4 分（分别对"操作说明易理解性""操作便捷性""数据准确性"进行调研，调研对象为各流程使用人员，调研人数不能低于该岗位的 50%）；

3. 2022 年 2-3 月，单家门店每月的商品"日均断货率"要小于 5%（门店断货 SKU 数 / 门店在售所有 SKU 数）。

项目数量和名称

在确认项目数量时，如果根因和根因之间有很强的联系，那就合并成一个项目做。如果相互之间都是独立的，那就将一个策略分成不同的项目去做，一般项目名称的格式是"时间 + 范围 + 宾语 + 动词"。

项目的数量确认为 1 个，名称是"2022 年度门店盘点、次品处理、填货与调拨流程建立项目"。

项目目的

目的就是对项目价值要求点的一个综述，一般从范围、质量、资源方面寻找，项目目的不能太多，也不能只要 1 个，一般是 3 ~ 5 个。

完成操作统一及时的、可执行的、断货率低的门店盘点、次品处理、填货与调拨流程建立。

项目目标

项目目标是目的的近似量化概述，跟目的一一对应。一个目的对应一个目标，相关度要高、能量化，并且具有可行性，结果也可评估。如果第四步中的根因改善状态已经科学量化了，那么可以照搬过来。

该案例在第四步根因改善状态中已经科学量化，这里直接照搬过来。

1. 完成门店盘点、次品处理、填货与调拨操作的 SOP 流程。

· 完成参考流程

在 2022 年 1 月 28 日前完成"门店调拨"操作的参考流程；

在 1 月 28 日前完成"门店填货""门店盘点""门店次品处理"操作的参考流程。

上面所说的参考流程包括完成信息系统运行环境的开发，参考流程通过销售部、市场部、仓储事业部、财务部负责人的审核，并完成所有流程操作人员的当年宣导与学习签字确认。

· 形成 SOP 流程

2022 年 2 月 28 日前完成"门店调拨""门店填货""门店盘点"和"门店次品处理"操作的 SOP 流程。

2. 2022 年 3 月 31 日前完成对 SOP 流程使用满意度的调研，调研结果要大于 4 分（分别对"操作说明易理解性""操作便捷性""数据准确性"进行调研，调研对象为各流程使用人员，调研人数不能低于该岗位的 50%）；

3. 2022 年 2-3 月，单家门店每月的商品"日均断货率"要小于 5%（门店断货 SKU 数 / 门店在售所有 SKU 数）。

立项表

前面几步都做好后，就可以填写立项表了。立项表也叫项目列表，是一张表格，要按照规范要求去完成，包括项目编号、项目名称、项目背景、目的和目标、项目预算、起止时间等，如下（其中，SC 是市场部的缩写，GS 是改善型项目的缩写）：

结　　构	说　　明
项目编号	一般为【部门缩写+年份+"–"+项目类型缩写+序号】
项目名称	一般为【时间+范围+宾语+动词】
项目背景	对项目所解决的问题进行量化描述，说明存在的现状、解决的依据、达成的结果，一般为【现状描述+根因描述+项目价值】
项目目的	用关键词描述项目达成的状态，一般为【维度+程度描述】
项目目标	项目目的的近似量化描述
项目预算	预估的项目现金支出
起止时间	预估项目正式开始及结束时间
项目经理	对项目结果负责，并拥有项目内最高管理权的唯一项目责任人
历时	预估项目核心成员耗费的工作历时
技术/培训需求	企业目前不具备的技术水平
优先级	项目对年度目标的重要性排序

注意：

项目背景根据项目来源、项目应解决问题及项目完成后收益的思路来填写，一般采取**"现状概述 + 根因概述 + 项目价值"**三段论格式。

填写项目预算和起止时间过程中，要进行部门内部的讨论，将讨论形成的一致结果填进去。

2022年度门店盘点、次品处理、填货与调拨流程建立项目立项表

项目编号	SC2022-GS003
项目名称	2022年度门店盘点、次品处理、填货与调拨流程建立项目
项目背景	**现状描述** 1.补货需求全由店长根据库存数据提出，这样容易出现补货不及时的情况2021年5月、10月就因补货不及时造成产品断货，合计断货160SKU，占全店SKU的10.66% 2.门店收货和残次品处理的效率低，每个月都无法按时完成产品入库和数据统计 3.10次门店抽查，有6次出现库里有货但货架没货的情况 4.门店账面库存与实际库存有差异，这不仅影响库存管理的规范性，也造成了库存货值的损失。2021年3月A店盘亏货值10 000元，占A店当月销售额的6%；6月B店盘亏货值6 000元，占B店销售额的4% **根因描述** 1.门店收货与次品处理没有相应的工作标准，都是根据店员的经验来操作，这导致返工，拉低了效率 2.货物入库后不能及时更新库存，导致账面库存与实际库存不符 3.因为库存不准确，导致店长不能准确判断补货的时间和补货量 4.门店备用仓和排面仓库存目前仅凭经验进行管理，店员巡店发现货架卖空后才进行填货 **项目价值** 通过建立门店盘点、次品处理、填货与调拨操作的SOP，将门店断货率降低到5%以下
项目目的	完成操作统一及时的、可执行的、断货率低的门店盘点、次品处理、填货与调拨流程建立
项目目标	1.完成"门店盘点、次品处理、填货与调拨"操作的SOP流程； ·完成参考流程 在2022年1月28日前完成"门店调拨"操作的参考流程； 在1月28日前完成"门店填货""门店盘点""门店次品处理"操作的参考流程。 上面所说的参考流程包括完成信息系统运行环境的开发，参考流程通过销售部、市场部、仓储事业部、财务部负责人的审核，并完成所有流程操作人员的当年宣导与学习签字确认。 ·形成SOP流程 2022年2月28日前完成"门店调拨""门店填货""门店盘点"和"门店次品处理"操作的SOP流程。 2.2022年3月31日前完成对SOP流程使用满意度的调研，调研结果要大于4分（分别对"操作说明易理解性""操作便捷性""数据准确性"进行调研，调研对象为各流程使用人员，调研人数不能低于该岗位的50%）； 3.2022年2~3月，单家门店每月的商品"日均断货率"要小于5%（门店断货SKU数/门店在售所有SKU数）。

续表

2022年度门店盘点、次品处理、填货与调拨流程建立项目立项表

项目预算	10万元
起止时间	2022年1月4日—2022年3月31日
项目经理	刘××
用时	600小时
优先级	A

思考与行动

1. 对你所在企业的策略进行分析。

2. 一般立项撰写思路是：接受需求—确认现状—确认根因—确认针对根因的改善状态—确认项目数量与项目名称—确认目的—确认目标—确认立项表。根据这个立项思路，试着拟一个项目。

6

| 第 6 章 |

前端部门建立年度工作项目

内容提要：

1. 市场部的核心工作模块、项目列表及立项案例；
2. 销售部的核心工作模块、项目列表及立项案例；
3. 研发部的核心工作模块、项目列表及立项案例。

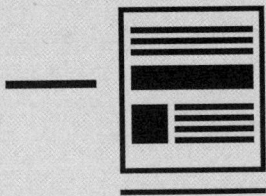

本章导读

　　有效制订年度经营计划的第四步，是前端部门根据市场部利用 ADP 模型调研出来的市场策略建立前端部门的年度工作项目。前端部门所列的工作项目既有常规型项目，又有改善型和战略型项目。

　　前端部门包括市场部、销售部和研发部。市场部是一个非常重要的部门，相当于企业的"发动机"，是发现市场需求，并生成策略的部门。

　　一般情况下，市场部首先生成三方面的策略：一是关于品牌经营的策略，用于指导市场部本部门的工作；二是关于渠道经营的策略，用于指导销售部的工作；三是关于改善产品性价比方面的策略，用于指导研发部的工作。

　　市场部、销售部、研发部这三个前端部门在清楚了自己本年度的经营策略之后，根据需求制订本部门的年度工作项目列表（简称立项），这样各部门工作项目都紧紧围绕经营需求展开。各部门在立项过程中，同时要对后端部门提出一些资源需求，这些需求又成为后端部门的立项依据。

第一节　市场部年度工作项目

市场部是企业营销组织架构的重要组成部分，相当于军队里的"总参谋部"。它是企业最前端的部门，也是分析环境、生成总体战略规划的部门。

企业的市场部相当于军队里的"军师"，需要分析整个市场的环境，并提出如何规划产品渠道，如何宣传等内部和外部的需求。很多人以为销售策略是由销售部提出来的，其实不然，销售情况是根据市场需求而决定，市场部才是主导销售趋势的部门。

市场部的关键词是策略、态度，主要负责品牌建设、渠道规划、策略规划、市场调查、广告宣传、竞争对手跟踪分析等工作，其工作模型如下图所示：

```
                                    市场部
                                      |
          业务类                                        组织类
                                                         ├── 部门内支持与协调
                                                         ├── 跨部门支持与协调
                                                         ├── 流程优化
市场信息管理      品牌管理        媒介管理      促销管理    ├── 组织提升
├── 消费者需求调研  ├── 品牌计划    ├── 全年媒介购买  ├── 常规性促销管理  └── 制度建立
├── 年度品牌调研   │ ├── 年度营销计划 ├── 电视广告投放  ├── 临时性促销管理
├── 年度渠道调研   │ ├── 品牌规划   ├── 平面广告发布  └── 公关活动管理
├── 全年营销项目调研支持 │ ├── 产品规划 └── 媒介监测
└── 信息系统管理   │ ├── 战略性新产品上市
                 │ │   ├── 机会识别与市场定义
                 │ │   ├── 新产品研发
                 │ │   ├── 新产品上市准备
                 │ │   └── 新产品上市执行
                 │ └── 渠道规划
                 ├── 品牌传播
                 │   ├── 电视广告开发
                 │   ├── 平面广告开发
                 │   └── 品牌VI管理
                 └── 品牌维护
                     ├── 品牌年度管理
                     │   (公司各部门与品牌有关的所有工作)
                     ├── 品牌知识产权与专利保护
                     ├── 客户忠诚度计划与执行
                     ├── 售后服务管理
                     └── 包装管理
```

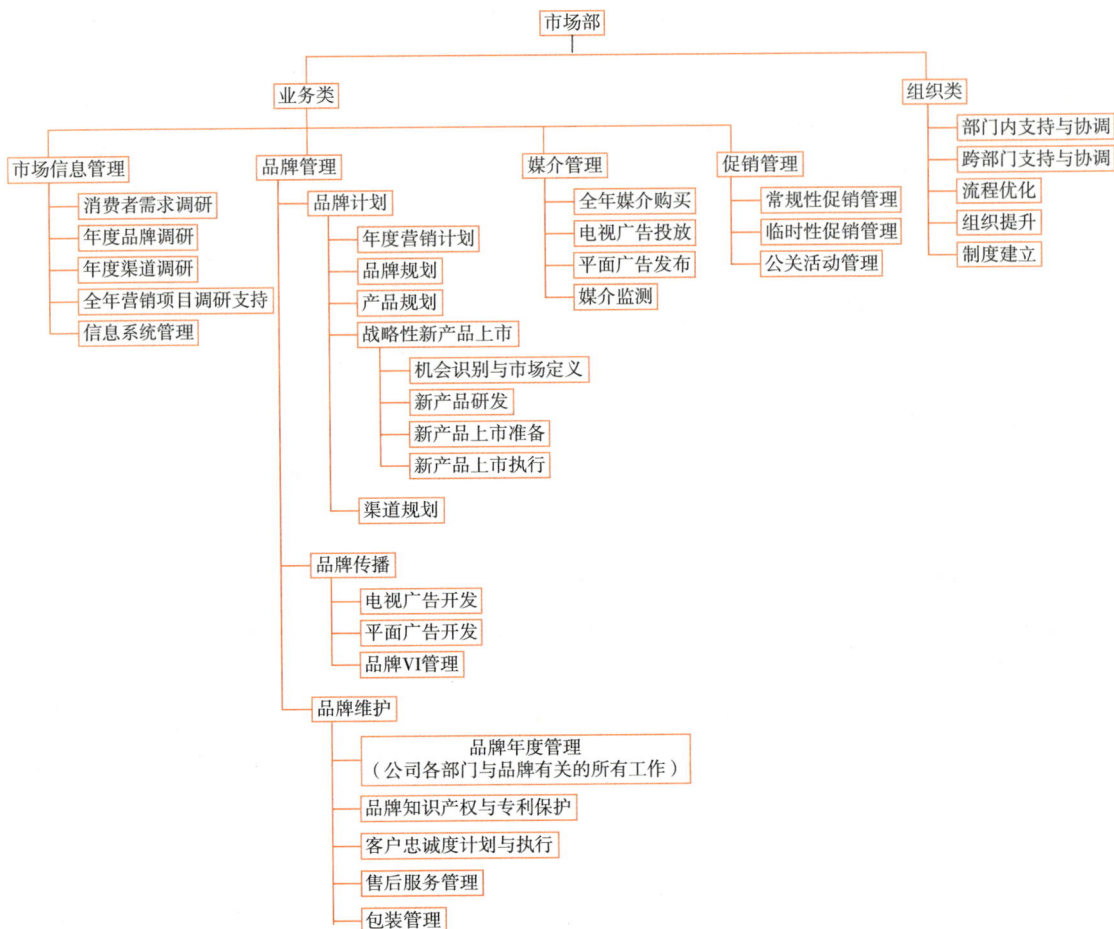

　　企业要重视市场部门的建设，否则将没有较全面的营销信息系统，市场研究就是临时抱佛脚；营销组织会缺腿，市场功能与销售功能不相匹配，难以形成整体战斗力。

　　市场部的组织架构和工作原理可以根据以下四个模块来建立。

模块一：知名度

　　知名度是指一个组织被公众知晓、了解的程度。品牌知名度指潜在消费者认识或记起某一品牌是某类产品的能力。品牌资产的关键是品牌知名度，但是当企业推出新产品时，仅凭知名度是无法提升销售额的。所以，在竞争激烈的细分市场中，企业不仅要提升品牌知名度，还要让它产生实际的销售收益。

市场部一项基础工作就是提升企业品牌的知名度，这也是任何一种品牌走向成熟的第一步。想要提升品牌知名度，首先需要解决"怎么让别人认识我"的问题，也就是尽量缩减 G1 组（不知道品牌的消费者）消费群的容量。

提升品牌知名度，可以通过视觉标识、品牌联想、公共关系等方法实现，比如让品牌 logo 随处可见，举办一些冠名的活动、比赛等，找明星代言，使用社交媒体做一些跟产品特点相关的活动。如果企业产品的卖点是环保，可以在世界环保日策划一些活动，并通过社交媒体进行发酵，提升品牌知名度。

模块二：尝试率

尝试是指消费者从熟悉产品到使用产品的过程。尝试率则是消费者认知、接受产品的成功率。它与消费者本身的特性密切相关，视消费者对产品的使用经历而定。尝试率直接影响企业的销售额。愉快的使用经历可以直接将意愿消费者转化为忠诚消费者，糟糕的使用经历则会有损产品品牌形象。

品牌知名度初步建立起来之后，市场部的重要工作转移到提升产品尝试率上。这时需要将听说过这个品牌的消费者转化为使用这个品牌的消费者。尝试率可以通过产品派发、促销活动、广告宣传、渠道拓宽等方法实现。

模块三：忠诚度

品牌忠诚度是指消费者在购买决策中，多次表现出对某个品牌有偏向性而非随意的行为反应。它是一种行为过程，也是一种心理决策和评估过程。品牌忠诚的最高境界是消费者不仅对品牌产生情感，甚至引以为傲，如消费者购买苹果、特斯拉等品牌时都持有这种心态。

培养消费者的忠诚度是市场部重要工作之一，因为 G7 组（尝试过产品、在选择集合内且是首选的品牌消费者）消费者是保证企业销售额最关键的因素。同时，对于拥有较高忠诚度的品牌来说，因为消费者改变的速度慢，所以有更多的时间去研发新产品，完善战略策略以应对激烈的市场竞争。忠诚度的培养可以通过人性化产品设计、附加精神价值及产品拓展、服务保证等方法实现。

模块四：市场容量

市场容量是指在不考虑产品价格或供应商策略的前提下，市场在一定时期内能够吸纳某种产品或服务的单位数目，也就是市场总需求量。在竞争平衡的市场环境中，市场容量很难被改变，但也并非一成不变的。消费者观念的更新、行为态度的认知、宏观经济政策的调整等因素，都可以改变市场容量。

市场部要对产品市场容量有清晰准确的把握。这需要建立一个科学的调研体系，不能想当然地预测某块市场能带来多大的收益。扩大市场容量的思路可以从增加消费者可支配的货币、科技创新、开拓新市场等方向考虑。

市场部首先根据市场需求制订营销策略和战略型策略，然后根据营销策略制订改善型项目，根据战略型策略制订战略型项目，根据常规型工作制订常规型项目。这样市场部的立项工作就完成了。通常市场部制订的年度工作项目列表如下：

项目分类	项目/项目类名称	项目指标（参考）
业务类（一）：市场信息管理	1.消费者需求研究	（1）响应时间 （2）调研规划执行率 （3）分析模型完整率
	2.年度品牌调研	（1）响应时间 （2）调研规划执行率 （3）分析模型完整率
	3.年度渠道调研	（1）响应时间 （2）调研规划执行率 （3）分析模型完整率
	4.全年营销项目调研支持	（1）响应时间 （2）需求满足率 （3）调研规划执行率
	5.信息系统管理	（1）数据更新响应时间 （2）数据备份完整率 （3）数据处理需求响应时间 （4）准确率
业务类（二）：品牌管理	6.年度营销计划	（1）内容完整率 （2）领导审批通过

续表

项目分类	项目/项目类名称	项目指标（参考）
业务类（二）：品牌管理	7.品牌规划	（1）内容完整率 （2）领导审批通过
	8.战略性新产品上市（项目类）	（1）知名度 （2）尝试率 （3）重复购买率
	9.渠道规划	（1）内容完整率 （2）领导审批通过
	10.电视广告开发	购买潜力指数（TPM）
	11.平面广告开发	购买潜力指数（TPM）
	12.品牌VI管理	符合率
	13.品牌年度管理	符合率
	14.价格管理	符合率
	15.品牌知识产权与专利保护	品牌侵权年度累计次数
	16.客户忠诚度计划与执行	（1）与VIP客户接触频次 （2）VIP客户满意度 （3）新增VIP人数
	17.售后服务管理	每月售后服务客户投诉频次
	18.包装管理	品牌定位符合率
业务类（三）：媒介管理	19.全年媒介购买	（1）全年媒介购买计划实施率 （2）预算控制率
	20.电视广告投放	电视广告有效到达率
	21.平面广告投放	平面广告有效到达率
	22.媒介监测	全年广告合同履约率
业务类（四）：促销管理	23.常规性促销管理	销量同比提升率
	24.临时性促销管理	销量同比提升率
	25.公关活动管理	销量同比提升率

续表

项目分类	项目/项目类名称	项目指标（参考）
组织类	26.部门内支持与协调	下级对上级满意度
	27.跨部门支持与协调	（1）跨部门任务单完成率 （2）跨部门任务单完成平均分
	28.流程优化	流程试行×个月，流程对应工作效率提升率
	29.组织提升	部门内员工职业素养分平均提升分数
	30.制度建立	（1）内部完整率 （2）领导审批通过

市场部立项案例：

项目编号	SC22-CG03	SC22-GS11	SC22-ZL80
项目类型	常规型	改善型	战略型
项目名称	2022年下半年品牌宣传与管理	A品牌知名度的维护和提升	初级专业市场中心建立
项目目的	完成微信平台良好运营的，公众号及时、有效的CRM活动的，有效渠道拓展的品牌宣传活动	A品牌知名度的维护和提升	通过建立初级专业市场中心，提升品牌运作水平
项目目标	1.公司微信—每周至少举行1次微信分享课，更新2次朋友圈 2.公司公众号—每周至少完成1次更新 3.线下分享课—每月至少完成1次，每次覆盖客户人数100人以上 4.至少完成1家渠道机构合作 5.完成重点任务流程制订	1.2022年1月28日前，完成包括央视新闻频道与地方卫视的新广告片审批及异地备案 2.2022年3月31日前在上述媒介完成广告投放， 3.2022年1月4日—2022年3月31日完成在爱奇艺、腾讯等网络平台广告投放 4.2022年度品牌调研数据显示，成消品牌A值不低于50	在2022年8月31日前完成： 1.调整市场中心组织架构，确定岗位职责 2.90%市场中心人员到岗 3.60%流程要标准化 4.80%人员通过专业素养的汇报考核
项目经理	×××	×××	×××

续表

项目编号	SC22-CG03	SC22-GS11	SC22-ZL80
项目预算	×万元	×万元	×万元
起止时间	2022年6月15日 2022年12月31日	2022年1月4日 2022年3月31日	2022年1月4日 2022年8月31日

思考与行动

1.你所在企业的市场部有哪些部门，各部门主要负责什么内容？

2.分析市场部的年度工作项目，看其项目指标设置是否合理？

3.如果不合理，应该怎么修改？

第二节　销售部年度工作项目

　　市场部借助一些营销手段，拉近消费者跟产品之间的心理距离，让消费者开始喜欢上产品；销售部则要拉近消费者跟产品之间的物理距离，要让产品和服务顺利到达消费者面前，形成有效的购买转化。销售部的主要工作是：主动出击寻找客户、进行沟通并完成交易、有效管理客户。

　　销售部的关键词是分销。销售部主要负责企业的渠道和终端建设，具体表现为对销售的综合支持与管理、终端覆盖、渠道满意度（合作伙伴对利润、服务和发展的满意）终端表现（终端人员和终端货品等）。销售部就像是在铺设管道一样，要保证管道畅通和管道覆盖状况。

　　销售部的主要工作模型是 TRC 模型，也就是以合理提升终端表现（T）、渠道满意度（R）和终端覆盖率（C）为主要工作。这在第四章第三节中有介绍，这里不再重复。

销售部的工作模型如下所示：

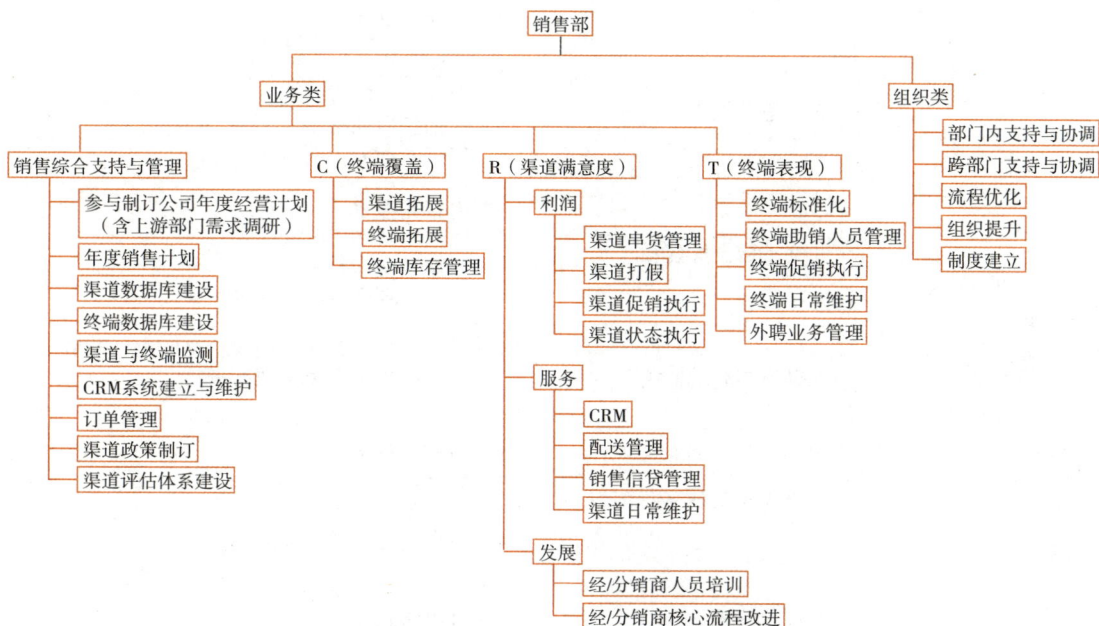

```
                                          销售部
          ┌──────────────────────────────────────────┬──────────────────┐
       业务类                                                           组织类
                                                                    ├─ 部门内支持与协调
 ┌────────────┬────────────┬──────────────┬──────────────┐          ├─ 跨部门支持与协调
销售综合支持与管理   C（终端覆盖）  R（渠道满意度）   T（终端表现）                  ├─ 流程优化
 ├─参与制订公司年度经营计划  ├─渠道拓展    利润            ├─终端标准化                  ├─ 组织提升
 │ （含上游部门需求调研）   ├─终端拓展    ├─渠道串货管理    ├─终端助销人员管理            └─ 制度建立
 ├─年度销售计划        └─终端库存管理  ├─渠道打假      ├─终端促销执行
 ├─渠道数据库建设              ├─渠道促销执行    ├─终端日常维护
 ├─终端数据库建设              └─渠道状态执行    └─外聘业务管理
 ├─渠道与终端监测
 ├─CRM系统建立与维护       服务
 ├─订单管理            ├─CRM
 ├─渠道政策制订         ├─配送管理
 └─渠道评估体系建设       ├─销售信贷管理
                    └─渠道日常维护

                    发展
                    ├─经/分销商人员培训
                    └─经/分销商核心流程改进
```

销售部根据市场策略制订本部门的年度工作项目列表如下：

项目分类	项目/项目类名称	项目指标（参考）
业务类（一）：销售综合支持与管理	1.年度销售计划	（1）内容完整率 （2）领导审批通过
	2.渠道数据库建设	（1）内容完整率 （2）数据更新响应时间 （3）数据备份完整率 （4）数据处理需求响应时间
	3.终端数据库建设	（1）内容完整率 （2）数据更新响应时间 （3）数据备份完整率 （4）数据处理需求响应时间
	4.渠道与终端监测	（1）监测指标（含重点模块价格监测、断货率、终端覆盖率）执行率 （2）每月及时率
	5.CRM系统建立与维护	（1）内容完整率 （2）数据更新响应时间 （3）数据备份完整率 （4）数据处理需求响应时间
	6.订单管理	（1）订单信息准确率 （2）订单满足率 （3）客户满意度
	7.渠道政策确定	（1）内容完整率 （2）领导审批通过
	8.渠道评估体系建设	（1）内容完整率 （2）领导审批通过
业务类（二）：C（终端覆盖）	9.渠道拓展	新开拓有效经销商个数
	10.终端拓展	新开拓有效终端个数/终端覆盖率
	11.终端库存管理	保持安全库存的终端率
业务类（三）：R（渠道满意度）	12.渠道串货管理	串货同比下降率
	13.渠道打假	打假个数
	14.渠道促销执行	促销计划执行率

续表

项目分类	项目/项目类名称	项目指标（参考）
业务类（三）：R（渠道满意度）	15.渠道奖惩执行	奖惩计划执行率
	16.CRM	（1）与客户接触频次 （2）客户满意度
	17.配送管理	（1）出厂产品配送出错率 （2）出厂产品配送及时率 （3）客户到手产品损坏率
	18.销售信贷管理	（1）销售信贷处理率 （2）销售信贷出错率
	19.渠道日常维护	（1）老客户订单销量增长率 （2）客户满意度
	20.经/分销商人员培训	（1）经/分销商人员培训及时率 （2）培训后考核通过率
	21.经/分销商核心流程改进	流程改进率
业务类（四）：T（终端表现）	22.终端标准化	试行×月，终端标准化单店销量同比增长率
	23.终端助销人员管理	单店终端助销人员被投诉率
	24.终端促销执行	促销计划执行率
	25.终端日常维护	（1）终端巡检中终端标准化出错率 （2）终端断货率
	26.外聘业务管理	外聘人员被投诉率
组织类	27.部门内支持与协调	下级对上级满意度
	28.跨部门支持与协调	（1）跨部门任务单完成率 （2）跨部门任务单平均分
	29.流程优化	流程试行×个月，流程对应工作效率提升率
	30.组织提升	部门内员工职业素养分平均提升分数
	31.制度建立	（1）内容完整率 （2）领导审批通过

销售部立项案例：

编　　号	XS22-CG01	XS22-GS30	XS22-ZL41
类型	常规型	改善型	战略型
项目名称	2022年上半年终端培训管理	全国跨省KA连锁销量的提升	初级专业销售中心建设
项目目的	完成对终端人员专业技能的培训，以满足店铺的运营需求	完成全国影响力大的、有一定销售规模的KA连锁销量提升	完成初级专业销售中心的建设
项目目标	1.制作出培训计划，并获得销售总监的审批通过 2.参加培训人员考核达标率90%以上 3.培训（直营店和加盟店）覆盖率90%以上	1.1月28日前，完成KA连锁&KA经理人员配备，通过人力竞聘上岗 2.1月28日前，完成KA连锁合作协议的签订，并签字盖章确认 3.2月28日前，完成两期KA连锁专项活动，通过双方审批并落地执行 4.3月31日前，完成KA连锁约定协议指标，通过财务部任务返利核算	在2022年8月31日前完成： 1.销售中心组织架构的调整，并确定相关岗位职责 2.销售中心正式员工上岗率达95%以上 3.所有常规型项目都要给出参考流程 4.85%以上的流程都有标准化操作指导 5.95%以上的销售管理人员都要通过岗位所属的常规型项目的操作流程和标准的汇报考核
项目经理	×××	×××	×××
项目预算	×万元	×万元	×万元
起止时间	2022年1月4日 2022年7月15日	2022年1月4日 2022年3月31日	2022年1月4日 2022年8月31日

思考与行动

1.你所在企业销售部有哪些部门，各自负责什么工作？

2.分析销售部的年度工作项目，看其项目指标设置是否合理？

3.如果项目指标设置得不合理，那么合理的指标应该是什么样的？

第三节　研发部年度工作项目

研发部负责公司产品研发、新产品开发和对企业技术发展的总体把握。现在市场竞争日益激烈，怎样让自己的产品在竞争中占有一席之地，研发部的作用不容忽视。

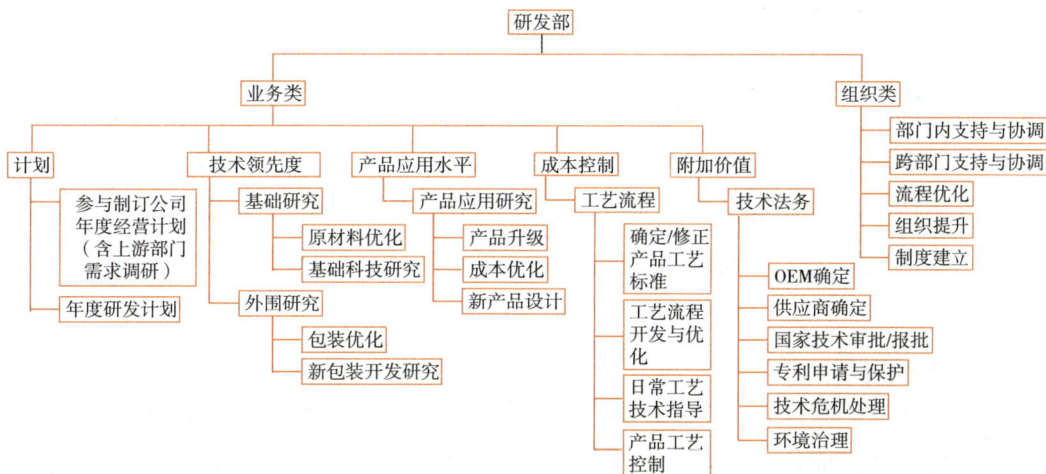

研发部的关键词是性价比。研发部最主要的工作是提高产品的性价比，通过技术增加产品附加值，提高产品的性能或者提高产品的应用水平。所谓附加值，是在原有价值之上新创造出来的价值，一般指商品高技术含量所体现的那部分价值。产品其实是满足消费者需求的一整套解决方案。所谓产品应用就是改变产品使用过程、外包装等让客户使用起来更加方便。

研发部在研发新产品时要注意投入与产出的比例。假设某科技企业的研发部研制出一款世界上最薄的芯片，技术处于世界领先阶段，但生产这种产品的成本却要求很高，造成市场零售价远远高出同类产品。那么这种产品只能当成展示品或概念性产品，以展示企业的技术实力，规模性的生产可能性几乎为零。

研发部的组织架构以及工作原理可以根据以下五个模块建立。

模块一：基础研究

基础研究是指为获得新知识而进行的实验性和理论性工作，它是不以任何专门或特定的应用、使用为目的的研究。

基础研究几乎是所有企业最不重视的工作，但它却是打造产品优势竞争力最重要的工作，可以这样说，企业所有创新都来源于研发部基础研究的积累。比如，衡量一个国家的科技实力，一个很重要的指标就是该国在农业、能源、信息、资源环境、人口与健康等诸多方面的基础研究程度。数学研究也属于基础研究的一个方面，数学很少用来直接指导生产生活，但几乎所有生活、生产领域的创新都离不开数学研究的支持。

企业也是如此，有些研究工作不能直接用来创造利润，并且表面上看甚至与企业产品创新的方向无关，却是技术深耕的过程。国际一流企业如微软、苹果、IBM 等，技术储备非常雄厚，对基础研究工作也十分重视。"不能投入生产还研究什么"已成为企业不重视基础研究的最好借口，同时也成为企业未来发展的最大障碍。

模块二：产品应用研究

相对基础研究而言，产品应用研究强调针对某一特定的实际目的或目标而进行的研究。产品应用研究是在广泛深入的基础研究之上提炼总结而成的、与实际投产直接相连的研究成果。

产品应用研究强调可行性，研究的结果一定要有商业价值，这也是企业研发部很重要的工作。一些企业开发了很先进的专利技术，却不知道怎么将这些专利转化为符合市场需求的产品。这就是产品应用研究不利的后果。

模块三：工艺流程

工艺流程是指产品生产过程中，从原料到制成品各项工作安排的程序，也称加工流程或生产流程。这看似属于生产部的职能范围，事实上却是研发部要做的工作。需要强调的是，一些人总倾向于复杂的工艺流程，认为这是一件值得夸耀的事。其实工艺流程也不是越复杂越好，实用才是最关键的。

比如，如果研发部成立一个改进矿泉水瓶密封工艺的项目，首先就要确定是不是有必要提高瓶装密封标准，现有的标准为什么不合适。如果糊里糊涂地改善了这项工艺流程，则会造成成本资源浪费；但如果因为密封问题引起的渗漏率很高，则必须要改进密封工艺，这时候投入研究就是必要且紧要的。

模块四：外围研究

外围研究是指不针对产品本身，但与产品密切相关的对象的研究。比如，对产品包装的研究，产品包装与产品本身质量无关，但包装的好坏却可以影响消费者对产品本身的品质联想，所以外围研究也是研发部一个重要的工作职能。

模块五：技术法务

技术法务研究涉及为上述四个模块相关的法律事务提供技术支持。企业最重要的技术法务工作就是通过沟通和协调，保证企业在生产制造和产品质量等方面与国家和行业的标准一致。比如，有报道说某类产品含有致癌物质，那么研发部应发挥其技术法务职能，协助行政部提供相应技术支持，证明该产品无害或者找到有害物质到底是从哪里来的。

技术法务研究常常与危机管理相关，强生的泰诺事件一直被认为是危机管理的经典案例。其实，这也是强生公司研发部技术法务研究的胜利，是技术支持让泰诺品牌继续生存下去的。当年三鹿集团的三聚氰胺事件与其类似，不过三鹿因为缺少必要的技术法务研究，仅几个月的时间，庞大的三鹿就土崩瓦解了。

研发部根据市场策略制订本部门的年度工作项目列表如下：

项目分类	项目/项目类名称	项目指标（参考）
业务类	1.年度研发计划	（1）内容完整率 （2）领导审批通过
	2.原材料优化	在不影响产品性能和品质的条件下，原材料成本降低率/性能提高率
	3.基础科技研究	同行业科技排名
	4.包装优化	在不增加成本的条件下，包装品牌定位关联测试分数
	5.新包装开发研究	在不增加成本的条件下，包装品牌定位关联测试提升率
	6.产品升级	消费者对产品满意度
	7.成本优化	成本同比降低率
	8.新产品设计	消费者对产品满意度
	9.确定/修正产品工艺标准	（1）国家工艺标准相关规定达标率 （2）成本降低率
	10.工艺流程开发与优化	（1）生产效率 （2）成本降低率
	11.日常工艺技术指导	（1）响应时间 （2）问题解决率
	12.产品工艺控制	（1）产品废品率 （2）成本降低率
	13.OEM确定	开发合格OEM个数/年度合格OEM个数
	14.供应商确定	开发合格供应商个数/年度合格供应商个数
	15.国家技术审批/报批	申请计划完成率
	16.专利申请与保护	（1）申请计划完成率 （2）年度专利侵权频次
	17.技术危机处理	（1）技术危机处理响应时间 （2）技术危机解决率
	18.环境治理	环境投诉率

续表

项目分类	项目/项目类名称	项目指标（参考）
组织类	19.部门内支持与协调	下级对上级满意度
	20.跨部门支持与协调	（1）跨部门任务单完成率 （2）跨部门任务单平均分
	21.流程优化	流程试行×个月，流程对应工作效率提升率
	22.组织提升	部门内员工职业素养分平均提升分数
	23.制度建立	（1）内容完整率 （2）领导审批通过

研发部立项案例：

编　　号	YF23-CG10	YF22-GS30	YF22-ZL30
类型	常规型	改善型	战略型
项目名称	2023年冬季面辅料开发及管理	××系列新产品的研发	2022年新科研中心运营管理规划与运行落实
项目目的	完成新面辅料供应商的开发，并建立样衣的管理流程，保障账物相符	2022年完成××系列6款新产品的研发并成功上市	完成方案认可的、时间控制内搬迁的、无安全事故的新科研中心运营管理规划与运行落实
项目目标	1.设计师对面辅料的平均满意度在88%以上 2.各类面辅料供应商开发数量不少于3家(以达成合作为准） 3.建立供应商档案，各供应商档案不完整次数不得超过1次 4.建立样衣管理流程 5.样衣账物符合率不得低于98%	1.1月28日前，完成2款新产品的研发 2.2月28日前，完成2款新产品的研发，并完成2款新产品的上市 3.3月31日前完成2款新产品的研发，并完成2款新产品的上市	1.《研发部运营管理规划方案》获得分管领导审核通过 2.在取得消防合格证后的2个月内，完成整体搬迁 3.保证搬迁及试运行阶段安全事故为0
项目经理	×××	×××	×××

续表

编　号	YF23-CG10	YF22-GS30	YF22-ZL30
项目预算	×万元	×万元	×万元
起止时间	2022年9月1日 2023年3月31日	2022年1月4日 2022年3月31日	2022年1月4日 2022年12月31日

思考与行动

1. 你所在企业的研发部有哪些部门，各自负责什么工作？

2. 试着分析研发部的年度工作项目，看其项目指标设置是否合理？

3. 如果研发部指标设置不合理，那么合理的指标应该怎样设置呢？

7

后端部门建立年度工作项目

内容提要：

1. 生产部的核心工作模块、项目列表及立项案例；
2. 人力资源部的核心工作模块、项目列表及立项案例；
3. 行政部的核心工作模块、项目列表及立项案例；
4. 财务部的核心工作模块、项目列表及立项案例。

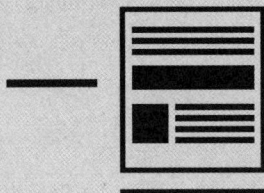

本章导读

前端部门立项时，如果发现自身资源不够，就会提出相应的需求。前端部门所提的需求通过营销价值链传递到后端部门，后端部门根据前端部门所提的需求确定后端部门的年度工作项目。所以，有效制订年度经营计划的第五步，是后端部门根据前端部门提出的需求建立后端部门的年度工作项目。后端部门所列的工作项目也是既包括常规型项目，又包括改善型和战略型项目。

后端部门包括生产部、人力资源部、行政部和财务部，这几个部门主要负责产品供应和维持组织环境的稳定。在接到前端部门的需求请求之后，要根据需求情况建立本部门的年度工作项目列表，并做好本部门的财政预算。

这里需要注意，后端部门也要将前端部门当成组织内部的客户对待，对前端部门提出的要求，不能讨价还价，否则就会出现"倒逼"的现象——组织内部会因为资源分配等问题扰乱既定的秩序，最终导致整体经营计划的失败。

第一节　生产部年度工作项目

生产部的主要职责就是给前端部门提供所需要的产品。这需要生产部从产品的种类、质量、数量、成本、进度等具体要求出发，采取有效的方法和措施，对生产任务作出统筹安排，比如，对人员、设备、材料、工艺、能源等的协调和控制，以确保满足前端部门的需求。

生产部门的工作模型如下：

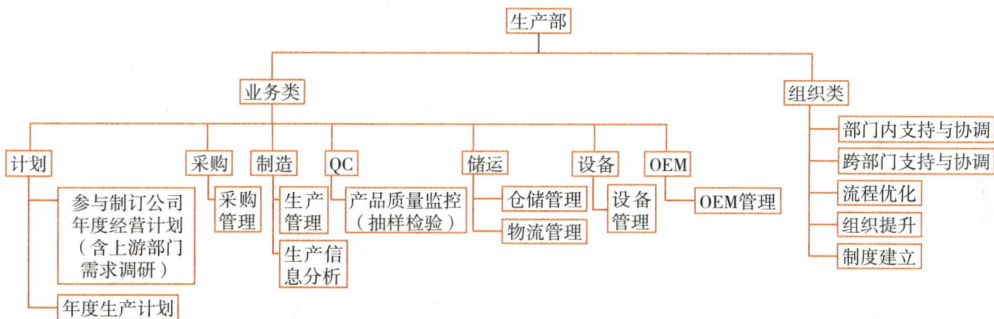

生产部的关键词是效率。生产部要解决供应效率问题，要从数量、质量及生产稳定性上确保市场需要多少产品就能高效生产多少产品。

有的企业说：我们是做外贸的，没有生产部门，也不需要生产。这话不对，生产部的职能不是生产，而是产品供应。任何企业，都必须有产品供应，要给客户提供产品，这个产品可以是自己生产的，也可以是找别人采购的，总之，必须有产品。其实，任何公司都有生产部，比如，咨询公司的生产部就是它的顾问团队，需要把管理思想挖掘出来，把理论完善起来，再准确地传递到客户那里。

生产部的组织架构以及工作原理可以根据以下五个模块建立。

模块一：采购管理

为了保证企业的物资供应，需要对企业采购活动进行管理。这些管理包括对采购过程中物流运作的各个环节状态进行严密的跟踪、监督。采购管理的主要过程包括计划下达、采购单生成、采购单执行、到货接收、检验入库、采购发票的收集及采购结算。采购管理的目的是用最低的成本保证采购工作的顺利进行。

对任何一家企业来说，采购都是头等大事。据统计采购成本每降低 5%，企业获利可增加 25% 以上，采购管理对于企业降低成本、提升盈利能力非常重要。然而，不少企业对如何做好采购管理还存在一些误区。

误区 1：降低成本靠压价

有些企业的管理者对采购部门的要求就是每年采购成本要降低 X%，这个指标会限制采购部门的观念和行动，最后变成可衡量的财务指标就是进一步压缩采购价格成本。其实采购总成本的降低，包括采购价格成本、交易成本、处理退货成本、物流成本、供货中断成本、客户不满意成本等。但是因为交易成本、退货成本、中断成本、客户不满意成本很难通过财务成本反映出来，采购部为了完成项目指标会本能地强调采购价格成本，而弱化甚至隐藏其他潜在成本。

误区 2：采购就是货比三家

有些企业认为采购只要保证货比三家就好了，并且要求采购人员在申报采购方案时最少提供 3 家报价，然后管理者选择价格合适的一家就行，一般都会选择价格最低的。这种方法本意是好的，但是在执行的时候，怎么能保证选出的 3 家就是最合适的呢？这 3 家到底是怎样选出来的？采购人员会不会有意操纵报价？万一是采购人员随便选择的或者是采购人员"有意"选择的，就会出现各种问题。

误区 3：采购只是采购部门的事情

想要实现采购总体成本的降低及供应链的优化，不是仅靠采购部就能完成的，需要整个公司的参与。比如，发展新的供应商，需要采购部、研发部、生产部的通力合作才行；如果想要解决延迟交货造成的供应中断成本，不仅需要研发部、生产部、采购部的努力，甚至还需要销售部的配合才能达到。

模块二：制造管理

制造管理是对制造过程进行计划、组织、指挥、协调、监督、调节等一系列管理活动的总称，目的是通过有效的管理达到以最少的资源损耗，获得最大的成果。

制造管理通过生产组织工作，按照企业目标的要求，设置技术上可行、经济上合算、物质技术条件和环境条件允许的生产系统；通过生产计划工作，拟定生产系统优化运行的方案；通过生产控制工作，及时有效地调节企业生产过程内外部的各种关系，使生产系统的运行符合既定生产计划的要求，实现预期生产的品种、质量、产量、出产期限和生产成本的目标。制造管理的目的就在于做到投入少、产出多，取得最佳经济效益。

模块三：QC 管理

QC 管理也叫质量管理，是对产品质量管理工作的计划安排和描述，以及对于质量控制方法的具体说明，比如，确定质量方针、目标和职责等。QC 管理将管控如何检验质量计划的执行情况，如何确定质量控制规定等项目安排。在 ISO9000 中对 QC 的定义是"用以实施质量管理的组织结构、责任、程序、过程和资源"。

按产品在过程中的控制特点、次序，QC 管理可以划分为进料控制、过程质量控制、最终检查验证和出货质量四个阶段。QC 管理计划应首先培养员工，让员工有"品质是制造出来"的意识，在生产过程中严格按照执行作业指导书来做，发现问题及时反馈、控制，以确保先期决策（如概念、设计和试验）的正确无误。注意，这些质量工作应通过独立审查方式进行，具体工作实施人不得参加。这种审查可降低成本并减少因为返工造成的进度延迟。

QC 管理是生产过程中不可或缺的角色，只有 QC 管理到位，才能让产品的质量得到保证，才能保证客户的满意。

模块四：储运管理

储运管理是指在生产过程中，根据产品实体流动的规律，应用管理的基本原理和科学方法，对储运活动进行计划、组织、指挥、协调、控制和监督，使各项储运活动实现最佳的协调与配合，以降低储运成本，提高储运效率和经济效益。

储运管理的目的就是要在总成本尽可能最低的条件下，实现既定的客户服务水平，即寻求服务优势和成本优势的动态平衡，并由此创造企业在竞争中的战略优势。根据这个目标，储运管理要解决的基本问题可以简单表述为："把合适的产品以合适的数量和合适的价格，在合适的时间和合适的地点提供给客户。"

模块五：设备管理

设备管理的基本任务是通过经济、技术、组织措施，逐步做到对企业主要生产设备的设计、制造、购置、安装、使用、维修、保养、改造，直至报废、更新的全过程进行管理，以获得设备寿命周期费用最经济、设备综合产能最高的理想目标。

生产设备是生产力的重要组成部分和基本要素之一，是企业从事生产经营的重要工具和手段，也是企业生存与发展的重要物质财富。生产设备无论从企业资产的占有率上，还是从管理工作的内容上，都占有相当大的比重，具有十分重要的意义。管好用好生产设备，提高设备管理水平对促进企业进步与发展也有着十分重要的作用。

生产部根据前端部门的需求制订本部门的年度工作项目列表如下：

项目分类	项目/项目类名称	项目指标（参考）
业务类	1.年度研发计划	（1）内容完整率 （2）领导审批通过
	2.采购管理	（1）采购计划执行率 （2）预算控制率
	3.生产管理	（1）生产计划（按时、按量）执行率 （2）废次品率 （3）安全事故频次
	4.生产信息分析	（1）内容完整率 （2）领导审批通过
	5.产品质量监控（抽样检验）	出厂（入库）产品合格率
	6.仓储管理	（1）账、货、卡符合率 （2）收发货及时率 （3）装箱准确率
	7.物流管理	（1）出厂产品配送出错率 （2）出厂产品配送及时率 （3）客户到手产品损坏率
	8.设备管理	（1）设备故障率 （2）闲置率
	9.OEM管理	（1）OEM生产计划（按时、按量）完成率 （2）产品质量合格率
组织类	10.部门内协调与支持	下级对上级满意度
	11.跨部门协调与支持	（1）跨部门任务单完成率 （2）跨部门任务单平均分
	12.流程优化	流程试行×个月，流程对应工作效率提升率
	13.组织提升	部门内员工职业素养平均提升分数
	14.制度建立	（1）内容完成率 （2）领导审批通过

生产部立项案例：

编　　号	SC22-CG03	SC22-GS20	SC22-ZL39
类型	常规型	改善型	战略型
项目名称	2022年第二季度成品质量检验	产品结构成本分析与优化流程的建立	品控体系的建立
项目目的	完成对成品的检验，及时发现并报告不合格品，杜绝不合格品入库	完成产品成本结构清晰、成本合理的产品结构成本分析及优化流程的建立	完成人员配置完备、岗位设置合理、操作流程标准规范的品控体系
项目目标	1.检验不及时次数不超过3次 2.季批量质量事故次数不超过3次 3.报告不准确次数不超过2次（尺寸、工艺问题、处理意见）	1.2022年1月28日前制订完成产品成本结构清单模板，并在信息系统中运行 2.2022年2月28日前对战略供应商现有在售正常状态的产品进行成本结构试用，根据试用结果进行优化并最终确定成本结构清单模板 3.在2022年3月31日前，使在2022年2月28日前上架的产品，在2022年2月份的采购中，进货价降低5%（采购数量×原进货价-采购数量×新进货价）/采购数量×原进货价	在2022年10月31日前完成： 1.品控管理正式员工上岗率达90% 2.所有常规型项目都有操作流程 3.90%流程要标准化 4.100%品控人员通过岗位所属的常规型项目的操作流程和标准的汇报考核，考核得分要在90分以上
项目经理	×××	×××	×××
项目预算	0	×万元	×万元
起止时间	2022年3月15日 2022年7月15日	2022年1月4日 2022年3月31日	2022年1月4日 2022年10月31日

思考与行动

1.你所在企业的生产部主要负责哪些工作？

2.试着分析生产部的年度工作项目，看其项目指标设置是否合理？

3.如果生产部指标设置不合理，那么合理的指标应该设置什么？

第二节　人力资源部年度工作项目

随着现代企业的不断发展，商业竞争已经发展为人才的竞争。企业的员工也成为重要的资源，对这种特殊资源进行管理的部门就叫人力资源部。

人力资源部的关键词是潜能。员工的工作绩效是企业效益的保障，人力资源一个重要的战略就是实施能提高企业绩效的活动。人力资源战略与战略规划结合在一起，能推动企业结构的调整和优化，促进企业经营目标的实现。企业要在日渐激烈的竞争中立于不败之地，不仅要不断提高制造能力，还要建立一支和谐的团队、一个高效的组织。人力资源部就是帮助企业创造、维护组织能力的部门。

美国密歇根大学罗斯商学院教授、人力资源领域的管理大师戴维·尤里奇认为，现今时代人力资源变得越来越重要。对企业来说，竞争对手可以模仿企业的资金渠道、战略和技术，而优秀的人力资源将很难被模仿。尤里奇的研究结果显示，"只有大约 50% 的企业绩效处于管理层的控制之内，其他 50% 可能源自政府、天气等不可控因素。在可控的企业绩效里，19% 取决于人力资源部人员的素质。"这可以看出，人力资源部是企业一个十分重要的部门，它的职责就是发掘企业中人的潜力，让企业形成持续的竞争优势。

人力资源部的工作模型如下：

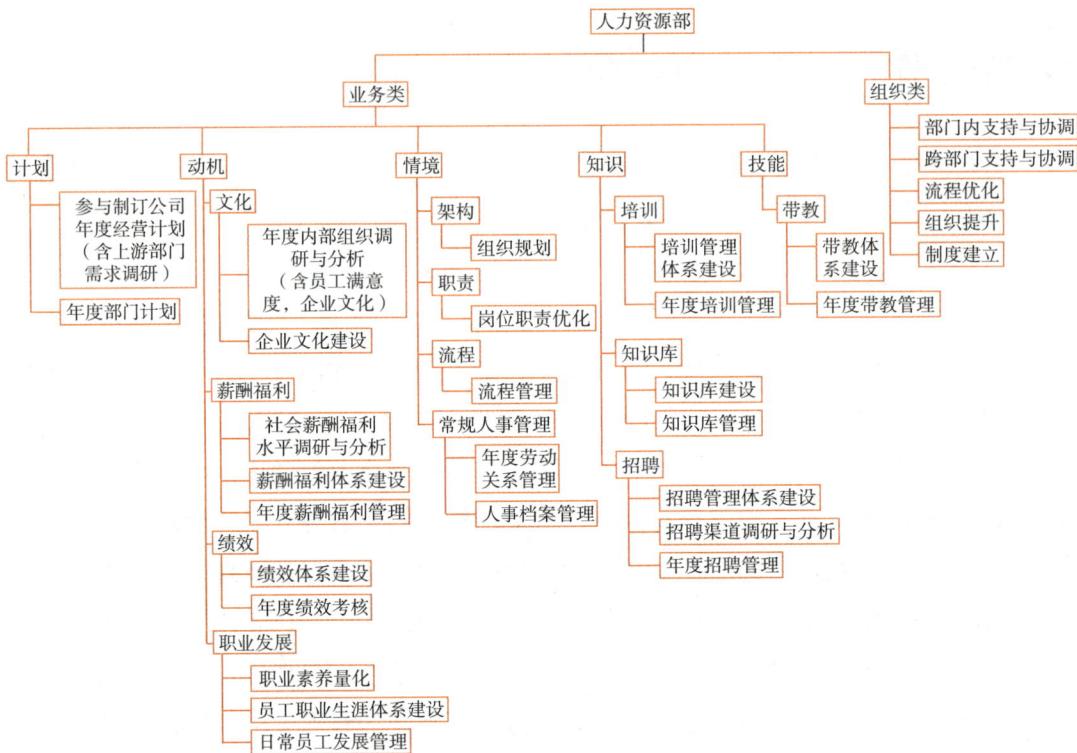

```
                              人力资源部
          ┌──────────────────────┴──────────────────────┐
        业务类                                          组织类
   ┌──────┬──────┬──────┬──────┬──────┐            ├─ 部门内支持与协调
  计划    动机    情境    知识    技能             ├─ 跨部门支持与协调
   │       │       │       │       │              ├─ 流程优化
参与制订公司  文化    架构    培训    带教             ├─ 组织提升
年度经营计划   │       │       │       │              └─ 制度建立
（含上游部门  年度内部组织调  组织规划  培训管理  带教体
  需求调研）  研与分析        体系建设  系建设
   │        （含员工满意  职责    年度培训管理  年度带教管理
年度部门计划   度，企业文化） 岗位职责优化
            企业文化建设   流程    知识库
            薪酬福利        流程管理  知识库建设
            社会薪酬福利  常规人事管理  知识库管理
            水平调研与分析  年度劳动  招聘
            薪酬福利体系建设  关系管理  招聘管理体系建设
            年度薪酬福利管理  人事档案管理  招聘渠道调研与分析
            绩效              年度招聘管理
            绩效体系建设
            年度绩效考核
            职业发展
            职业素养量化
            员工职业生涯体系建设
            日常员工发展管理
```

人力资源部的组织架构以及工作原理可以根据以下两个模块建立。

模块一：态度

态度即员工开展工作过程中所表现出的积极性。为此，人力资源部需要组织企业高层管理者结合外部的市场信息，在企业建立一套对外具有吸引力、对内保持公平的薪酬考核管理制度，为员工在企业的工作付酬，保证员工劳有所得；同时为了促进员工随着企业的发展不断提升个人能力，人力资源部需对员工的职业生涯进行规划，让员工清楚在企业中的个人成长方向及发展途径。态度具体又可以分为以下两个方面。

第一，员工动机养成。动机是指员工加入企业时的深层需求，比如，有的员工加入企业是为了更好地发挥自己的才能和经验；有的员工加入企业则是为了获得更好的学习；还有的员工加入企业是为了使自己的职业规划有一个更好的发展基础等。另外，员工是否认同企业的价值观，个人的发展是否与组织发展相契合，这些都是影响员工工作动机的一些因素。

第二，组织情境养成。情境即员工工作的环境，是组织的氛围。组织氛围的创建与组织结构的设置、岗位职责的界定、企业的制度以及文化建设具有相关性。人力资源部需要与企业各职能部门配合，建立严谨周全的管理制度，创造平等轻松的文化氛围，明确各岗位具体的工作内容。这样才能让员工在企业的工作有章可循，有法可依，按照企业的设定，不断提高工作效率，为企业创造价值。

模块二：能力

能力即员工开展工作过程中所表现出的个人才能。为此，人力资源部需要组织企业各层级员工进行系统的、有针对性的培训活动，通过建立培训体系，打造个人对组织岗位的胜任能力，让员工能在不同的岗位充分发挥自己的水平。能力又可分为以下两方面。

第一，以提升员工知识为核心的管理工作。知，即认知，是个人对外界有效信息的收集和积淀过程；识，即辨识，是个人处理信息能力的反映。所以人力资源部的一个核心工作就是帮助员工打造一个个人知识系统，并提升员工自主学习的能力。人力资源部门的培训工作，需要不断组织内外资源，培养员工岗位所需的各种知识和技能，从而提高员工所掌握知识的宽度和深度，帮助员工不断提升个人能力。

第二，以提升员工技能为核心的管理工作。技能即个人运用知识、将知识转化在工作应用上的整体能力，而不是针对某项工作的胜任能力。因此技能只能通过招聘筛选符合企业要求的人才，为日后培养称职人才打下基础。反之，如果基本技能无法达到企业要求，那么招聘入职的人员会很难随着企业的发展而成长，长此以往也不利于企业的长远发展。

人力资源部根据前端部门的需求制订本部门的年度工作项目列表如下：

项目分类	项目/项目类名称	项目指标（参考）
业务类	1.年度部门计划	（1）内容完整率 （2）领导审批通过
	2.年度内部组织调研与分析	（1）响应时间 （2）调研规划执行率 （3）分析模型完整率
	3.企业文化建设	企业文化诊断总分数
	4.社会薪酬福利水平调研与分析	（1）响应时间 （2）调研规划执行率 （3）分析模型完整率
	5.薪酬福利体系建设	（1）员工满意度 （2）员工了解程度
	6.年度薪酬福利管理	（1）准确率 （2）及时率
	7.绩效体系建设	（1）员工满意度 （2）员工了解程度
	8.年度绩效考核	（1）及时率 （2）投诉率
	9.职业素养量化	（1）员工覆盖率 （2）员工满意度
	10.员工职业生涯体系建设	（1）员工满意度 （2）员工了解程度
	11.日常员工发展管理	（1）员工覆盖率 （2）员工满意度
	12.组织规划	（1）岗位空缺率 （2）员工满意度
	13.岗位职责优化	员工满意度
	14.流程管理	（1）流程建立/优化完成率 （2）流程归档率

续表

项目分类	项目/项目类名称	项目指标（参考）
项目类	15.年度劳动关系管理	（1）响应时间/响应率 （2）劳动纠纷频次
	16.人事档案管理	（1）归档率 （2）归档准确率
	17.培训管理体系建设	（1）内容完整率 （2）员工了解程度 （3）员工满意度
	18.年度培训管理	（1）培训计划执行率 （2）培训后考核达标率 （3）培训预算控制率
	19.知识库建设	（1）内容完整率 （2）数据备份完整率
	20.知识库管理	（1）数据更新速度 （2）文件归档准确率/完整性
	21.招聘管理体系建设	（1）招聘需求响应速度 （2）招聘效率
	22.招聘渠道调研与分析	（1）募集简历速度/数量/质量 （2）招聘预算达标程度
	23.年度招聘管理	（1）招聘需求响应速度 （2）招聘效率
	24.带教体系建设	（1）考核合格率 （2）培养速度 （3）带教范围
	25.年度带教管理	（1）考核合格率 （2）培养速度 （3）带教计划执行率
组织类	26.部门内支持与协调	下级对上级满意度
	27.跨部门支持与协调	（1）跨部门任务单完成率 （2）跨部门任务单平均分

续表

项目分类	项目/项目类名称	项目指标（参考）
组织类	28.流程优化	流程试行×个月，流程对应工作效率提升率
	29.组织提升	部门内员工职业素养分平均提升分数
	30.制度建立	（1）内容完整率 （2）领导审批通过

人力资源部立项案例：

编　　号	RL22-CG02	RL-GS25	RL22-ZL14
类型	常规型	改善型	战略型
项目名称	2022年度综合人事管理	2022年第一季度人员需求招聘及培训	完成所有部门专业化基础建设
项目目的	完成执行及时的、内容准确的、部门满意度高的2022年度综合人事管理	完成各部门年初提出的人员需求招聘及入职培训	完成机制全面的、及时的、流程高效可控的、有管理秩序的部门专业化基础建设
项目目标	1.每月15日须完成全体员工上月度薪酬的发放 2.1月、4月、7月、10月的25日前须完成所有人员的季度考核与评估、绩效面谈确认 3.7月25日前完成一次完整有效的专业素养汇报（需90%以上符合条件的人员参与，考核通过率大于50%），结果通过总经理的审核 4.年度薪酬核算结果的准确率大于98%（年度核算错误员工数/年度需核算的员工总数） 5.年度综合人事管理各部门满意度调研大于4分	1.需求满足率达90%以上 2.需求满足及时率达92%以上 3.需求部门满意度不低于95% 4.入职培训完成率达95% 5.入职培训考核通过率达90%	1.3月31日前完成线下渠道各岗位的薪酬职级、考核机制的建立，并通过市场总监和总经理的审核 2.5月31日前完成《流程管理手册》，要通过总经理的审核，并完成部门内部宣导 3.6月30日前完成员工手册的升级，要通过法务和总经理的审核，并完成全员宣导 4.7月31日前完成所有部门专业化信息的建立 5.9月30日前各部门核心流程均在信息化系统中运行。

续表

编　号	RL22-CG02	RL-GS25	RL22-ZL14
项目经理	×××	×××	×××
项目预算	×万元	×万元	0
起止时间	2022年1月4日 2022年12月31日	2022年1月4日 2022年3月31日	2022年1月4日 2022年9月30日

思考与行动

1. 你所在企业人力资源部主要负责什么工作？

2. 分析一下人力资源部的项目指标设置是否合理？

3. 如果不合理，应该设置成什么？

第三节　行政部年度工作项目

行政部在企业中是一个不可或缺的部门，它肩负整个企业的管理重任，是上下交流的桥梁，为企业的正常运转提供服务平台。可以说，行政部门运作的好坏，直接关系整个企业的规范化进程。

行政部的关键词是环境。行政工作是企业管理中很重要的工作，制度管理是行政工作的一个重要内容。行政部必须建立和维护企业各种各样的制度，比如，考勤制度的管理、建立各种纪律奖惩制度等。此外，行政部还负责企业的后勤管理，比如，对宿舍、食堂、车辆、办公用品、水电、卫生环境等的管理。还有，公共关系和法律关系管理也是行政部门的工作职能。

行政部的工作模型如下：

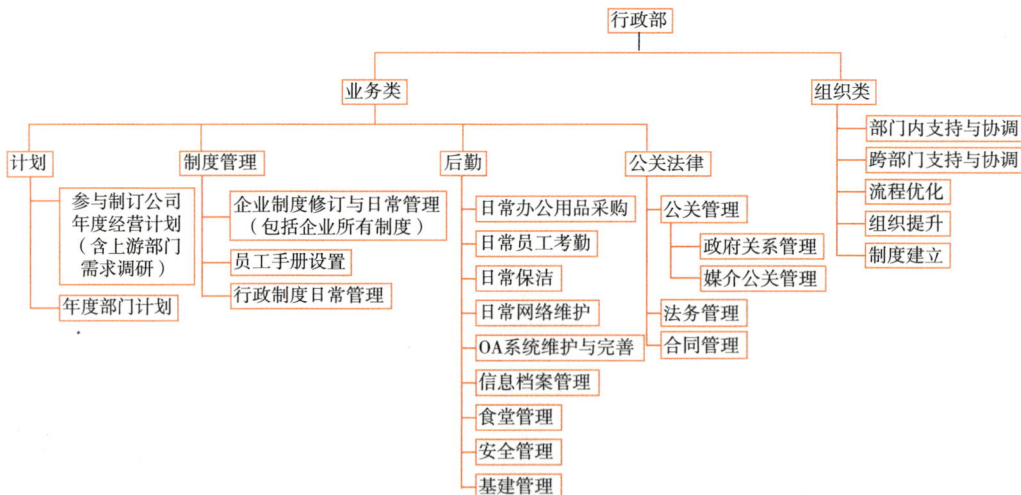

行政部的组织架构和工作模型可以根据以下三个模块建立。

模块一：制度管理

制度化是现代企业管理的重要特征，是指通过制度来实施各项管理，使企业成员的行为符合特定的标准。现代企业管理制度是对企业管理活动的制度安排，包括企业的经营目的和观念，企业的目标与战略，企业的管理组织以及各业务职能领域活动的规定。

企业为什么要有制度？就是因为存在一些不规范的方面，需要通过制度将其规范化。制度管理好比拧螺丝，虽然开始拧的时候需要花费很大的力气，但是只要坚持将其拧紧，团队以后就会按照制度自动运行。

为了保证制度的严格落实，企业要注意以下三点：

1. 管理者要求他人按制度执行之前，自己首先要按制度执行，否则就会上行下效，慢慢又会回到从前的局面；

2. 管理层拟定制度后，要在企业内部进行讨论，达成共识后再正式下发，以免大家各按各的理解去执行，这样制度就变成了废纸；

3. 企业制度开始执行后，所有人在制度面前要平等，不能出现因为是领导就以"下不为例"网开一面，这样会导致制度最后的失败。

模块二：后勤管理

后勤管理是指通过合理配置资源的一系列管理行为，为企业提供一个稳定的、高效的运营环境。后勤管理包括静态环境管理（装修、公共设施管理等）和动态环境管理（客户接待、办公文具、设备管理、食堂管理等）。

后勤是为单位的职能活动提供物资保障的机构。因此，后勤管理的任务就在于动用各种管理手段，通过组织、指挥和协调后勤职工的活动，来创造一个远比个人活动力量总和大的后勤保障力量，以便高效率、高质量地完成后勤工作任务，进而保证单位职能工作的顺利开展。在单位的各项管理工作中，后勤管理是一项非常重要却又容易被忽视的管理活动。

模块三：公关法律管理

公关法律管理是指企业在生产和商业行为过程中，为了生存发展的需要，通过传播沟通、平衡利益、协调关系所做出的一系列符合国家政策、规定的行为活动，包括公共关系管理和法律关系管理。

　　一家企业只有跟公众保持良好的关系才能在激烈的竞争中取得胜利。公共关系管理包括三个部分：一是公众信息管理，即组织与公众之间信息流通的管理，既包含对社会公众信息的收集、整理，又包含组织对公众环境的信息输出；二是公众关系管理，即对组织与公众之间的关系，包含对现实或潜在关系、直接与间接关系所进行的管理；三是组织形象管理，即指对组织的知名度与美誉度的管理，以及对危机的处理。

　　法律管理即与企业经营相关的法律事务管理，包括合同管理、权益管理、纠纷管理等内容，一般委托专业的事务所作为企业的法律顾问。

　　行政部根据前端部门的需求制订本部门的年度工作项目列表如下：

项目分类	项目/项目类名称	项目指标（参考）
业务类	1.年度行政计划	（1）内容完整率 （2）领导审批通过
	2.企业制度修订与日常管理	（1）领导审批通过 （2）全员了解率 （3）违反制度处理率
	3.员工手册设置	（1）领导审批通过 （2）全员了解率
	4.行政制度日常管理	违反制度处理覆盖率/准确率
	5.日常办公用品采购	（1）采购计划执行率 （2）预算控制率
	6.日常员工考勤	准确率/及时率
	7.日常保洁	员工满意度

项目分类	项目/项目类名称	项目指标（参考）
业务类	8.日常网络维护	（1）响应时间 （2）故障排除率
	9.OA系统维护与完善	（1）响应时间 （2）故障排除率
	10.信息档案管理	准确率/及时率
	11.食堂管理	员工满意度
	12.安全管理	安全事故频次
	13.基建管理	（1）基建计划执行率 （2）员工满意度
	14.政府关系管理	政府相关人员满意度
	15.媒介公关管理	媒介相关人员满意度
	16.法务管理	法律纠纷频次
	17.合同管理	合同纠纷频次
组织类	18.部门内支持与协调	下级对上级满意度
	19.跨部门支持与协调	（1）跨部门任务单完成率 （2）跨部门任务单平均分
	20.流程优化	流程试行×个月，流程对应工作效率提升率
	21.组织提升	部门内员工职业素养分平均提升分数
	22.制度建立	（1）内容完整率 （2）领导审批通过

以下是某企业行政部立项案例：

编　　号	XZ22-CG01	XZ22-GS19	XZ22-ZL68
类型	常规型	改善型	战略型
项目名称	办公用品的采购	拟定并实施行政性资产管理制度	员工满意度调查及分析

续表

编　号	XZ22-CG01	XZ22-GS19	XZ22-ZL68
项目目的	完成各部门所需求的办公用品采购	完成规范的行政性固定资产管理制度的拟定	对员工进行满意度的匿名调查及分析
项目目标	1.每月5日前统计各部门所需要的办公用品，并做好预算 2.每月10日前填写完采购计划，并获得总经理的批准 3.每月15日前将各部门所需要的办公用品发放下去，并做好登记	1.1月28日前完成行政性固定资产的统计，并做好分类 2.2月15日前根据行政性固定资产的不同分类，给出不同的管理制度 3.2月20日前在各部门通报管理制度 4.2月28日开始正式实施行政性固定资产管理制度	1.1月28日前做好《员工满意度调查表》，并发放下去进行不记名问卷调查 2.2月28日前收回问卷，回收率要达到90% 3.5月31日前对部分员工进行当面调研 4.6月30日前对调研结果进行分析 5.8月31日前对员工不满意多的地方提出整改措施
项目经理	×××	×××	×××
项目预算	×万元	×万元	×万元
起止时间	2022年1月4日 2022年12月31日	2022年1月4日 2022年2月28日	2022年1月4日 2022年8月31日

思考与行动

1.分析你所在企业行政部的项目指标是否合理？

2.如果不合理应该做怎样的修改？

第四节　财务部年度工作项目

　　财务部是负责资产购置（投资管理）、资本融通（筹资管理）、现金运营（财务管理）以及利润分配的管理部门，对企业所有项目都起到监督作用，属于至关重要的一个部门。

　　总体来讲，市场部相当于大脑，通过神经系统协调组织上下一致运行；销售部相当于胃肠系统，负责消化吸收食物，供给组织运行必备的养料；研发部相当于骨髓，有造血的功能，不断为组织提供运营的基础元素；生产部相当于肝脏，为组织提供解毒消化的元素；人力资源部相当于肾脏，是组织新陈代谢的重要器官；行政部相当于淋巴系统，保证组织内部恒定的工作环境；财务部相当于血液循环系统，为组织提供源源不断的养分输入。

　　财务部的关键词是现金。财务部要通过良好的财务规划、日常会计管理和资本运作体系保证企业的现金需求。现金就像人体的血液，通过血液把养分传递到身体的各个地方，让器官和组织吸收到养分。企业的现金流如果出现问题，就好比人体血液循环不流畅，有可能会引发血管栓塞，后果可想而知。

　　财务部工作模型如下：

```
                                    财务部
          ┌───────────────────────────────────┴──────────────────┐
        业务类                                                  组织类
  ┌───────┬──────────┬──────────────┬────────────┐          ┌──────────────────┐
计划    财务规划    日常会计      资本管理                   部门内支持与协调
  │        │          │              │                       跨部门支持与协调
参与制订公司  年度与日常   日常收支处理   融资可行性调研与分析           流程优化
年度经营计划  资金规划                                         组织提升
（含上游部门         日常费用核算    融资计划制订与执行           制度建立
需求调研）   财务风险
         规避计划   日常票据管理
年度财务计划          （含发票、往来单据等）  投资可行性调研与分析
         纳税筹划
                   日常报表编制      投资计划制订与执行
                   应收款管理
                   税务管理
                   ERP系统维护与完善
                   财务内审
                   日常财务分析
                   会计档案管理
```

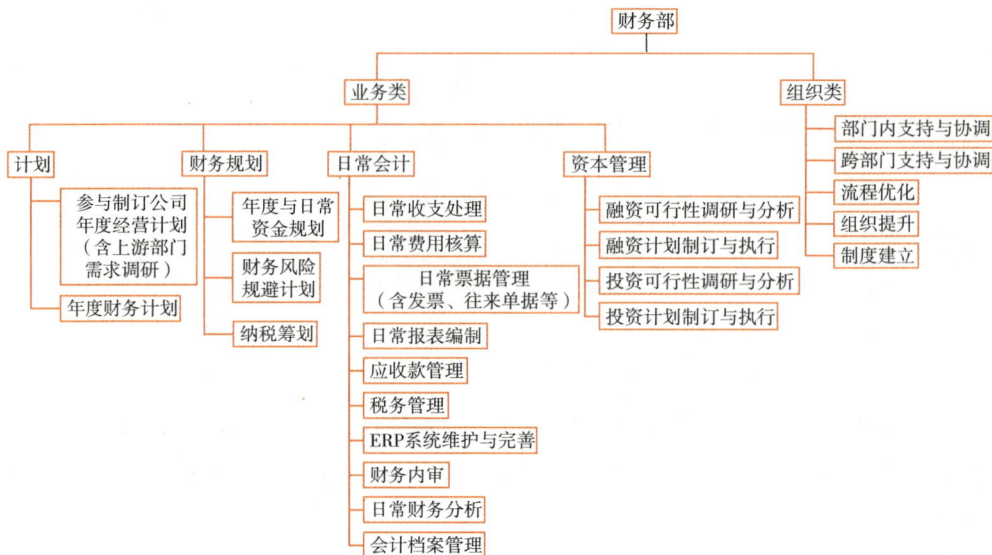

财务部的组织架构和工作原理可以根据以下三个模块建立。

模块一：财务规划管理

　　财务规划的主要任务就是在对现有资金市场进行充分认识的基础上，根据企业财务的实际情况，选择企业的投资方向，确定融资渠道和方法，调整企业内部财务结构，保证企业经营活动对资金的需要，以最佳的资金利用效果来帮助企业实现战略目标。

　　财务规划是为企业未来的发展变化确定准则。财务规划提出了企业的目标、评价指标及标准，并充分考虑了融资和投资决策之间的相互作用，尽可能地预估各种变化和突发事件。

　　企业财务规划可以分为短期规划和长期规划两种。短期财务规划涉及各项流动资产和流动负债的管理，以及如何使二者相互匹配，研究是采用激进型、配合型还是采用稳健型的筹资政策。长期财务规划涉及企业资本预算、资本结构和股利政策——未来企业的融资规模是多大，采用内部留存融资还是外部融资。如果使用外部融资则要决定是采用股权融资还是采用债权融资；如果采用股权融资，那么股利政策又该如何订立等一系列的问题。

模块二：日常会计管理

会计管理是以货币作为主要计量单位，运用一系列专门方法，对企业的经济活动进行连续、系统、全面、综合的核算和监督，并在此基础上对经济活动进行分析、预测与控制，以提高企业经济效益的一种管理活动。

为了连续、系统、全面地反映企业的经济活动，为经济管理活动提供及时有效的会计信息，也为了合理、科学地组织会计核算工作，财务人员除了要及时正确地填制会计凭证、登记账簿和编制会计报表以外，还要根据企业自身的实际情况，确定相应的会计核算程序，设计本单位的账务处理程序。

模块三：资本运营管理

所谓资本运营管理，就是将本企业的各类资本跟其他企业的资本不断进行流动与重组，以实现生产要素的优化配置和产业结构的动态重组，最终达到本企业自有资本的不断增加。

企业资本运营管理的核心内容就是通过兼并、收购、重组等手段，快速建立和培养企业核心竞争力。企业资本运营要坚持以下几个规则：

1. 企业在资本运营中，必须以企业核心能力为基础，二者只有有机结合起来，才能实现规模的扩大和效益的同步提高；

2. 企业在资本运营中，必须充分利用品牌优势。品牌是企业的无形资产，可以当成资本入股，减少有形资产的流出，也可以用冠名权保证企业的持续发展；

3. 企业在资本运营中，要分析投入、产出比，以寻求效益的最大化；

4. 企业在资本运营中，要按照相关规定，订立完善的管理制度。

财务部根据前端部门的需求制订本部门的年度工作项目列表如下：

项目分类	项目/项目类名称	项目指标（参考）
业务类	1.年度财务计划	（1）内容完整率 （2）领导审批通过
	2.年度与日常资金规划	（1）内容完整率 （2）领导审批通过

项目分类	项目/项目类名称	项目指标（参考）
业务类	3.财务风险规避计划	（1）内容完整率 （2）领导审批通过
	4.纳税筹划	（1）内容完整率 （2）领导审批通过
	5.日常收支处理	准确率/及时率
	6.日常费用核算	准确率/及时率
	7.日常票据管理	（1）准确率 （2）按规范操作率
	8.日常报表编制	准确率/及时率
	9.应收款管理	（1）准确率 （2）应收账款周转天数 （3）按规范操作率
	10.税务管理	准确率/及时率
	11.ERP系统维护与完善	（1）故障响应时间 （2）故障解除率 （3）员工满意度
	12.财务内审	覆盖率/准确率
	13.日常财务分析	及时率/内容完整率
	14.会计档案管理	准确率/及时率
	15.融资可行性调研与分析	（1）响应时间 （2）调研规划执行率 （3）分析模型完整率
	16.融资计划制订与执行	（1）内容完整率 （2）领导审批通过 （3）计划执行率
	17.投资可行性调研与分析	（1）符合调研规划 （2）符合分析模型

续表

项目分类	项目/项目类名称	项目指标（参考）
业务类	18.投资计划制订与执行	（1）内容完整率 （2）领导审批通过 （3）计划执行率
组织类	19.部门内支持与协调	下级对上级满意度
	20.跨部门支持与协调	跨部门任务单完成率/平均分
	21.流程优化	流程试行×个月，流程对应工作效率提升率
	22.组织提升	部门内员工职业素养平均提升分数
	23.制度建立	（1）内容完整率 （2）领导审批通过

财政部立项案例：

编　　号	CW22–CG05	CW22–GS12	CW22–ZL15
类型	常规型	改善型	战略型
项目名称	2022年度所有人员工资和奖金的核算	建立企业税务风险防控体系	财务人员技能培训
项目目的	每月10日前准确完成所有人员的工资和奖金的核算	完成有效的、合法的税务风险防控体系的搭建	对财务人员进行的专业知识与沟通方面的培训
项目目标	1.全年工资和奖金累计核算不准确次数不得超过3次 2.不及时次数不得超过2次	1.1月20日前设立税务管理组织 2.1月28日前确定税务管理组织的主要工作及工作流程 3.2月15日前确定税务风险防控点 4.2月28日前将税务风险防控点落实实施 5.3月15日前建立税务风险防控信息沟通流程，并落实实施 6.3月31日前建立税务风险监督体系	1. 1、2、3、4、5月份，每周三下午对财务人员进行专业知识的培训 2. 6、7、8月份，每周三下午对财务人员进行沟通方面的培训 3. 9月23日，对财务人员进行100%考核（分笔试和面试），考试合格率要达到90%以上
项目经理	×××	×××	×××

续表

编　　号	CW22-CG05	CW22-GS12	CW22-ZL15
项目预算	×万元	×万元	×万元
起止时间	2022年1月4日 2022年12月31日	2022年1月4日 2022年3月31日	2022年1月4日 2022年9月30日

思考与行动

1.分析你所在企业财务部项目指标是否合理？

2.如果不合理，不合理的原因是什么？

3.你认为财务部合理的项目指标应该是什么？

8

| 第 8 章 |

年度经营计划的预算与调控

内容提要:

1. 如何对年度经营计划进行预算?

2. 如何对重点项目进行预算和调控?

3. 如何增删项目?

4. 如何生成项目 CPS 表?

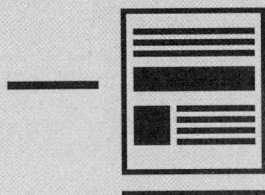

本章导读

有效制订年度经营计划的第六步，是根据前、后端部门的年度工作项目列表，以项目为单位，做出资源需求预算，并汇总为年度经营计划 CPS 表单。

并不是所有部门的年度工作项目都能得到企业资源环境的支持，企业的财务状况、人力状况、外部环境等，都将导致某些项目很难得到预想的执行效果。因此，各部门年度工作项目列表汇总到总经理手中，总经理要根据企业客观的资源环境，对所有项目进行调控。这时就需要精确预算每个项目需要的资金、人力、技术支持等要素。

总经理最后根据企业客观的资源环境，对各个部门的工作项目进行审核、优化，并适当增加年度经营项目的支持资源，减少不必要年度经营项目的数量。所有工作项目被有秩序地梳理，最后将形成年度经营计划 CPS 项目汇总表单。

第一节　年度经营计划的预算

所谓年度经营计划的总预算，就是实现年度经营目标所要使用的费用上限，是企业所有项目预算的总和。不过实际操作时，因为还要留出部分机动预算，所以通常年度经营计划的总预算是由年度内各个部门所有项目的预算之和与机动预算两部分组成。

一般情况下，年度经营计划的总预算是以自上而下的方式生成的，其数额等于年度经营目标中的销售收入减去目标净利润。比如，某企业某年度经营计划中的销售收入是 2 亿元，该企业目标净利润是 2 000 万元，那么该企业年度经营计划的总预算就是 1.8 亿元，也就是说，该企业当年所能花费的上限是 1.8 亿元。当然，这 1.8 亿元不能全部作为项目的预算，还要留下 5% ~ 15% 作为机动预算，也就是说，各部门所有项目预算之和应该控制在 1.53 亿元（1.8×85%）到 1.71 亿元（1.8×95%）之间，要留出 900 万元（1.8×5%）到 2 700 万元（1.8×15%）作为机动预算。这部分机动预算由总经理掌控，用来追加项目，追加预算。

> **注意：**
>
> 机动预算是一个风险防控机制，是为了应对市场的变化而保留的，由总经理掌控，其他任何人无权动用；想要追加预算或追加项目，要征得总经理的同意，只有总经理签字后才能动用。

比如，有时候市场环境发生了变化，导致之前的预算不够了，这时总经理就要判断该项目对企业有没有价值。如果有继续的价值就要从机动预算中给该项目拨款；如果判断该项目没有追加投资的价值，那就不再追加。

还有一种情况，有的项目已经完成，并且做得非常好，这时项目经理发现应该乘胜追击，于是就提出追加投资的申请。总经理如果也看好这个项目，就会从机动预算中拨款让该项目继续下去。有时可能因为一些突发情况，需要临时增加一个项目，这时就需要总经理从机动预算中拨款了。

有时市场环境变差了，其他各预算在执行过程中也没超支，那么没有用的机动预算在年底就会变成企业利润，保证企业年度经营目标的实现。

一般情况下，机动预算最高不要超过总预算的 20%，留太多将无法发展企业。一般留 15% 就行，一些好的企业通常留 5% ～ 7%。

企业为了完成年度经营目标，各部门需要根据营销价值链生成若干项目，也就是立项。每年做年度经营计划时，各部门需要统计立多少项，为什么要立这些项目，这些项目将由谁负责，谁去做，需要采用什么样的方式，需要花多少时间，花多少钱。这就由下至上生成了各部门的项目预算初稿。

各部门讨论立项的时候，不仅要考虑这个项目的价值，也就是为什么要立这个项目，把项目量化成具体的目标；还要将这些目标分解，也就是想要实现这些目标，需要什么人去做，要花多少时间，需要配置哪些资源，要花多少钱。通过量化和分解，就能将项目的预算做出来了。

各部门将每个项目的预算都做出来后，经过反复修订，将部门项目正式提交给企业，企业管理层会进行相应的讨论。管理层要对各部门上报的项目进行评判，看其是否符合企业经营目标，是否值得去做，还要对项目预算进行确认。另外，要看各部门上报的项目预算之和，加上留给总经理的机动预算有没有超过总预算，让各项目预算之和等于年度总预算的 85% ～ 95%。

预算讨论的基本原则：

　　1. 总预算中必须保留 5% ~ 15% 的机动预算；

　　2. 单项目预算中的弹性预算不超过 10%；

　　3. 当项目间产生预算重叠时，仅在一个项目中计算一次；

　　4. 当项目预算不够需要缩减时，先缩减优先级别低的项目，其次减少预算高的项目中的预算；

　　5. 大型的战略投资（比如建厂），不计入当年的年度预算（如果属于借贷类投入，以每年分摊的形式计入项目预算）；

　　6. 所有的预算（如设备折旧费等）必须以现金的形式体现。

　　企业每个项目的预算归属于每个特定的项目，其预算其他项目不得挪用，如果有的项目预算最后没用完，没用完的钱会回流到机动预算中。比如，小王负责 A、B 两个项目，A 项目的预算是 200 万元，B 项目的预算是 100 万元。后来 A 项目实际只用了 150 万元，剩余 50 万元没有用，但是 B 项目还差 10 万元才能做完，小王不能将 A 项目多出来的预算挪用到 B 项目上。想要给 B 项目追加投资，小王需要去申请，总经理经过评估同意追加后，会从机动预算中拨款 10 万元给 B 项目。

　　虽然各项目之间的预算不能调节，但是每个项目内部的花费是可以调节的。比如，上面小王的 B 项目，原来材料费的预算是 50 万元，人工费的预算是 50 万元，但是小王通过多方寻找，将材料费降到 40 万元，为了将该项目完成，小王可以将这多出来的 10 万元用到该项目的其他地方。

　　为了监控年度经营计划的执行情况，监控各个项目的进度，一般企业财务部门在月度或季度大会上会对项目预算使用的进度进行分析。从财务的角度看钱被用在什么地方了，一旦发现异常情况，就做出取舍，并决定下一步的工作安排。

　　年度经营计划是个自动筛选机制，会自动将那些跟计划无关的项目去掉，将所有工作慢慢聚焦到有用的项目上来，这样就降低了成本，提高了企业的效率。一般通过预算管理，企业可以降低原有预算 25% 的费用，不过这需要企业从最开始就严格贯彻年度经营计划的流程，中间任何一步都不能随意而为。如果企业在某一两个地方不严格按照年度经营计划执行，最后将导致整个效果大打折扣。这是从很多实践中得出的结论，所以各企业施行年度经营计划时要严格贯彻。

企业经过反复讨论，最后确定各部门的项目后，要做项目汇总表。所谓项目汇总表，就是企业根据年度营销目标和下一年工作方向，确定各部门工作项目和工作计划，为实现目标提供组织和资源保障的总表。该表要对各项目做出资源预算说明，具体如下：

项目汇总表																	
备注											订立日期			20××年.×月.×日			
											订立人						
序列	项目编号	项目名称	项目目标	项目经理	时间（月）												预算
					1	2	3	4	5	6	7	8	9	10	11	12	
1																	
2																	
3																	
4																	
5																	
6																	
7																	
8																	
9																	
10																	

思考与行动

1.试着制订你所在企业年度经营计划的总预算。

2.分析一下，你所在企业最好留多少机动预算。

第二节　重点项目预算与调控

企业年度经营计划立项时，要坚持以下两个原则。

原则一：项目不宜过多

企业立项要基于客观数据，把企业劣势和亟须提高的地方作为重点立项区域。企业立项的时候需要注意，所立项目的数量不宜过多。有一些初次尝试全面项目化管理的企业，唯恐立项不够仔细，以至每个部门交上来的年度经营项目都有上百条。如果核算一下就会发现，即使全年不休息，平均三天到四天就要完成一个项目，这是根本无法实现的，况且有些项目的涵盖内容非常宽泛，根本没什么实际作用。

因此，刚开始实行全面项目化的企业，在做年度经营计划时，立项数量不要太多，只针对重点策略进行立项即可。如果项目过少，可以适当增加一些后备策略立项，注意不要过于琐碎，否则就会出现项目执行不力的后果。

原则二：每个项目都要进行资源预算

想要对项目进行资源预算，需要做费用上限、人力和时间三方面的分析。

对项目做费用上限分析就是预算分析。项目经理在做预算分析时，不仅要估算每个项目的成本，还要考虑设置一些浮动储备金，要给项目留出预算空间。项目经理首先要预算出该项目必须花费的成本，除了这些，还要留出一些预算用来应对将来未知的花费。

项目预算

| 浮动储备 |
| 任务包总
成本估算 |

做人力分析的时候，项目经理要以任务为单位来分析执行人员的数量需求。假设一个任务分解成 A、B、C 三个任务，A 任务需要 5 名执行人员，B 任务需要 3 名执行人员，C 任务需要 1 名执行人员。

如果这三个任务需要各自不同的工作能力，并且三个任务在时间上存在重叠，那么这三个任务的执行人员就是无法互通的，也就是说，想要完成这个项目，一共需要 9 名执行人员。

但如果这三个任务对执行人员工作能力要求不高，并且每个任务的时间都不重叠，那么这三个任务的执行人员就可以互通，完成这个项目可能只要 5 名执行人员就够了。具体的人员分配，要依据具体的项目来定。

项目经理分析具体任务的执行人员时，还要考虑任务历时变化，对应的是执行人员数量的变化。比如，一个促销宣传物品制作的任务，预估任务历时为 8 天，需要执行人员 2 人；但当预估任务历时为 4 天，就需要 4 名执行人员。

对于任务历时变化与执行人员数量的变化，项目经理还需要考虑预算的问题，抛开时间分析和费用上限分析，单纯去做人力分析是不现实的。

做时间分析时，可以借用 PERT（program evaluationand review technique）即计划评审技术。这是一个利用流程图分析项目管理的时间和资源控制体系，以及对项目预期予以评价的技术。该技术能协调项目管理的各道工序，合理安排人力、物力、时间、资金，加速项目的完成，其流程图如下：

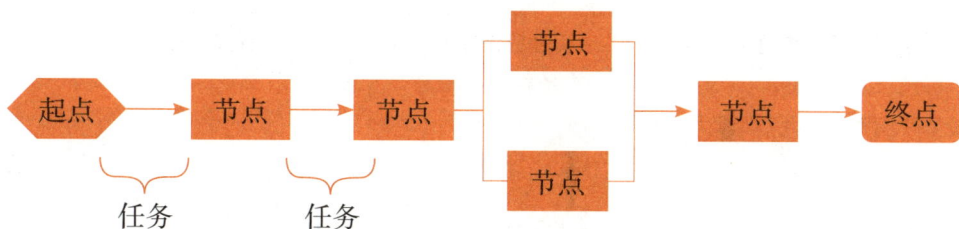

根据 PERT 技术，完成项目占用的实际时间，应该是最悲观的时间、最客观的时间和最可能的时间或持续这三个时间的加权平均值。这个加权平均值就是最佳预期值，其加权公式如下：

假设一个项目，完成它的最乐观时间是 5 天，最悲观的时间是 25 天，最可能的时间是 10 天，那么该项目的预算时间 Te ＝（5+4×10+25）/6 ≈ 12 天。

加权公式

$$Te ＝（Ta ＋ 4Tm ＋ Tb）/6$$

Te：实际时间

Ta：悲观时间

Tm：最可能时间

Tb：乐观时间

PERT 技术是一种有效的事前控制方法，通过对 PERT 流程的分析，可以使项目管理者熟悉整个项目进行的过程，并明确下级所负责的任务点在整个项目流程中的位置和作用，增强全局观念和对项目管理的接受程度。同时，PERT 流程也能使项目管理者更加明确其工作重点，将注意力集中在可能需要采取纠正措施的关键问题上，使控制工作更富有成效。在资源分配发生矛盾时，管理者可适当调动非关键路径上活动的资源去支持关键路径上的活动。这样能最有效地保证项目的完成进度。所以 PERT 技术是企业进行关键项目资源预算和时间预期的最重要的依据。

以下是重点项目与预算汇总表模板：

项目归属	项目编号	项目名称	项目量化标准	项目经理	执行起止时间	预算
××部						
××部						
××部						
备注	共××个项目，其中，业务类××个，组织类××个，预计项目费用××万元					

思考与行动

1. 你所在企业的重点项目有哪些？

2. 找出几个重点项目，试着对其做预算。

3. 对重点项目做预算分析时，有没有发现可以调控的地方？

第三节　增删项目应坚持的原则

　　企业以满足客户的需求为出发点来确定每年的工作项目。首先,前端部门(市场部、研发部和销售部)在确定本部门工作项目的同时,会对后端部门提出生产、人力资源和财务方面的需求。其次,后端部门(生产部、人力资源部、行政部、财务部)根据前端部门的需求确定本年度经营计划及工作项目,预算本年度经营成本。最后,财务部和人力资源部将预算需求及人力资源需求传递给总经理,总经理结合企业的财力、人力、外部环境、内部环境等具体情况,对所有项目进行调控。

　　企业各部门资源需求传递原理如下:

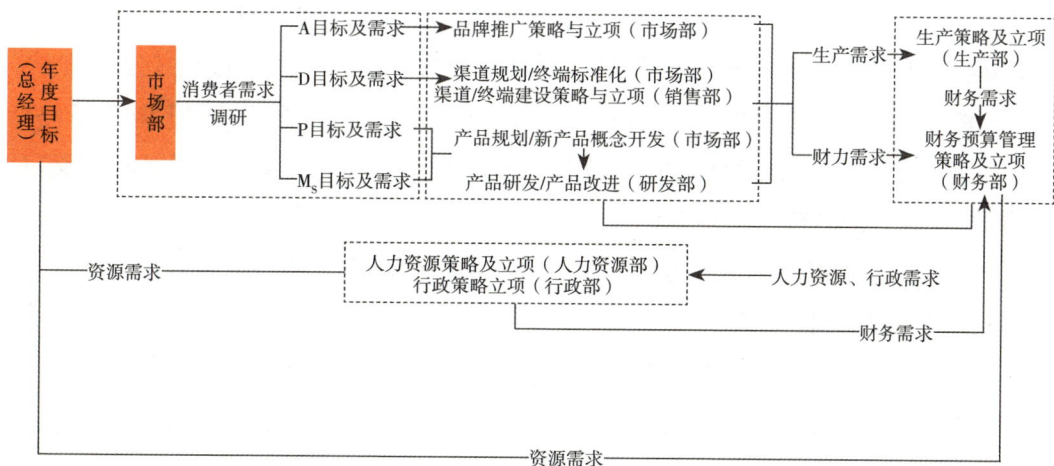

　　总经理要根据各部门的需求来衡量本年度经营目标是否合理有效,看各部门

上报的预算有没有超过总预算。如果超出总预算，则适当降低年度经营目标，删掉某些项目以达到平衡开支的效果；如果没有超出，总预算还很充裕，则适当提高年度经营目标，增加一些项目以达到充分利用资源的效果。

企业在增加或删除某些项目时不是随意而为，而是要坚持需求传递的五个原则。

原则一：需求传递必须符合营销价值链流转过程

从上图可以看出，企业最先产生的需求是市场部通过市场调研发现的消费者需求，这些需求按照 ADP 营销模型可划分成以下三类：

关于改善客户态度（A 值）的目标及相应需求。这类需求是市场部进行品牌推广与品牌建设立项的依据。市场部的工作内容不是随机生成的，而是有来源可考察的。企业年度经营策略是从消费者的需求中生成的。

关于完善渠道建设（D 值）的目标及相应需求。这类需求是市场部和销售部完善渠道建设的立项依据。市场部要根据消费者需求，建立渠道规划策略与终端标准化的策略，包括规划渠道深度、广度，终端陈列，与消费者接触的频次，完善渠道建设的策略等；而销售部则依据市场部提出的具体策略，制订相应的执行方案，包括完善渠道建设的工作项目以及终端规划的工作项目。

关于改进产品性能与价格（P 值）的目标及相应需求。这类需求是市场部和研发部改进产品性能、调整产品线结构以及确定产品价格的依据。市场部要根据消费者需求，生成产品规划的策略，以及新产品研发的方向，包括如何改善新产品性能、产品线的长度和宽度规划、产品系列化研究、产品生命周期设定等策略；而研发部则依据市场部提出的具体策略，制订相应的执行方案，生成关于产品研发和产品改进的具体工作项目。

前端部门在制订工作项目的同时，对后端部门提出各种需求，后端部门根据前端部门的需求制订本年度工作项目。

通过营销价值链，企业将客户需求从前端部门传递到后端部门，最后变成各个部门的工作项目。企业在增加或删除项目时要考虑该项目是否在营销价值链流转过程，如果不符合那就要删掉。

原则二：所传递需求应符合下游部门职能

企业在增删项目的时候，要检查各部门所传递的需求是否符合下游部门的职能，比如，我们不能将属于研发的项目交给行政部门去做，不能将属于市场部的项目交给销售部。

这个要求看起来好像很简单，但有些企业经常会出现类似这样的错误。这主要是因为二级部门的职能不明确，最常见就是让销售部负责售后服务的工作。有些企业认为是销售部将产品卖出去的，产品出现问题，当然应该由销售部去负责。还有一些企业直接将售后服务以加盟代理的方式外包，这导致消费者接受售后服务的质量不一样，有的售后服务态度好些，有的差些，最终导致消费者对品牌满意度褒贬不一。

出现这种现象就是因为传递的需求不符合部门职能造成的。销售部的关键职能是供应，解决的是渠道问题。售后服务不是简单的维修保养，处理的主要是消费者的态度，还有促进消费者品牌观念的强化，这应该是市场部的职能所在，应该让市场部负责，如果让销售部负责肯定要出问题。

原则三：需求应具备量化的评估标准

需求传递不是简单地说明"要什么"的过程，前端部门的需求通常是以日常工作遇到的问题来体现，然后把问题翻译成需要解决的策略，这些需求必须被量化，因为只有量化的需求，才具有可评估的标准，才可以被下游部门执行。下表可以比较不明确的需求和量化需求的区别。

需求传递量化标准例表：

需求传递路径	不明确的描述	评估结果	量化的描述（示例）	评估结果
市场部→生产部	改进包装	×	全年包装到店破损率降低至0.1%	√
销售部→财务部	加快经销商汇款速度	×	收到申请材料后，N个工作日内回款到位	√
市场部→人力资源部	全员品牌意识培养	×	某日期前，完成全员品牌意识培训，85%人员通过考核	√

续表

需求传递路径	不明确的描述	评估结果	量化的描述（示例）	评估结果
生产部→行政部	提升生产人员满意度	×	某日期前，完成食堂就餐环境改善，标准是：开饭前5分钟，食堂餐桌干净无杂物，地板干爽	√
市场部→研发部	改进产品质量	×	改进产品质量，标准是：在衣服不清洗的条件下，洗衣粉香味能持续3天	√
研发部→生产部	降低生产成本	×	某时间内，导入新的生产流程，标准是：90%生产人员通过新流程操作考核	√

原则四：所传递需求应归档备案

　　企业必须建立明确的需求档案。出现执行不力，归根结底是责任不明确。企业必须为需求传递建立档案制，用归档的方式将需求双边的责任明确化，做到有据可查，有法可依。需求如果不能明确就删除，以免影响年度经营计划的实施效果。企业可以参考下表建立档案。

　　项目资源需求表：

项目编号	项目名称	资金需求（财务部）	技术需求（研发部）	人力资源需求（HR部）	其他资源（行政部：如公关等）	备注

原则五：各部门不得拒绝上游部门所传递的需求

　　企业年度经营计划执行过程中，最可怕的就是组织中各部门互相讨价还价。有些企业认为销售部是最关键的部门，各种资源普遍向销售部倾斜，以致销售部只要取得不错的销量就可以为所欲为。当市场部提出的某些需求传递到销售部的时候，销售部视而不见，这就干扰了市场策略的顺利实施。

　　因此，原则上各部门不得拒绝上游部门传递的需求，要在组织中建立内部客户的秩序，要按照对待客户的规则对待上游部门的需求。只有这样，才能建立一个良好的、有序的组织环境，从而保证需求传递的准确性和时效性，为年度经营计划的顺畅执行创造有利条件。

思考与行动

1. 根据以上五个原则，试着分析一下你所在企业的项目是不是都符合立项要求？

2. 如果项目不符合立项需求是应该删除还是修改？如果修改应该怎样修改？

3. 分析一下你所在企业是否漏掉了一些重要的项目？

第四节　生成项目 CPS 表

企业管理层经过多次讨论，确定年度经营计划的所有项目后，需要对这些项目的完成时间做总体的安排。这时就要用到如下所示的时间管理优先矩阵图：

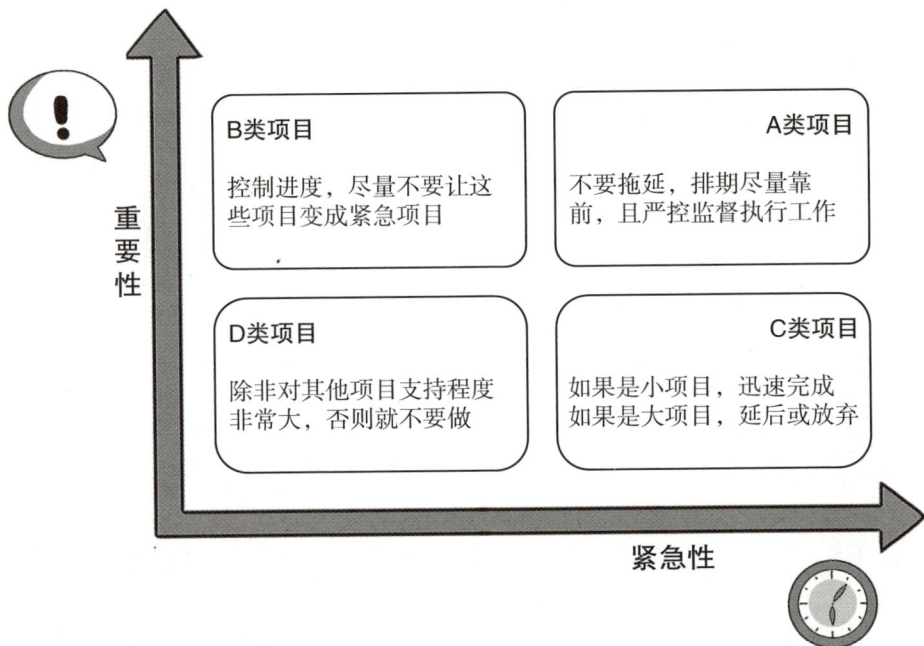

根据上面的时间管理优先矩阵图，我们将项目分成 A 类项目（既重要又紧急的项目）、B 类项目（重要但不紧急的项目）、C 类项目（不重要但紧急的项目）、D 类项目（不重要也不紧急的项目）。对于 A 类项目，我们将其归为立即行动类；

对于 B 类项目，我们将其归为妥善计划类；对于 C 类项目，我们将其归为简单处理类；对于 D 类项目，我们将其归为放弃类。

对于这四类项目的安排，具体如下：

A 类（立即行动类）项目

A 类项目是年度经营计划中重要又紧迫的项目集合，如销售部保证利润的项目、财务部保证现金流量的项目、生产部保证产品供应的项目等。这些项目都是马上需要执行且不能拖延的，因为这些项目跟整体年度经营目标息息相关，是整体年度经营计划中的核心项目。对于 A 类项目的时间排期要充足，尽量不压缩这类项目的资源配比，并且要严格监控执行进度和执行质量，必要的时候要成立专门的监控项目，用来保证这类项目的实施成果。

B 类（妥善计划类）项目

B 类项目是年度经营计划中重要但不紧迫的项目集合，如市场部的新产品上市规划项目、人力资源部的招聘项目、生产部的储运项目等。这些项目的共同点是边际效益很强，如果项目进度控制不力，极有可能影响到其他关键项目的执行情况。因此，该类项目也是最有可能转换成 A 类项目的集合。因为该类项目紧迫性不强，有时会被管理者或执行者忽视，导致低级错误发生率过高。所以管理者要重视这类虽然不紧迫但很重要的项目，要建立更严谨的时间观念，严格控制该类项目的执行进度，否则就会影响其他项目的资源环境，增加组织运转负担。

C 类（简单处理类）项目

C 类项目是年度经营计划中紧迫但不重要的项目集合，如销售部的市场促销项目、行政部日常管理项目、财务部的日常会计管理项目等。这类项目的共同点是需要立即被执行，是整体年度经营计划中的常规型项目。C 类项目必须重视项目执行质量，因为该类项目紧迫性很强，常常被草草应付了事，容易给管理者和执行者造成做完即做好的错觉。因此，该类项目集合要严控质量关，有些项目宁可不做，也不能马虎处理，否则就是浪费企业资源。

D 类（放弃类）项目

D 类项目是年度经营计划中既不紧迫也不重要的项目集合，如行政部更新办公家具的项目、人力资源部福利旅游的项目、销售部回收旧包装的项目等。这些项目的共同点就是做不做都行，其执行情况跟整体年度经营目标关系不大，甚至毫无关联。D 类项目的原则是能不做尽量不做，在资源预算和时间排期上，多数也是被砍掉节约开支的。不过，必须要注意一点，该类项目中有些与其他项目的关联性较大，虽然项目本身不重要也不紧迫，但它的执行情况却会影响其他项目的资源配比，这时管理者要格外注意这类项目的执行结果。

　　企业管理者根据下面的企业全年立项表，对年度经营计划中的所有项目进行讨论分析，看其是 A 类、B 类、C 类，还是 D 类项目，然后对全年的项目进行一个总排期，形成如下表所示的项目汇总 CPS（critical path schedule）甘特图模板。

实施项目	负责人	支持人员	预算	时间计划											
				1月	2月	3月	4月	5月	6月	7月	8月	9月	10月	11月	12月

　　CPS 一般用横轴表示时间，纵轴表示项目，线条表示整个期间计划和项目实际的完成情况。该图直观地表明项目计划将在什么时候进行，实际进展与项目计划要求的对比。管理者通过该图就能很方便地了解一个项目还有哪些工作要做，评估它是提前还是滞后，抑或是正常进行。

　　项目管理 CPS 表是一种理想的控制工具，要学会使用该工具控制项目的执行情况。

项目编号	项目名称	20××年											
		1月	2月	3月	4月	5月	6月	7月	8月	9月	10月	11月	12月
NO.1													
NO.2													
NO.3													
NO.4													
NO.5													
NO.6													
NO.7													
NO.8													
NO.9													
NO.10													
NO.11													
NO.12													
NO.13													
NO.14													
NO.15													
NO.16													

思考与行动

1.用时间管理优先矩阵对年度经营计划中的项目进行分析，判断它们各属于什么类别，并制订排期。

2.比较一下，你制订的排期跟所在企业中相关项目的实际排期是否一样，如果不同，找到原因，是自己没有考虑全面，还是企业没有考虑全面。

3.如果是企业没有考虑全面，那应该怎样对其优化？

9

| 第 9 章 |

年度经营计划的监控机制和风险防控

内容提要：

1. 企业建立监控机制应遵循的原则；

2. 企业面对风险设置的应对策略；

3. 企业可采用的几种辅助工具。

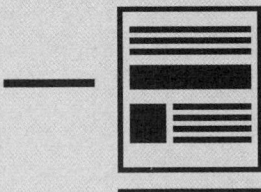

本章导读

有效制订年度经营计划的第七步，是根据年度经营计划 CPS 表单，建立一套执行监控系统，并根据企业可能存在的内部风险和外部风险，建立相应的风险控制策略。

任何计划离开监控执行系统，都是不完整的。为此，企业必须建立一套能够保障年度经营计划顺利执行的监控系统，包括建立例会制度、建立标准的执行流程、建立信息的收集和反馈系统等工作。

同样，离开风险控制系统的计划也是不完整的。"计划没有变化快"，企业必须客观地评估经营系统内可能出现的内、外部风险，并提前做好防范策略。有时候，出现意外并不可怕，只要做好充足的准备，风险就是机遇。

第一节　监控机制，有效控制项目执行进度

企业想要将年度经营计划顺利推行下去，必须建立一套能确保年度经营计划顺利实施的监控机制。因为不管是市场销售，还是组织人事，都事务繁多，而且环环相扣，如果没有一套有效的监控机制监控年度经营计划每一个环节的落实情况，就有可能造成年度经营计划的夭折。所以企业要建立一套有效的动态监控机制，用来随时监控年度经营计划的落实情况。

企业的监控机制，应该遵循以下四项基本原则：

一、建立标准，依据标准对工作成果进行评估

标准是指依据科学技术和实践经验的综合成果，在项目管理的基础上，对生产、人事和管理等活动中具有多样性的、相关性的重复事物，以特定的程序和形式颁发的统一规定。简单来说，标准可分为技术标准和管理标准两大类。

技术标准，是指技术活动中的准则，是根据不同时期的科学技术水平和实践经验，针对具有普遍性和重复出现的技术问题，提出的最佳解决方案，比如产品的规格、质量、加工工艺等，都属于技术标准的范畴。

管理标准，是指企业为了保证与提高产品质量而规定的各方面经营管理活动、管理业务的具体标准。管理标准更多地体现在建立规范化的工作流程方面，比如开发新产品这个项目，需要界定几个关键流程点，每个流程点的达标评估标准是什么等。

企业只有建立起一套科学的评估标准，对执行结果的评估才能做到有据可查。这好比一场篮球比赛，要先确定一些比赛规则，规定什么情况下可以得多少分，

什么情况下会受到什么惩罚，然后去比赛。这样比赛结果才会清晰明了，参赛选手才会对结果心服口服。现在很多企业却不是这样，根本没有建立一套科学的评估标准。所谓标准则要看管理者的心情，只要管理者认为可以了，即便没有达到预期的目标，那也算达到了。这样的评估方法会让企业的执行力大打折扣。实施年度经营计划的企业如果这样去评估工作成果，经营目标可能就无法实现。所以企业一定要建立一套科学的评估标准。

二、建立快速信息收集与反馈系统

在计划的执行过程中，信息的收集与反馈系统至关重要，好比参谋总部一定要及时知道前方部队的方位和状态。信息收集与反馈系统分为以下两部分。

第一部分是由行政部负责的各部门工作进度表。这个表显示各个部门执行项目的进展情况，采用看板管理的方式进行监督。比如，在企业挂起一张项目进展情况表，上面清晰地标注某个项目现阶段的进展情况、项目负责人、开始日期、执行质量等，让全体员工对所有项目进展状况都能一目了然，从而增加项目负责人的紧迫感，以此提高执行力。以下是某企业监控计划行动时间简表：

序　　号	主要工作	负责部门	时　　　间	备　　注
1	建立部门经理周例会制	行政部		及时互通工作进度
2	建立部门经理月度工作总结制	行政部		每月初以书面形式提交
3	建立标准的内、外部信息反馈系统	行政部		行政部负责内部
				市场部负责外部
4	建立高层领导月度巡查制	行政部		针对市场与人事培训
5	制度增加新内容	行政部		部门经理连带责任制

第二部分是由市场部负责的市场销售状况汇总表。销售部本身不能成为本部门的执行情况评估者，这项工作要由市场部完成。销售部与市场部关联密切，而市场部是销售部执行策略生成的源头，因此可以准确地把控各个项目之间的逻辑顺序。比如，一定要先进行新产品的上市渠道推广项目，才可以开始新产品促销

的项目。如果新产品渠道推广项目执行不力，就需要及时督促，否则会影响其他项目的执行情况。

三、主要监控过程的执行

过程管理的要点是监控项目中关键的流程点，也就是项目分解为任务之后，各个任务之间的逻辑关联和主要任务目标的达成。把关注整体变为关注关键点，这需要在项目管理中对关键点进行量化描述，用数字具体去描述评估标准，不能使用"尽快""优质"这样界限模糊的词去描述。

过程管理本身就是一个 P（plan）——D（do）——C（check）——A（act）循环，从计划到实施，再到监测，最后改进。对关键流程点的评估标准要坚持使用 PDCA 管理循环（即，计划——执行——检查——处理）进行适当的提升或者降低，比如，如果当年某个项目的执行时间十分紧张，造成项目执行结果质量下降，下一年做年度经营计划的时候，就要适当延长时间限度，在质量和时限的博弈中，找到最大的盈利点。

四、由高层领导担任监控负责人

年度经营计划的监控负责人一定要是企业的高层领导，否则就会出现各个部门因为立场不同而发生争执的情况。高层领导的权威和权力，能在执行中有效协调资源配比问题，让所有人将注意力集中在同一个方向上。

企业在以上四个原则下，可以通过监控例会、月度监控例会、总经办每月抽查等方式对项目的执行情况进行有效监控。

建立例会制度

在年度经营计划执行过程中，最常见的两种例会形式是项目启动会和总结会。

项目启动会要求在项目开始的时候，召集相关负责人组织一个正式的启动会。很多人认为这样的会议是形式主义，没有实际的作用。其实，项目启动会是一种非常重要的监控方法。因为相关负责人要在项目启动会上宣读该项目的各项指标，包括时限、目的、目标、责任人、预算等，并且各项目负责人要进行签字仪式，这在最大程度上提醒有关责任人该项目已经纳入工作日程，需要时刻注意时间和进度的调配。

另外，在项目启动会上，还需要对项目的关键点与资源配给情况进行最后的研讨，然后签署相关的合同、协议或者契约。这相当于企业同个人之间达成了一个约定——用多少资源做到什么程度。如果没有这个约定，有的执行层会抱怨："这不是难为人嘛，为什么事前不跟我商量一下？"

项目总结会也是非常关键的执行监控方法。总结会最主要的作用就是总结项目执行成功的经验或者失败的教训，总结的内容要被正式记录到相关档案中。很多企业会忽视项目总结，导致宝贵的经验得不到传承，或者关键控制点掌握在有限的几个有经验的员工手里，那些掌握经验的员工离职，就可能造成企业执行管理出现空当。

项目归档的工作也是非常必要的，并要长久坚持下去，这样企业就会建立自己的专有数据库，可以让新员工轻松地查找到相关的项目资料，在类似项目开始前就能把握项目流程关键点，做到有备无患。

项目结束时，要提交如下所示的项目结束确认单：

项目基本信息			
项目名称		项目经理	
项目目标			
项目成果总结			
备注			
若认同"项目目标已完全达成"，请于以下签名栏签字确认			
项目负责人：_____		确认人：_____	
签字日期：_____		签字日期：_____	

建立月度监控例会制

企业要将月度监控例会形成制度固定下来，并且要与绩效考核挂钩。这样才能保证执行情况得到有效监控。月度监控例会上的月工作总结不能过长，以一页纸为最佳，要短小精悍，直指要害。月度监控例会上要汇报部门重点工作和一些做了变更的内容以及项目执行过程中遇到的困难和问题；讨论问题的时候要以事实为依据发表自己的观点，态度要客观公正，以提供可选建议为导向。企业月度监控例会具体流程如下：

1. 总经理办公室月度监控工作汇报；
2. 企业销售状况总体回顾；
3. 企业经营状况及市场分析；
4. 企业项目预算分析；
5. 各部门月度工作总体概述及核心项目汇报；
6. 各部门其他项目汇报；
7. 计划进度评估与难点探讨；
8. 下一步工作安排；
9. 会议总结。

建立总经办每月抽查制

总经理办公室每月要抽查项目管理有没有违规的情况以及项目进展的真实性。比如，看总监对项目经理的工作安排是不是合理，有没有超过项目经理的工作量，如果有超过，就要监督总监及时调整；还要看项目经理有没有按照企业的项目管理去操作，如果没有则要及时纠正。此外，总经理办公室还要检查项目归档的规范性和完整性，核实相关资料归档是否完整，重点检查过程文件，看整个项目的操作是否符合项目管理的要求。

通过以上三种制度，企业可以对年度经营计划进行有效的监控。很多企业的经营计划之所以执行不力，主要原因是没有形成制度。任何例会、抽查的最终结果，一定要落实到制度管理的层面上，要形成制度或者规范，只有这样才能严格落实下去，否则下次还会遇到同样的问题。

企业要摆脱"头痛医头、脚痛医脚"的传统做法，要将执行问题深挖细耕，从问题到方法再到规定，最终变成某项制度或者总结出一套规范的流程。就像感冒了就吃药的做法是治标不治本的，只有增强自身抵抗力，才能从根本上提高企业的执行力。

思考与行动

1. 你所在企业有哪些监控机制？
2. 分析一下这些监控机制的效果怎样？看看有没有提高的可能。

第二节　风险防控，有效控制项目执行风险

企业发展过程中无时无刻不伴随着风险的存在，为了保证长久发展，企业应建立风险防控体系，以应对无处不在的风险。企业既要建立内部风险控制以应对发展过程中内部产生的一些风险，还要建立外部风险控制，以应对外部的风险。

一、内部风险控制

企业内部风险主要是指由于企业内部因素影响而产生的风险。内部风险控制是企业出于保护资产、核查会计数据的准确性和可靠性、提高经营效率、遵循既定的管理方针而采取的方法与措施。如果说，企业的外部风险在很大程度上具有不可抗力的因素，那么内部风险大多是具有可预见性和可控制性的。

企业的内部风险主要体现在以下五个方面：

人事风险

员工的岗位变动及其在专业知识、实践经验、职业道德方面的不确定性将会给企业造成一定的内部风险。通常这种内部风险在严重依赖销售部职能的企业中尤为常见，主要表现是大区经理带领团队集体跳槽到竞争企业。这给原企业造成的人事风险是不可估量的，有时甚至割断了企业赖以生存的现金链。

技术风险

一些企业的核心技术所有权并不属于本企业，或者核心技术被少数人掌握，如果掌握技术的人离职或出现其他意外，技术风险的破坏力就显现出来了。比如，在网络游戏产业中，中国的某游戏运营公司代理国外的一款游戏，这款游戏占据该公司 90% 以上的经营份额，一旦国外游戏公司转让代理权，该游戏公司将不得

不面对重新整合业务的风险，这样原来那套经营模式就会被彻底打破，极有可能出现生存困难。

财务风险

财务风险是由于财务管理、财务制度或资金管理等财务因素的变化，使得企业在财务上出现的风险。最常见的财务风险是盲目多元化经营，这可能导致企业在一定时期内各个产品经营领域利润极低，资本使用率低甚至为负数，最终导致资金链断裂。

管理风险

由于管理层的专业水平、管理经验不足等原因导致企业经营管理模式僵化、重大投资决策失误、发展困难造成的风险。很多知名企业无一例外地都非常重视管理，但很多企业还停留在侧重生产销售而不重视管理的层级，这些企业对管理的懵懂以及经营决策的随意性，将导致企业经常面对风险，一不小心就会被风险所吞噬。

法律风险

法律风险主要表现为企业在知情或不知情的情况下出现严重违法违规、违反重大合同条款、恶意做假或替其他企业担保而出现的连带法律责任。

现将企业可能遇到的内部风险及应对策略总结如下：

序　号	可能发生的风险	导致后果	应对风险的策略
1	①目前的市场状况较为牢固，开发新市场任务艰巨 ②目前销售体系主要以经销商为依托，资源分配结构分散	在开发新市场中一定会遇到很大的阻力，如果急于建立新的销售渠道，就会导致利润下降；全国品牌推广需要时间，新品开发需要时间，经销商的积极性可能会下降；财务和组织架构系统效率跟不上	主要策略：　区域试点，分段整合。企业必须根据整体的营销规划，对前期的试点项目做充分的准备，循序渐进地实现目标
2	①资金不能及时到位，多项市场工作无力进行 ②计划所需要的支持资源无法到位或者是无法全部到位就会出现部分工作没有足够的资源支持，会使市场工作完全停滞	制订的市场计划无法执行，事实上造成前期的策划工作无法实现	主要策略：　前期的资金预算工作应做充分。企业必须根据整体的营销规划，在前期资金、人事投入方面做好充分的准备

续表

序　号	可能发生的风险	导致后果	应对风险的策略
3	组织架构发生大幅调整，在新的组织架构磨合过程中，有可能中途因为各种特殊的原因或国家的经济、政治原因，以及企业内部一些高层领导的决策变化，导致组织架构涣散，人员变动较大	将会使进行中的计划遭到部分破坏，甚至整个计划的执行就会因此而停滞	主要策略： ①统一思想。组织建设要循序渐进，以防止组织架构出现问题而引发的计划系统整体崩溃 ②保留核心部门，减少整体组织的动荡程度，本质上也就不会轻易改变人事岗位的合理性
4	培训滞后于市场销售工作的发展。由于市场销售是企业命脉，企业的核心领导人会把主要精力投入市场与销售的工作中，以此创造销售业绩，而忽略培训工作。一旦市场销售工作忙起来，企业就会放松培训工作并押后执行	员工的素质参差不齐，会导致很多好的市场策略，花了很多钱，但没有取到实际效果，并且对市场销售状况有巨大的反作用力 　企业内部精英员工数量不多，一线员工不专业，导致企业执行任何一项工作都非常辛苦	主要策略： ①培训必须与市场销售同时进行并坚持下去 ②要使培训与企业的奖罚机制、提升机制相挂钩，这样才能保证培训的最终效果
5	监控机制未能实施，使其他工作浮于表面，长此以往，将会使整个监控机制基本失效	会使企业各项工作执行不到位，这时再好的市场宣传策略也无法得到贯彻落实	主要策略： 　坚决执行监控机制。总经理一定要把监控机制放在工作首位，并利用层层监控，在企业内部建立一个准确的信息反馈机制
6	部分人员工作效率导致计划推迟。由于人员更替或对新的市场环境没有准确把握，因此会导致工作效率降低、工作质量下降。有时候，效率下降会直接影响到其他部门	个别人员工作效率下降，将直接导致其相关部门的工作效率下降，导致部门间的工作不匹配，如市场与销售的速度不一致，市场工作慢的话，销售工作就会造成浪费，即铺好货，宣传却没有跟上	主要策略： 　坚持周例会制度。管理者要坚持周例会制度，因为通过周例会可以使人员、部门协调一致，并相互促进

续表

序　号	可能发生的风险	导致后果	应对风险的策略
7	高层领导决策效率低。主要针对经营管理的核心问题，例如，品牌建设方向的问题，还有内部组织建设的问题，由于决策结果事关重大，可能导致调研讨论时间过长，从而得不到及时的决策结果	企业在遇到问题的时候，如果不能尽快地做抉择，会导致部门执行反应迟钝	主要策略：①高层领导清晰责任。高层领导的决策责任适当分散，不要集中于一点，忌轻易进行全体讨论，即领导职权范围内有决策权力时应独立进行决策。②决策以数据为基础。即企业领导避免一些感性的争论，以市场调研的实际数据为决策基础，决策速度自然就会大大加快
8	……	……	……

二、外部风险控制

企业外部风险主要是指因外部环境变化而使企业被动接受的风险。外部环境是企业生存的基础，企业的外部环境变化对企业正常经营带来的风险，包括自然风险、政治、政策、市场等。企业对外部风险的控制一般很难做到防患于未然，只能是在发现风险的时候，以最快的速度做出最有利的经营决策，把风险带来的损失降低到最小。

企业外部风险主要体现在以下五个方面：

自然环境灾害风险

地震、海啸、旱灾、河流改道等自然灾害带来的风险，常常使遭受打击的企业面临灭顶之灾。

经济环境变化风险

企业能否赢利，在很大程度上受国家经济状况和经济实力的影响，总体宏观经济环境决定了企业发展的程度。经济不景气会影响对企业产品或服务的需求，而优越的经济条件会给企业提供扩展的机会。在经济环境中，利率、税率、经济增长率、通货膨胀水平等均是评价企业的一些经济指标。

政治环境变动的风险

政治环境是国家意志的体现，是经济方针策略生成的根源。如政府间关系、政府预算规模、税法变革、环境保护、货币政策、反垄断等都可能会影响企业的行为。一方面会给某些企业创造发展机遇，另一方面则可能制约某些企业的持续发展。比如，我国的出口退税制度的变化，就影响到很多进出口贸易企业的经营策略。

市场波动的风险

市场环境是企业最需要关注的外部环境。市场资源配置，市场运动规律（进入规则、运行规则、竞争规则、退出规则），市场需求状态等，从根本上决定着企业的生存与发展。强势竞争者高调进入某领域市场，会对原领域规则和资源分布强势洗牌，如微软计划开发搜索引擎，就立刻引起了谷歌的高度重视。

文化环境变化风险

文化环境对企业经营的影响主要表现在市场消费文化发生改变，如民俗、宗教影响及消费趋向等。

现将企业可能遇到的外部风险及相关应对策略总结如下：

序号	可能发生的风险	导致后果	应对风险的策略
1	竞争对手大幅提高市场宣传力度或者促销力度	市场竞争突然加剧，将导致企业在市场宣传费用上有所增加，使企业现有的市场宣传需要投入更大的资源和力度，包括外围的资源都要动用起来，才能够与竞争品牌抗衡	主要策略：①执行市场计划的速度要快②适当增加资源的支持力度。在资源储备上适当增加后续准备，以防市场突然恶化
2	政策环境突然变化，国家政策导致市场环境突变，极有可能带来影响	需要根据政策的变化，迅速做出相对正确的反应，这可能导致成本骤然增加	主要策略：关注市场大环境。要时刻注意可能引起市场变化的政治环境，企业决策环境要根据大环境的变化而建立缓冲区
3	……	……	……

三、应对风险的方法

知道了所面对的风险，应该怎么办？

首先，企业应建立风险评估的信号和指标体系，包括先进技术的评价体系、各项财务指标、可能出现的政策风险和法律风险、容易受自然灾害和资源风险影响的环节等。建立起一套风险预警指标，就相当于企业安装了风险警报系统，可以及时发现和评价所出现的风险。

其次，企业还要健全风险控制的运行体系，收到预警信号后应及时采取措施，以防风险的发生，这是企业运行的"防火墙"。风险处理能力的快慢体现企业应对紧急情况的处理能力。风险事件发生后，应当有相应的部门及时进行处理，以免风险的扩大和蔓延。

具体来说，企业可以用以下三种方法合理有效地规避和应对风险。

风险回避

风险回避是企业有意识地放弃风险行为，完全避免特定的损失风险。简单的风险回避是一种消极的风险处理办法，因为企业在放弃风险行为的同时，往往也放弃了潜在的目标收益，所以一般只有在以下情况下才会采用这种方法：

1. 企业对潜在风险极其厌恶；

2. 存在其他方案，这个方案也能达成同样的目标，并且风险更低；

3. 企业没有能力消除或转移风险，自然灾害风险就是企业无法控制或者预防的风险，所以企业在投入运营资本前要做好调研，比如，严重干旱地区是不能投资发展农业的；

4. 企业没有能力承担该风险，或者即使能承担该风险也得不到足够的补偿。

损失控制

损失控制不是放弃风险，而是制订计划和采取措施降低损失的可能性或者减少实际损失。控制包括事前、事中和事后三个阶段。事前控制主要是为了降低损失的概率，事中和事后的控制主要是为了减少实际发生的损失。

风险转移

风险转移，是指通过契约将风险全部或部分转移给他人承担的行为，通过风险转移过程有时可大大降低经济主体的风险程度。风险转移的主要形式是合同和保险，比如，通过签订合同及参加保险，可以将部分或全部风险转移给一个或多个其他参与者。

思考与行动

1.试着分析一下，你所在企业存在哪些内部风险和外部风险？

2.这些风险应该采取什么样的方法去应对？

第三节　相关外部辅助工具

为了更好地监控计划执行的情况，企业可以采用以下几种辅助工具监督计划的执行。

一、看板管理

看板管理最初是由丰田汽车公司创立的，它是作为一种生产、运送指令的传递工具而被创造出来的。比如，一个生产项目确定以后，就会向各个生产车间下达生产指令，然后每一个生产车间又向前面的各道工序下达生产指令，最后向仓库管理部门、采购部门下达相应的指令。这些生产指令的传递可以通过看板来完成。

看板管理还有一个重要的作用，就是信息强化。通过看板的警示作用，一些关键的信息不断被责任人强化。使用看板管理过程中，要注意看板中演示的信息既不能太多也不能太少，要恰到好处。因为信息量太多，就会重点不突出；信息量太少，会造成关键信息不透明。

在项目管理中，看板信息展示是一种重要的监控执行工具，这种监控效果要比行政直属领导耳提面命好得多。因为这种监控工具不仅避免了员工对项目负责人产生的消极抵抗情绪，还能增强组织环境的公平度，所以在监控执行过程中能起到关键作用。

某公司项目看板管理系统：

项目编号	项目名称	部门	项目经理	启动时间	结束时间
BJ09003	《有效制订年度经营计划》书籍出版	北京分部	×××	×× .××－×× .××	×× .××－×× .××
SD09006	第二期总裁特训研修班招生管理	客户部	×××		
SD09002	步步高通信合作谈判	客户部	×××		
CO09001	流行美战略规划	顾问部	×××		
CO09003	汇仁职业素养量化	顾问部	×××		
CO09004	汇仁市场研究体系建设	顾问部	×××		
AD09003	知识库建立项目	行政部	×××		
CO09002	流行美全面项目化	顾问部	×××	×× .××－×× .××	

二、项目周报

项目周报是每周对项目的一个总结，通过周报可以将整个项目的实施过程记录下来。项目周报中包含了各阶段任务的分解、存在的问题及风险，还有该项目的资源配置等，与项目相关的人员可以通过项目周报清楚了解该项目目前的进展，已经完成了哪些工作，下一步将要完成什么工作。通过项目周报，相关人员可以随时掌控该项目的实施情况，也为以后项目的实施提供重要的参考价值。

项目周报的格式因不同企业不同项目而不同，以下是某企业某项目周报模板：

日　　期	主要工作内容描述	工作成果	下一步工作安排
周一	与总经办进行项目前期沟通	《合作初步建议书》	签订合作协议
周二	1.资料收集、吸收 2.调研问卷录入	《调研问卷调查报告》	调查问卷分析报告撰写
周三~周五	调研问卷分析报告撰写	《组织发展研究报告》	项目计划书撰写
周四	计划书、合同、保密协议撰写、修改并最终确定	《顾问项目计划》《顾问合同书》《保密协议》	项目计划时间、人力资源分配
周五	项目计划书讨论会	从组织进化模型四个层面对业务流、组织类问题分别给予建议，并且双方达成共识	对合作项目进行时间上的调整

三、一页纸月度工作总结

人的叙述速度大约是每分钟 100 字，阅读速度大约是每分钟 250 字，所以一页纸工作总结的字数应该在 800 字以内，正好符合正常人能集中精神的最大时间 3~5 分钟。所以，月度工作总结尽可能使用明确的数字，量化论据。编撰月度工作总结时使用系统架构进行论证，一般 2~3 个论据支持 1 个论点。报告初步完成再进行排列组合的优化。以下是某企业一页纸月度工作总结模板：

总结人　Author		时间　Data	
部门　Department		职位　Position	
工作状态/Status			
1. 2. 3.			
工作成果/Key Results			
1. 2. 3.			
下一步工作/Next Step			
1. 2. 3.			

四、使用一些项目管理软件

有的企业项目比较多，有的项目比较大，有的几个项目同时进行，管理起来比较复杂，这时可以使用一些专业的项目管理软件来辅助，比如，诗睿企业管理平台。项目管理软件是建立在信息化管理基础上的，可以优化企业业务流程、提高效率、降低成本、扩大效益。

一般项目管理软件有很多细致的功能模块，管理人员想要对整个项目的进展或项目的某个部分进行查看时，只要登录软件点击相应的模块，马上就能获得相应的信息。跟人工项目管理相比，项目管理软件能够快速追踪各项目的进展，节约询问的时间，降低管理成本，提高管理效率。

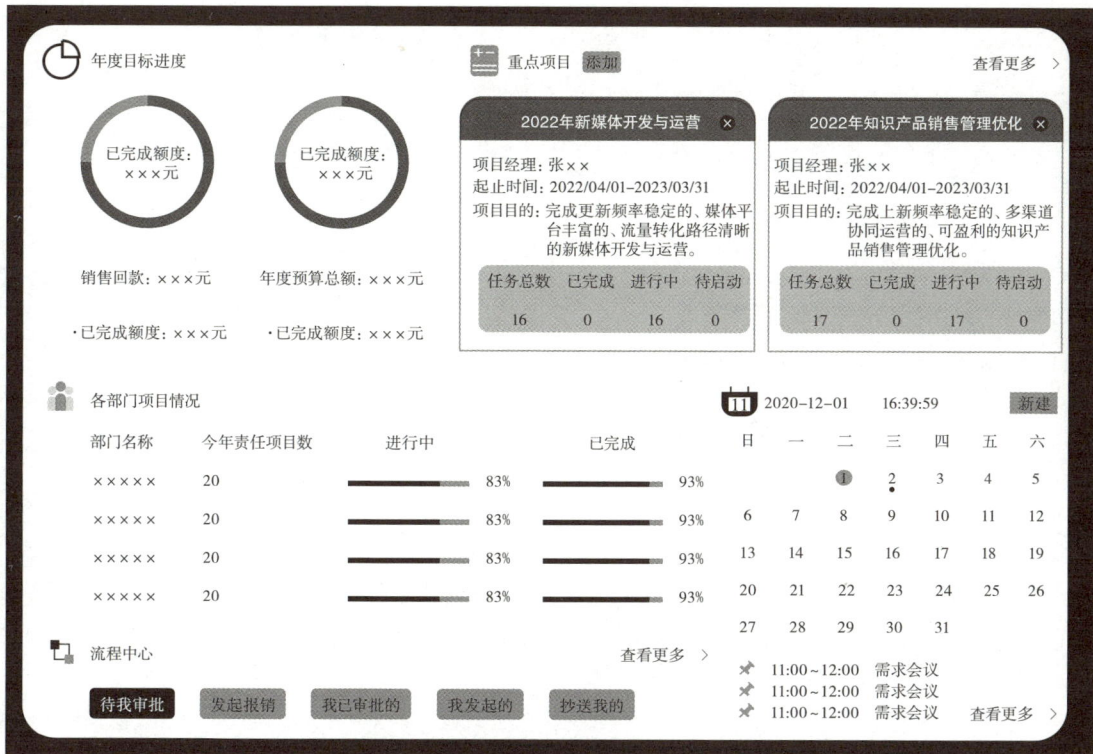

此外，项目管理软件能够拟定完善的工作流程和标准，使管理者对项目的完成情况进行评价和考核时有据可循，能够做到合理考核。不仅提高了企业项目的执行力，而且由于考核的公平合理性，提升了员工的满意度。

思考与行动

1. 你所在企业采用哪些辅助工具来监控项目的执行？

2. 结合你所在企业的实际情况，分析一下企业使用的一些辅助工具的优缺点。

3. 试着改进一下企业所采用的辅助工具。

10

| 第 10 章 |

建立与年度经营计划配套的管理体系

内容提要：

1. 十大契约体系是什么？
2. 如何建立企业职业素养量化体系？
3. 如何让企业有序进化到精英阶段？

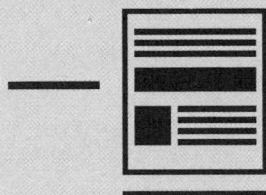

一 本章导读

　　企业想要让制订的年度经营计划有效落实，最后目标得以实现，做好以上几步后，还要建立一个稳定、高效的管理体系。这个体系是年度经营计划的执行基础，它能保证年度经营计划顺利实施。

　　一个稳定、高效的体系，如同化学反应中的催化剂。有了这个"催化剂"，年度经营计划实施起来就会事半功倍；如果没有这个"催化剂"，企业的年度目标可能会大打折扣，甚至夭折。

　　为了建立一个稳定、高效的体系，企业需要建立契约系统，全面整理组织秩序，为执行保驾护航；还要建立职业素养量化体系及高管年薪制，让企业从下到上形成以年度经营计划为核心的新氛围；在这个新氛围下，让企业按照一定的顺序逐渐进化到精英阶段；以后企业就按照这个成熟的体系，一直发展下去，成为一个"百年老店"。

第一节　建立契约体系，为年度经营计划保驾护航

企业想要保证年度经营计划的有效执行，必须在组织内部建立十大契约体系，以契约的形式限制管理者和执行者的各种工作行为，维护一种有序的组织秩序环境。组织经营的方方面面都纳入这十大契约体系中，给年度经营计划创造一个适合生长的土壤，让其在合适的氛围里按照既定的规划将计划变成现实。

所谓契约，就是用各种职责、制度、规程等来规定和约束各种关系。所有管理机构以及管理人员的行为都是由契约来约定，契约要求用相对固定的、清晰的格式，约定好各个层级、各个方面的权利、责任、利益等相互关系。这种约定应该是紧扣主要关系、主要方面的，而不是庞杂的。契约相当于合同，却不等同于合同。

企业要建立的十大契约体系是：战略规划契约、期权契约、制度契约、年薪契约、岗位职责契约、职业发展规划契约、项目管理契约、薪酬激励契约、组织架构契约以及年度经营计划契约。

签订契约双方
需要具备的条件

权、责、利的量化：签约双方必须对自己的权、责、利有明确的界定，而不是模糊地给出一个大体范畴

信任基础：契约双方一定要有履约意愿，就是愿意履行约定

履约能力：契约的履行不仅要有履约的意愿，还要有履约的能力

战略规划契约

企业战略规划生成战略策略，战略策略生成战略型项目，这些战略型项目是企业年度经营计划的重要组成部分，需要所有员工共同去完成。战略规划契约是企业与所有员工签订的一份契约，是领导者与全体员工之间的约定。一旦企业战略目标确定后，所有人都清楚企业正在向哪个方向前进，行为就会统一起来，各层级的执行力就会自然而然地向某个战略方向形成合力，这是契约的约束特性在潜移默化中发挥的作用。

有些企业认为战略是领导者的事，跟下面的执行者无关。执行者只需做好领导安排的工作即可。虽然企业战略规划的制订是领导者的事，但是战略的执行却是全体员工的事。如果企业制订的战略员工不执行，企业没有建立起战略契约的组织，就无法确定统一的行动方案，战略只能是空想。

因此，企业确定战略规划后，要将战略规划向全体员工宣布，让每一个员工都能知道自己企业的价值观是什么，远景在哪里，未来 5 年内要做到什么程度。当每一个员工都清楚企业的目标时，组织整体的执行力就会得到非常大的提升。

期权契约

企业如何才能留住高层人才？如何才能为企业的战略契约找到合适的监控人与执行者？这就需要引入另一个契约形式——期权契约。期权契约是跟战略契约相对等的一种人事契约，它对企业和人才同时存在约束和激励的作用。

期权又称为选择权，是指一种能在未来某特定时间以特定价格买入或卖出一定数量的某种特定商品的权利。它是在期货的基础上产生的一种金融工具，给予买方（或持有者）购买或出售标的资产的权利。期权的持有者可以在该项期权规定的时间内享有选择买或不买、卖或不卖的权利。他可以实施该权利，也可以放弃该权利，而期权的出卖者则只负有期权合约规定的义务。

如果大型企业没有建立期权契约，将会严重影响战略的实施程度。因为战略规划的实现是一个长期的工作，想要一个人在 5 ~ 10 年里长期贯彻战略规划的实施，仅凭优厚的薪酬待遇是远远不够的，这时期权契约就弥补了这种管理空隙。

期权不等于股权，期权不像股权那样会随意分配企业的资本，但它又能同时约束和激励企业和人才。期权契约的表达形式大体如下：

假设一家企业的总资产大约为 1 000 万元，以 1 元为基本单位，将资产分成 1 000 万股股权。

总经理配给起始期权为 100 万元；

各部门总监配给起始期权为 50 万元；

重要项目经理配给起始期权为 10 万元。

在阶段性战略实施过程内，期权持有者有权根据一定的比例享受企业盈利所带来的分红，但不能转让期权。

当达成企业 5 年战略规划之后：

总经理有权将自己掌握的最多 30% 的期权转化为股权；

各部门总监有权将自己掌握的最多 20% 的期权转化为股权；

重要项目经理有权将自己掌握的最多 10% 的期权转化为股权。

期权转化为股权，可以通过购买的形式——通常以一种事先协商的、较低的价格。当然，期权持有者有权选择是否将手中的期权转化为股权，或者仅仅一部分期权转化为股权。如果期权持有者不想持有该企业的股份，那么他则继续持有手中的期权。

当期权持有者完成战略任务退休的时候，企业会一次性将其持有的期权以一定的价格全部收购回来，收购的费用就相当于奖励给期权持有者的退休金。在战略实现阶段，如果期权所有者主动离职，则所拥有的全部期权将清零，也无法享受期权分红。这时候，期权像企业福利制度一样，员工离开企业就无权享受了。

国际上有很多著名的企业都采取这种期权契约。期权契约是股权和薪酬之间的一个缓冲，它能公平地保障劳动者向资产持有者圆滑地转换。这种契约制度既能有效地回报劳动者的劳动付出，又能避免企业盲目性的资产流失。

一名经理人的能力慢慢增强时，就会面临一个大的思想挑战：是自己创业，还是继续在一个优秀的企业里充当重要角色？这时如果有期权契约就会延长经理人和企业之间的合作，甚至延长至终身。这样就有利于企业建立强大、高效的团队，也能让企业团结一大批优秀的人才，使得企业持续地经营下去。如果没有这个期权契约体系，企业将面临人才的流失，尤其是高层人才的频繁流动。所以，期权契约体系是年度经营计划得以实现的强大保障。

制度契约

制度契约是所有契约中最不容易建立的。因为制度的建立不仅意味着对员工的约束，还意味着对领导者权、利的约束，这也是很多管理者不愿意明确建立制度的一个原因。

建立制度契约的时候，要注意制度与规定的区别，不是所有的规定都称为制度。制度是一整套原则，而规定则是根据原则产生的一系列执行标准和执行办法，这两个范畴的管理意义和管理方式是不一样的。随意改变制度会干扰整个组织的环境安危，但是执行标准和执行办法却要根据实际情况适当调整。

现代公司制企业在市场经济发展中已经形成一套完整的企业组织制度，其特征是：所有者、经营者和生产者之间通过公司的权力机构、决策和监督机构形成各自独立、权责分明、相互制约的关系，并通过法律、公司章程得以确立和实施。公司组织结构一般是建立股东会、董事会和监事会。股东会是企业的最高权力机构，董事会是企业的决策机构。总经理是董事会聘任的负责企业日常经营管理活动，对企业的生产经营进行全面领导的经营管理者。

制度契约是一个企业的制度环境，是刚性的，也是必须要做到的。即便做不到，也不要把规定写到制度中，规定只能作为规范或者执行标准参考执行。只有这样，才能维护制度本质的价值，才能真正用制度维护企业环境。否则就会出现"指鹿为马"的情况，就会出现谁有权力谁就是制度，也会出现几个人就可以代表整个企业的情况。

有的企业明面上一套规则，背地里还存在一套潜规则。因为潜规则总是取得最后的胜利，所以员工都趋于寻找潜规则的支持，这使得潜规则一再被强化，最后让明面上的规则形同虚设。因此，制度契约是维护组织环境的必备契约，如果没有制度契约的约束，年度经营计划将不能得到有效执行。

年薪契约

> 年薪又称年工资收入，是指以企业会计年度为时间单位发放的工资收入，主要用于经理、高级职员的收入发放，称为经营者年薪制。年薪制是一种国际上较为通用的支付企业经营者薪金的方式，它是以年度为考核周期，把经营者的工资收入与企业经营业绩挂钩的一种工资分配方式，通常包括基本薪酬（基薪）和绩效薪酬（风险收入）两部分。

年薪制是对企业的经营管理者或者其他创造性人才，以年为单位确定报酬方案，并根据个人贡献情况和企业经营成果发放报酬的重要契约。

为员工发放薪酬，一个根本的目的是让员工承担必要的责任，完成自己应做的工作，为企业创造效益。年薪契约的构建也是出于这种考虑，让高层管理者在承担必要责任的同时，为企业创造更高的经济效益。

在年薪契约中，高层管理者的年薪主要由基础薪酬和绩效薪酬组成。企业在构建年薪契约时，需要先按照高层管理者的职级为每个人确定好具体的年薪总额；然后根据设计好的年薪比例，确定出每个高层管理者的基础薪酬和绩效薪酬。这之中，基础薪酬多是按月发放，而绩效薪酬一般是季度发放或年度发放。

基础薪酬　　　　　**绩效薪酬**　　　　　　　　**年薪**

年薪中每月固定
发放的部分

年薪中，经财年考核
个人表现后，年底发
放的部分

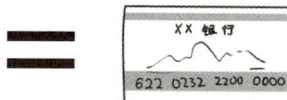

适用于企业高级管理者（总经理、副总经理、一级部门负责人 / 总监、二级部门负责人）

年薪契约是强化企业管理者管理意识的重要契约，它不是一个简单的薪酬公式。企业在签订年薪契约的时候，必须把年薪结构建立起来——基础薪酬一般跟制度和管理的指标连接，而年底的绩效薪酬则跟工作的最终结果连接，这样才能充分发挥年薪制的特点。

具体执行的时候，企业会根据自身实际情况设定年薪等级，一般从 20 万元到 200 万元不等，其中部分年薪按月度发放，部分等到年底才发放。比如，一家企业规定总监的年薪是 32 万元，其中 60% 按月度发放，剩下 40% 等年底的时候再发放。这意味着，该总监每月发放的薪酬是 1.6 万元，剩下的 12.8 万元等年底的时候再发放。

年薪 = 基础薪酬 + 绩效薪酬

基础薪酬与绩效薪酬按一定比例进行划分，如下所表示：

基础薪酬权重	绩效薪酬权重
60% ~ 80%	20% ~ 40%

绩效薪酬：以财年为单位进行考核，考核达标后发放

绩效薪酬=总年薪×绩效薪酬权重×年度目标达标率×个人绩效考核得分率

注：当企业年度目标达成率≥85%，所有与年薪相关人员才可享有绩效薪酬

基础薪酬：按月度发放，作为对部门日常管理的结算

考核维度：直接下级遵守企业规定情况

档 级		总年薪（元）
E档	E4	200万
	E3	182万
	E2	164万
	E1	146万

续表

档　　级		总年薪（元）
D档	D4	130万
	D3	120万
	D2	110万
	D1	100万
C档	C4	88万
	C3	80万
	C2	72万
	C1	64万
B档	B4	56万
	B3	50万
	B2	44万
	B1	38万
A档	A4	32万
	A3	28万
	A2	24万
	A1	20万

这样做是为了让企业高管对结果负责。因为这些高管参与了年度经营计划的制订，年度目标是大家一起定的，工作方法、工作项目、工作内容也是大家一起定的，所以需要对这个计划负责。如何评测负责的程度呢？就是通过年薪来体现的。国际企业通常规定，只有年度目标达成率超过85%，所有高管才能拿到年薪中属于年底的那部分。这也意味着，如果最后年度目标没有达到计划的85%，参与制订年度经营计划的高管就不能全部拿到年底的那部分薪酬。

固定薪酬	按月度由总经理进行考核，指标如下： ·部门员工遵守企业制度 ·跨部门协调
绩效薪酬	绩效薪酬=总年薪×绩效薪酬权重×年度目标达标率×个人绩效考核得分率 注：企业利润目标达成率≥80%且个人绩效考核分≥60分时，方可享有绩效薪酬

高管们拿到年薪的多少，通常用七项指标去考核。这七项指标分别是：销售

收入、利润率、人均利润、部门项目达成率、部门组织提升、流程建设和前端部门满意度。

在考核指标设置上——前端部门的指标，如市场部、销售部的指标会与企业销售业绩挂钩；后端部门的指标主要与部门管理水平挂钩；那些采购费用支出比较大的部门，如行政部、产品供应部的指标则会与企业利润目标达成率挂钩。

年底的时候，企业根据之前设置好的指标对高管进行考核，根据考核得分对这些高管进行排名。比如，排名靠前的高管，前两名的年薪可以升一档，他的年薪如果是 36 万元则可以晋升为 40 万元；如果排名靠后，如最后一名那就降级，如果其年薪是 36 万元，则降为 32 万元。如果连续三年一直保持第一，那么年薪增长的幅度要更大一些，这样才能激励每个高管更加努力。

考评完成后，还有一个得分，就是看年度计划实际完成了多少。如果满分是 100 分，实际拿到了 90 分，则年底实际应得的年薪就应该是原定的 90%；如果只拿到了 70 分，则年底实际应得的年薪应该是原定的 70%。也就是说，各部门总监想拿到年底的薪酬也是有条件的，是根据各自的表现拿的。

下面以案例来具体说明：

假设有个市场总监的总年薪是 50 万元，其中，绩效薪酬为 30%，那么他的绩效薪酬为 15 万元，固定薪酬为 35 万元。

如果这个市场总监想要拿到全部 50 万元年薪，那他需要完成企业销售目标达成率、利润目标达成率、部门年度计划项目达成率、部门组织提升、部门流程建设这五项指标，其中，企业销售目标达成率的权重为 30%，利润目标达成率的权重为 20%，部门年度计划项目达成率的权重为 30%，部门组织提升的权重为 10%，部门流程建设的权重为 10%。

现在假设到财年年末时，该市场总监的企业销售目标达成率为 100%，利润目标达成率为 100%，部门年度计划项目达成率为 80%，部门组织提升达成率为 90%，部门流程建设达成率为 100%。

则该市场总监的企业销售目标达成率为 30%×100%=30%，公司利润目标达成率为 20%×100%=20%，部门年度计划达成率为 30%×80%=24%，部门组织提升达成率为 10%×90%=9%，部门流程建设达成率为 10%×100%=10%。

这样，各个考核指标加权后的达成率便为 30% + 20% + 24% + 9% + 10%=93%，可以看出，该总监并没有获得全额 100% 的绩效薪酬。通过公式计算该市场总监本财年的绩效薪酬为：50×30%×100%×93%=13.95 万元。

市场总监

总年薪：50万元，绩效薪酬占比30%

	销售目标达成率	利润目标达成率	人均利润目标达成率	部门年度计划项目达成率	部门组织提升	部门流程建设	前端部门满意度
考核指标	30%	20%	0%	30%	10%	10%	0
财年达成情况	100%	100%		80%	90%	100%	
考核指标乘以权重后达成率	30%	20%		24%	9%	10%	
各个考核指标加权后达成率	93%						
市场总监该财年绩效薪酬	50×30%×100%×93%=13.95万元						

企业通过年薪契约，打造出一支优秀的高层管理团队。这样的团队带领一个高效团结的组织，就可以实现经营计划中的目标。

岗位职责契约

企业建立全面量化管理岗位职责契约时，注意岗位职责要明确。所谓职责，"职"就是工作范围，意思是工作到底由谁来做；"责"就是工作要做到什么程度，用什么标准来进行评价。

有些企业的岗位职责看起来好像很明确，《岗位说明书》就有几十条甚至上百条，有的甚至将细节都写了出来，比如"要服从上级领导的一切安排"。这真的是明确吗？

岗位职责，是指企业根据劳动岗位的特点，对上岗人员的条件提出的综合要求。它是企业劳动管理工作的基础，是组织生产和进行内部工资分配的重要依据，对于加强企业劳动科学管理，建立培训、考核、使用和待遇相结合的机制具有重要作用。

本节一开始就说了，有效契约建立的第一个要求就是双方责、权、利的量化。"服从上级领导的一切安排"这样一个宽泛、模糊的概念，量化在哪儿呢？几十条甚至上百条的《岗位说明书》又有几个员工能记得住，这样的组织会有执行力吗？

这不是企业所需要的岗位职责。全面量化的年度经营计划所需要的岗位职责契约是下面这样的：

项目经理的岗位职责只有一个，就是完成上级部署下来的项目。在项目单上，时间要求、质量要求、评估标准等都写得很清楚，并且每个部门有每个部门的项目单。下发给财务部的项目单不可能让销售部来负责，销售部只执行销售部的项目单。不过销售部某个项目的执行结果可能要接受财务部的指标评估，但是这样的评估不会在岗位职责里标注，而是通过项目管理模块化，将责、权、利高度集合起来，以具体工作项目的形式统一考量。

对于总监，其岗位职责其实也是管理项目，不过跟项目经理只管理某类项目不同，他们要广泛地关注总体项目的达成率，所以总监的岗位考核要根据一系列项目的完成情况，其所负责的部门所有营销或者业务层面的项目，都是他的职责所在。

对于主管级别执行者，其岗位职责是以任务的方式列表。比如，一个广告开发项目，包含概念开发、脚本制作、广告测试、投放跟踪等很多个关键任务，主管可能负责其中的几个任务，也是要从任务完成的质量和达成率两个方面综合考核主管能力。

通过建立这样的岗位职责契约，企业就能责任清晰，考核也能公平、公正，全年经营计划也能顺利推进。

系统 / 计划经理岗位职责界定思路：

系统/计划经理使命		职责要素	要素说明
业务类	系统运转效率	计划制订	企业/部门层级的计划
		工作监控与总结	计划进展监控与项目费用预算指导
		工作指导	协调各类项目费用预算指导
		工作权限	审批计划/项目、项目追加/删减、费用预算/支出

续表

系统/计划经理使命		职责要素	要素说明
组织类	系统的稳定性	部门日常管理	关联企业或部门常规事务及人员关系
		跨部门协调	协调多部门项目、任务、人员关系
	系统成长与发展	组织结构优化	组织架构设置与运作规则建立
		组织提升	个人素养提升及团队建设
		流程优化	组织内业务流程优化

职业发展规划契约

达成契约的第三个条件就是履约能力，注意这个履约能力针对的是企业和员工两个方面。对员工来说，履约能力体现在实现自己的岗位职责上；对企业来说，履约能力体现在当员工职业素养分积累到某种水平时，企业要有为其提供合适工作岗位的能力。这就是职业发展规划契约的成因。

一般来说，当新员工加入企业后，首先要接受基础素养的培训。当积累一定职业素养后，证明他可以胜任一般执行者的角色，他的职业发展规划路径如下图：

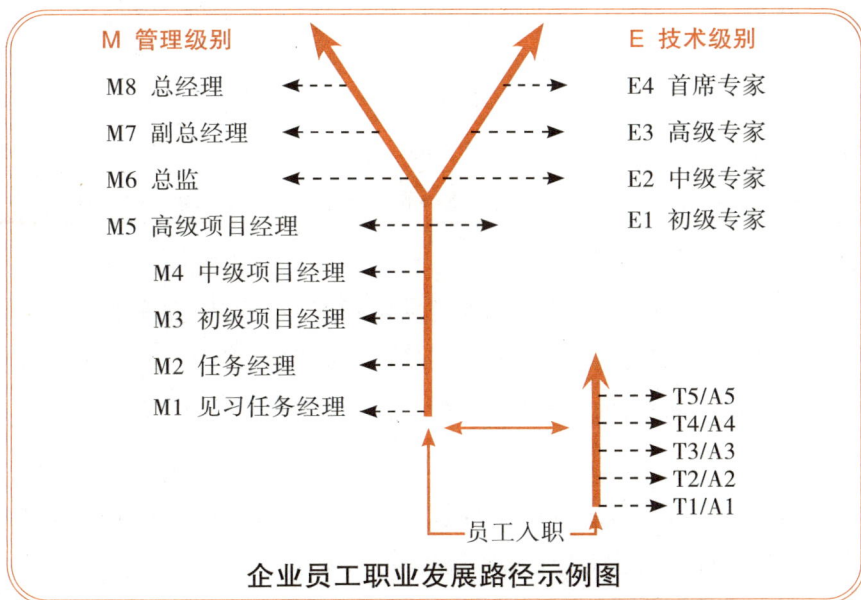

企业员工职业发展路径示例图

　　这时，员工可以按照职业发展规划契约接受相应的培训，通过考核后获得相应的职业素养，当职业素养分积累到某个级别时，就可晋升为见习任务经理、任务经理等职位。

　　一般员工升到 M4 以后，其职业发展规划可以选择技术方向或者管理方向，最好还是两方面都要懂，因为只懂一方面很难将工作做好。考虑到职业发展规划的实用性，企业在规划的时候可以把技术和管理两方面能力综合起来，根据企业的客观情况，员工可以略有侧重，这样能让员工真正觉得发展空间无限。

能力分类	提升能力点	提升路径	通过得分	对应级别
基础素养		培训考试	×分/门	M1
		演讲考核	×分/门	
		培训考试	×分/门	M2
		培训考试	×分/门	M3
		项目书面文件评估考核	×分/次	
		培训考试	×分/门	M4
专业素养		培训考试	×分/门	T5
		素养汇报	×分/门	T6
管理素养		培训考试	×分/门	M5
		360度管理测评考核	×分/次	M6
		年度KPI考核	×分/次	M7

项目管理契约与薪酬激励契约

　　项目管理契约和薪酬激励契约二者是紧密相连的。项目管理主要要求员工怎么做事，而薪酬激励是做了事后的激励，是责任和利益相对应的体现。项目管理是薪酬激励的基础，薪酬激励是项目管理的保障，好的激励体系，可以促进项目更好达成。

　　因为前面在《卓有成效的项目管理者》这本书中讲述过，就不再重复，这里主要讨论与项目管理契约相对应的薪酬激励契约体系。

> 薪酬管理体系是企业的分配管理机制，一名员工能否在企业中发挥自己的才能，包括能否稳定长期地从事工作，从根本上说取决于企业能否为员工提供一种公平的管理制度。设计一种公平、合理、具有竞争力的薪酬制度，是企业管理者必须要做到的工作。

薪酬激励契约必须要让每个员工清晰地计算出自己应得的报酬，而不是依据直属管理者的印象测算奖金或薪金。因此，企业有必要建立如下薪酬激励管理体系。

W（总工资）=Wf（固定工资）+Wb（绩效工资）

Wf（固定工资）：员工基本生活保障，与级别有关，与日常工作表现关系较小。

Wb（绩效工资）：关系到考核业绩，与级别无关，与日常工作表现关系较大。

A（职业素养分）：根据员工职业素养综合能力的评估，确定每一个员工的职业素养分，该数值随着员工职业素养能力的提升而提升。

Wf（固定工资）=A（职业素养分）× S_{u1}（转换系数）

S_{u1}（转换系数）：基本工资转换系数，该转换系数随着企业发展的不同时期，由企业人力资源部统一调整。

Wb（绩效工资）=TOU（积分项目）× Q（项目评估）× S_{U2}（转换系数）

TOU（项目积分）：TOU=T×O×U，其中，为 T（时间），项目历时时间越长，分值越大，该分值设有 1 分到 5 分五个等级；O（操作复杂度），根据项目复杂程度将 O 值设为 1 分到 5 分五个等级；U（不可控性），U 值可划分为 1 分到 5 分五个等级。

Q（项目评估）：Q=8X+2Y−N，X= 达成目标个数 ÷ 目标总数，Y=1−（实际完成天数 − 目标天数）÷ 目标天数，N 是因违规所扣的分，企业可以统一规定每违规 1 次扣多少分，这样就能计算出 N 值了，建议违规一次扣 0.1 分（仅供参考）。

S_{u2}（转换系数）：绩效工资转换系数，该转换系数随着企业发展的不同时期，由企业人力资源部统一调整。

这样，通过对 TOU（项目积分）、Q（项目评估）的综合评定，就能清楚地算出每个员工做了哪些工作、工作的质量如何以及应该得到多少绩效报酬。企业的薪酬系统经过这样的改进，能让每一个员工劳有所获，不会出现有人莫名其妙地拿了很高的工资，也不会因薪资问题引起员工与员工、员工与领导之间的不和睦。

组织架构契约

企业的组织架构相当于一个炉子，管理效果相当于这只炉子释放出的热量，而人才、资源等就是放入炉子里的煤，一个卓越的企业运营相当于用最少的煤获取最大的能量。管理工作其实就是设计出一个特别好的炉子，让所有的煤进来以后都充分燃烧，并释放出最大的热量。这是我们研究建设组织架构的意义，也是管理的意义。

通常，国际一流企业都是通过营销价值链来构建本企业组织架构，以最前端的、最贴近市场和客户的需求为导向，然后根据需求生成策略，再根据策略转化为经营行动。而组织中的各个部门，正是为了解决需求传递与策略生成过程中的关键流程点问题。

组织架构也是一种契约，通过契约的约束力来定义组织中各个部门的职能和关键词。这句话的意思是，通过契约的形式来规定各部门的责任、权利、义务，使其发挥出各自的专业素养，从而达到管理效率的最大化。

年度经营计划契约

年度经营计划也产生于营销价值链模型，它和组织架构相辅相成、紧密配合。可以说，如果没有一个有效的组织结构模式，年度经营计划就是纸上谈兵；如果没有一个合理有效的年度经营计划，组织就无法确认某个部门实现职能的合理性。组织中的各个部门在实现自己职能的同时，也就完成了本年度经营计划的重点工作。

其实，年度经营计划是用契约的形式，强调并确认组织中各个部门本年度应该完成的重点工作。所以说，制订年度经营计划不仅仅是下达任务指标的过程，还是督促、考核与管控的过程。制订年度经营计划不是一件简单的工作，要综合考虑企业内外部环境、资源、能力、人才等因素，才能规划出一条最合理的经营发展路径。有了合理的年度经营计划，组织才会不断进步。

关于十大契约的进一步介绍，读者可参考《卓有成效的企业量化管理》一书。

思考与行动

1. 检查一下你所在企业有没有设置十大契约体系？

2. 如果没有十大契约体系，看看存在什么问题，有什么措施可以改进？

3. 如果已经设置了十大契约体系，看看有什么地方没有做好？有什么方法可以改进？

第二节　全面项目化与职业素养量化

　　企业想要制订、执行年度经营计划，在做事方面需要建立全面项目化量化体系，在对人方面需要建立职业素养量化体系。

一、对事——全面项目化

　　全面项目化是在项目管理的基础上，将企业内部所有的工作以项目为单位，以结果目标为导向进行的统筹。这相当于将组织内部纷繁复杂的事务性工作和组织性工作全面格式化，分门别类地包装成工作项目的形式。注意：实行全面项目化的企业，其常规型工作将打包生成常规型项目，具体如下图所示。

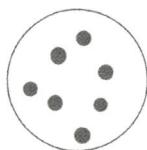

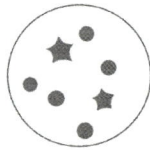

事件管理	重点事件管理	项目管理	全面项目管理
特点： A.随机性 B.主次/轻重不分	特点： A.注重重点事件	特点： A.优化重点事件的质量与流程 B.科学化、规模化管理重点事件	特点： A.不分轻重，统一管理 B.以目的为指导，由体到面

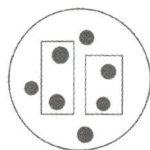

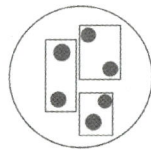

举一个简单的例子来说明。

搬家这项工作，有四种主人：

第一种主人——他们不做任何准备，直接指着房间里所有的东西对搬家公司说："搬吧，就这些！"结果，搬到新家之后，所有的物品都杂乱无章，需要花费很大力气、很多时间去整理，并且在搬家的过程中可能还会损坏、丢失许多物品！

第二种主人——他们对搬家做了简单的规划后，就对搬家公司说："搬吧，注意这些东西，要轻拿轻放；这些是贵重的东西，小心保管……"搬到新家后，重点物品虽然妥善处理了，但其余大部分东西仍然是摆放杂乱，收拾起来仍旧很麻烦，办事效率依然很低！

第三种主人——他们先对所有要搬的东西进行了简单的、粗略的打包装箱，然后对搬家公司说："搬吧，总共 23 只整理箱，搬到新家后我要查验。"这样，物品似乎都得到了妥善的安置，但由于打包的物品没有归类，物品数额也不详细，还是会发生物品找不到、整理过程烦琐的现象。

第四种主人——他们对搬家这件事情从头至尾做了规划，对所有物品的装箱、保护措施等进行了详细的安排。将所有物品按照一定的标准放到箱子里，并且清晰地标注属性。易碎的东西注明"小心轻放"，怕潮的东西注明"防水防潮"……搬到新家后，所有的物品都井井有条，一件没有损坏，一件没有丢失。

企业对事件管理的成熟度就如同搬家，最初只是随机管理，对工作没有任何划分，哪个在手边，就会关注哪个，就像小孩子做事情，想做什么就做什么，有很大的随意性。第二个阶段是对重点事件管理，工作内容有主次之分，并且按轻重缓急做了分类，像一个青年人，思想成熟些了，有一定的判断力了。第三阶段是有规划的重点事件管理，把重要的工作按项目进行管理，如同中年人，开始意识到必须用多大精力保证哪个项目的顺利完成，在质量和投入上开始博弈。第四阶段是全面项目化管理，把所有的工作分门别类，一体关注，这时企业成熟度已经到了"知天命"的年龄，一切尽在掌握之中。

全面项目化是企业制订、执行年度经营计划的必要基础之一，也是企业提高执行力必要的保障。只有把企业经营过程中的每一个项目量化，才能制订出切实可行的年度经营计划，才能真实有效地监督保障经营计划的顺利实现。

二、对人——职业素养量化体系

所谓职业素养量化体系就是以职业素养分为单位，用培训和考核的方式，对员工的职业能力、职业素质以及岗位胜任能力进行综合评估的过程。

企业可以通过这个体系，将个人的能力用职业素养分度量出来，让人一目了然。这样员工与组织都能清晰地看到个人能力、岗位需求之间的契合程度，能帮助组织发挥人力资本的最大效用，也能帮助员工实现职业生涯的最优规划。

职业素养量化体系是帮助员工更适合企业不同岗位的工作（简称让员工称职Fittouse）。长期的研究与实践得出结论，职业素养可以分为三个方面来衡量，即：基础素养、专业素养、管理素养。

	基础素养		听 说 读 写 行
能力	专业素养	公共专业素养	企业基础专业知识 企业运作原理 消费行为学 组织行为学
		岗位专业素养	专业素养点1 专业素养点2 专业素养点3 ……
	管理素养	知	管理素养课程1 管理素养课程2 ……
		行	对人管理能力 综合管理能力

企业可以参考以下方法设置职业素养量化体系。

企业招到新员工时，按照下面的表格进行岗前培训和考核（也可根据企业特点和具体岗位需求制作适合自己企业的基础素养表格），将新员工获得的分数填入对应的部分，并选择相应的基础职业素养分积累方式。

基础素养

分类	主要培训内容	考核结果	职业素养分	带教负责人
听	聆听与理解；增强聆听能力；有效提问；锻炼思考与解决问题的思维能力		2分	
说	口头工作汇报；信息反馈技巧；演讲、销售技巧培训；掌握演讲控场技巧		2分	
读	基本商务词汇专业概念；学会读月度专业商务报告；信息收集能力培训		2分	
写	学习计划书、各类报告、商务文书撰写；专业模块对等训练（绘图、制表等）		2分	
行	项目管理原则；执行技巧训练；岗位工作流程培训；统一行为模式		2分	

当新员工的基础职业素养分达到 10 分时，可转为正式员工，这表明该员工通过了职业基础素养的考核，能够胜任某些岗位。

该员工转入某个具体工作岗位后，继续通过专业和管理方面的培训学习，积累相应的专业知识和管理知识，通过相应的考核，可以继续晋升。

专业素养

公共专业素养	提升分值	岗位专业素养	提升分值
企业运作原理	××分	人力资源部素养点	×点/分
消费者行为学	××分	总经办素养点	×点/分
组织行为学	××分	销售部素养点	×点/分
生产安全知识	××分	市场部素养点	×点/分

管理素养

知	提升分值	行	提升分值
组织行为学	××分	综合管理能力	××分
人才能力分析	××分	对人管理能力	××分
员工职业发展规划	××分		
团队建设	××分		
流程规划与建立	××分		
部门行政管理	××分		
跨部门沟通	××分		
全面项目化管理	××分		
组织建立与规划	××分		
战略规划	××分		
企业文化建设	××分		

　　通过这样一套职业素养量化体系，企业可以很快在内部找到自己所需要的岗位人才，员工也可以通过这个体系了解自己的能力、规划好自己的职业生涯。这样一套体系，可以让企业不再为招聘和培训工作的无序而烦恼，也可以为年度经营计划的实施储备人才。

思考与行动

　　1.你所在的企业有相应的人才培养体系吗？与这个职业素养量化体系相比有什么优缺点？

　　2.如果你所在的企业想要建立一套职业素养量化体系，需要做哪些工作？

第三节　让组织有序进化到精英阶段

企业刚开始实施年度经营计划时，可能会对组织架构进行一些必要的调整，有时要合并一些部门，有时要裁掉一些部门。企业不管对组织架构做什么调整，都要严肃对待。因为此事关系重大，为了保证平稳过渡，组织架构调整要循序渐进。

随着年度经营计划的不断推进，企业会不断发展，组织也在不断进化。组织在设计进化道路的时候，要注意保证平衡性原则。所谓平衡性原则，就是企业各个层级、部门、职能同时改进以推动组织整体向更高阶段发展。在量化管理思想体系下，组织进化之路必须遵循"协作阶段——专业阶段——精英阶段"的平衡发展进化顺序。

第一阶段：协作阶段

企业在实施年度经营计划前，组织是无序的。这时要将无序的组织变得有序起来，这是组织进化的第一阶段。在这个阶段中，组织要完成很多基础工作的梳理与调配，其中包括确定企业的战略规划、全面项目化改造以及导入职业素养量化管理系统、培训全体员工的基础职业素养（前面有介绍）；在这些基础上，开始逐步完善梳理企业的组织结构形态，明确组织中各部门关键职能。只有做完这些基础工作，才能确保年度经营计划制订方法的科学性，也才能保障年度经营计划得到有效执行。

第三阶段 精英	文化	管理大学	创新	V3.0人均利润 20万～50万元
	全面项目预算值			
第二阶段 专业	制度 年薪制 期权	岗位职责 职业发展 项目管理 薪酬激励	流程标准化	V2.0人均利润 10万～20万元
	年度经营计划			
	组织架构			
第一阶段 协作	战略规划 专业市场部 / 系统监督体系	全面项目化 职业素养量化	习惯 基础素养	V1.0人均利润 5万～10万元
	领导者	管理者	执行者	
	组织进化路径图			

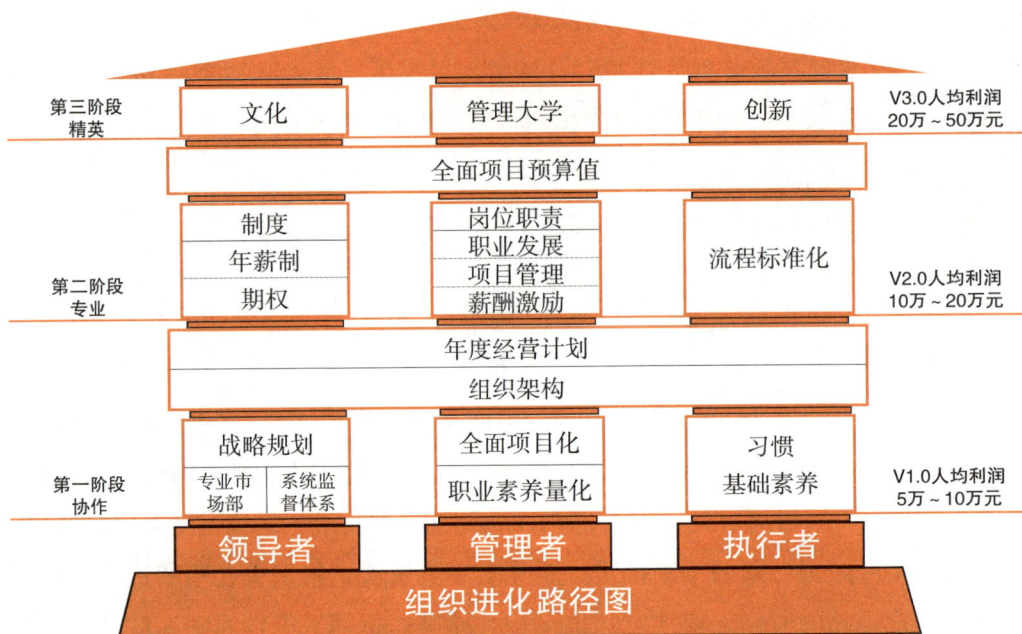

第二阶段：专业阶段

组织完成第一阶段的目标后，就可以进入第二阶段了。专业阶段是打造组织核心竞争力的关键阶段，是协作阶段的进一步深化，其主要任务是在协作阶段的基础上，建立组织内部十大契约体系（前面有介绍），营造有序的、合理的、高效的组织环境。

对管理层来讲，专业阶段的主要工作任务是建立企业制度契约。制度体系相当于企业内部的法律规范，是维护组织环境最有力的武器，也是建立组织秩序必不可少的重要工具。需要提醒的是，制度体系是一柄双刃剑，合理的、严谨的、权威的制度体系能激活组织的竞争活力，但歪曲的、疏漏的、松弛的制度体系也是摧毁组织竞争活力的杀手。除此之外，企业要建立年薪制契约和期权契约，将高层人才焊接到组织关键点上，为进一步完善组织形态做好准备。

对管理系统来讲，专业阶段的主要工作是深化项目管理体系，让每一件工作都以项目为单位加以度量。企业要建立合理的薪酬激励契约、完善岗位职责契约与职业发展契约，这三大契约是量化管理系统必备的契约，对留住人才有不可估量的作用，如果不用心维护，势必把企业变成一所"职业学校"，培养出一批人才就流失一批人才，这对企业来说是一笔很大的损失，要注意避免。

对执行层面来讲，专业阶段的主要工作是建立全面系统的工作流程，将每件可以量化的工作规范化、流程化。建立标准的作业流程，将大大节约企业人力资源成本和培训成本。它能够让每个执行者根据流程规定、根据组织积累的宝贵经验完成岗位工作。因此，协作阶段的归档工作就显得特别重要，只有把成功的经验和失败的教训按条理总结起来，才能建立企业内部的数据库，才能让后来人有规可循、有证可查。

在这些基础上，企业就可以实现全面预算制管理了。全面预算制管理是年度经营计划系统的升级版，是在合理有效地制订年度经营计划的基础上，准确地预算每年的成本和收益，这就是"运筹帷幄"的管理境界——在布置工作的时候，就已经看到了工作的结果。

第三阶段：精英阶段

精英阶段是组织进化的最高阶段，这种组织形态在世界范围内都不多见，一般拥有这种组织形态的企业在行业中大多处于垄断地位。

在这种组织形态中，领导者的经营观念已经脱离处理具体任务的范畴，进入经营文化的境界。领导者所要做的就是维护组织文化氛围，为文化的传承而努力；管理者也将进一步整合组织秩序。这时企业将建立自己的管理"大学"，定期为企业培养输送合适的人才。在企业自己建立的管理"大学"内，组织成员得到专业的、有针对性的学术培养，管理"大学"专门为组织量身订制培育各类型的精英。

在精英型组织中，执行者的创新意识被激发，不再墨守成规地局限于规范化的执行标准，而是在标准的基础上创新优化，不断改良标准，用新规范取代旧规范，推动组织执行效率的提高。

企业从协作阶段进化到专业阶段，再进化到精英阶段，其组织文化、职业素养、管理体系、操作流程都会发生很大的变化。它们的对比如下。大家可参考下表判断企业目前处于哪个阶段，还有哪些需要提高的，尽快让组织进化到所需要的状态，便于施行全面量化的年度经营计划。

组织文化进化各阶段对比简表

文化版本	V1.0协作文化	V2.0专业文化	V3.0精英文化（计划+专业+协作）
核心价值观内容	团队协作 合作互信 传承 纪律严明	追求进步 主动进取 勤奋工作 突破自我	主人翁精神 社会责任感 创新

职业素养进化各阶段对比简表

	基础素养	专业素养	管理素养
V1.0	75分以上	60分以上	60分以上
V2.0	90分以上	80分以上	80分以上
V3.0	90分以上	90分以上	90分以上

管理系统进化各阶段对比简表

管理系统	V1.0	V2.0	V3.0
战略	企业战略规划	品牌或品类发展规划	部门级战略发展规划
计划	公司层面年度经营计划	品类层面年度经营计划	品牌层面的年度经营计划
组织架构	重点模块专业协作模式	一级部门专业协作模式	二级部门全面专业协作模式
管理模式	重点项目化管理	全面项目化管理	全面项目化预算制
岗位职责	重点模块项目/任务式职责体系	项目/任务式职责体系	
薪酬激励	混合（结果+过程）型薪酬	过程导向型薪酬	年薪/期权制薪酬
培训	重点专业素养 全面专业素养	重点管理素养 全面基础素养	全面管理素养
招聘	结构化招聘体系（经验导向）	复合式结构化招聘体系（专业导向）	复合式结构化招聘体系（管理导向）

操作流程进化各阶段对比

标准流程系统	V1.0	V2.0	V3.0
市场类	年度经营计划	广告量化管理	市场信息量化管理
	品牌量化管理	媒介量化管理	
		促销量化管理	
销售类	终端量化管理	终端量化管理	
研发类	产品应用研发专业流程（含产品审评）	产品外围性能研发专业流程	基础研发系统建设
		工艺技术优化专业流程	技术/法律专业流程建设
人力资源类	职业素养体系 结构化招聘体系 基础素养培训体系	全面专业素养培训体系 重点管理素养培训体系	管理"大学"体系建设
	重点专业素养培训体系 混合型薪酬体系	职业素养提升量化管理 职业生涯规划量化管理	年薪/期权制薪酬体系
财务类	常规财务标准化流程建设	财务规划与预测标准流程建设	资本管理标准流程建设
生产类	制造/质量控制专业标准流程	采购与储运专业流程	OEM专业标准流程建设

思考与行动

　　1. 企业要施行年度经营计划，组织结构上要做哪些调整？想一想为什么要做这样的调整？

　　2. 观察组织调整后企业发生了哪些改变，对其利弊进行总结与分析，然后考虑可以做哪些适当的调整。

11

实施年度经营计划时经常遇到的问题

内容提要：

1. 什么时候可以实施全面量化的年度经营计划？
2. 如何开始年度经营计划？
3. 如何选择年度经营计划的负责人？
4. 企业实施年度计划以后，之前的管理系统还能使用吗？
5. 实施全面量化的年度经营计划需要多长时间？
6. 年度经营计划跟阿米巴模型有什么不同？
7. 如何解决预算跟年度经营目标之间的矛盾？
8. 企业每年立项时需要注意些什么？

一　本章导读

本章是全书的总结与反思，也是我多年实践经验的总结。

在多年的管理实践活动中，我指导过很多企业制订执行以量化管理为基础的年度经营计划，遇到过很多这样或那样的困扰企业的问题。这些问题的出现，一方面说明量化管理系统还要持续改进，以适应千变万化的市场环境；另一方面，也暴露出企业管理脆弱的地方。

量化管理体系是一套操作系统，它不是孤立的，而是能够与其他管理工具、方式方法相兼容，取长补短，配合使用的。不同企业在制订和实施年度经营计划的过程中，经常会出现一些极其相似的问题。这说明，这些问题不是个例而是多数企业的共性，如何解决这些问题是将理论转化为实践的重中之重。

这里我将年度经营计划制订和执行过程遇到的一些典型问题列举出来，分析其产生的原因并提供相应的解决策略，希望对读者有所帮助。

第一节　看完这本书，就可以全面施行量化的年度经营计划吗

笔者在多年管理咨询和授课过程中发现，很多企业管理者听完课后突然信心大增，产生全面改革的冲动，于是马上对企业进行大刀阔斧改革，从组织架构上开始梳理，然后全面项目化。改革的幅度非常大，可以说折腾得天翻地覆。

不过，最后的结果却不尽如人意，不仅管理者所期待的结果没有出现，还产生了很多不良后果。比如，组织环境的动荡，造成人员非理性的流动，甚至成批的离职；再有就是部门经理都不知道自己该做什么了，原来习惯的工作方式被摒弃，队伍也带不好，业绩也出不来。

这是为什么呢？是年度经营计划先天不足吗？但是，那些国际一流企业普遍采用这种方式都挺好，为什么自己的企业实行起来却不行呢？这是因为年度经营计划是一家企业经营能力及组织能力的综合体现，同时，年度经营计划的制订和实施过程需要跨部门协同配合，很考验企业经营的基本功。企业在实施之前要做好准备，如果没有做好准备，贸然实施就会收不到理想的效果。

根据多年深入的分析，可以找到企业年度经营计划执行不力的根本原因，企业想要将年度经营计划科学执行下去，需要注意以下几点：

第一，每家企业都是不一样的

世界上没有完全相同的两家企业。尽管可能在同一领域、同一行业，会有几家企业的经营模式十分相近，但绝不可能完全相同。每家企业都有自己独立的个性，比如，人才结构、企业文化、领导者人格特征等，这些都会有差别。所以德

鲁克说，管理既是技术也是艺术。管理的技术性表现在千差万别的管理思想、管理工具、管理方法都有内在的逻辑性，可以被总结形成公认的、一致的管理学；而管理的艺术性则更多体现在领导者个性方面，比如，比尔·盖茨的严谨，乔布斯的浪漫，索罗斯的狂妄，巴菲特的稳健等。这些都直接或间接地影响着企业文化，让相同的管理技术在不同的氛围里发挥着艺术性的变异。

　　每家企业独特的个性，决定了生搬硬套的管理概念是行不通的。同样的管理理论，在不同的经营氛围中，会结出完全不同的果实。管理远远比想象中的复杂，国内很多企业都会犯的一个错误，就是直接把国外的管理理论原封不动地照搬过来，这样的结果就是让管理随机应变的艺术性荡然无存，那么，技术性又怎么能够发挥出应有的效果呢？

每家企业都不一样，管理理念不能生搬硬套

变革之前要先提高管理者所需要的素质

要循序渐进，不能急于求成

第二，管理者素质匹配度

假设让一个火车司机去驾驶轮船，或者让机械师去维修电子电路，结果肯定会一塌糊涂。但是，这样的现象反复出现在很多企业中。很多企业要实施一套新的管理理论，却不对管理者做任何培训，这不是让火车司机去开轮船吗？要知道，任何管理理论的推行，都需要对中高层管理者进行理论基础的培训，否则将无法达到管理素质的要求。

国内很多企业已经习惯凭经验做事的管理风格，制订计划通常就是某几个有经验的人商量着办。总经理同各部门总监开个会，大家凭借各自的专业经验，认为该怎么做，于是就计划如何做。

但是，量化管理系统的年度经营计划是一套从客观需求出发的事业促成计划。这个计划跟以往的经验管理方式有很大不同，要求各部门负责人必须具备相关的管理素质，否则他们就不会分析数据，也找不到相应的经营策略，最后执行的结果势必大打折扣。所以，在全面实行年度经营计划改革之前，必须先对中高层管理者进行相关领域的培训，让他们建立相应的管理意识和管理观念。在这个基础上，管理者才能有效地使用各种模板和工具，否则就会出现让马术师驾驶汽车的笑话，最后导致计划失败。

第三，组织进化次序问题

企业组织环境的更新、各部门关键职能的确立，是一个循序渐进的过程，任何企图急功近利、一口吃个胖子的做法都是不明智的。企业在改革初期，经营数据库尚不完整，也没有过往的经验可参考，只能摸着石头过河，在创新之前首先要保证组织环境的稳定。

一个对量化管理体系毫无经验的企业，如果贸然施行全面改革，风险是很大的。这样的企业，最好寻求管理咨询专业机构的帮助，在行动之前先进行沙盘模拟经营，将可能出现的问题和风险合理规避，再逐步实现年度经营计划的量化管理。

当然，企业也可以直接请有经验的量化管理咨询团队进驻到企业，用全程带教的方式，将每一步的行动考量做出详细的执行方案，通过这样的方法，用大概

2～3年的时间把企业的经验数据库建立起来，等逐步适应量化管理的经营模式后，再自我进化发展。

思考与行动

1.你所在的企业与别的企业有什么不同？如果实施量化年度经营计划，需要做哪些方面的改进？

2.如果你所在的企业也想实行全面量化年度经营计划，应该提前做哪些准备工作？

第二节　年度经营计划如何开始

　　有些企业管理者已经认识到年度经营计划的好处，也想在企业中实施，只是不知道怎样开始。别急，如果企业想实施年度经营计划，就先做市场调研。因为年度经营计划是以客户需求为导向，而客户需求是经过市场调研和分析得出的。

　　这里需要注意，年度经营计划的调研跟普通调研不同。普通调研认为客户就是买我们产品的人，谁买"我"的产品给"我"钱，谁就是"我"的客户。这是相对狭义的客户概念。年度经营计划的客户既有内部客户，又有外部客户。年度经营计划的外部客户跟普通调研中的客户一样，就是购买产品的人；内部客户就是企业内部的一些部门。

　　为满足外部客户的需求，企业内部会形成一条营销价值链。企业通常把营销团队、市场团队、销售团队当成这条价值链的顶层，把生产制造当成中层，把人力资源、行政当成底层。那么营销价值链顶层的部门，相对于价值链底层的部门就形成一种内部的客户关系，也就是处在营销价值链上面层级的部门就是下面层级部门的客户。比如，市场是所有部门的客户，销售部、研发部是生产部、财务部的客户，而财务部和生产部也是人力资源部和行政部的客户。

　　有些管理者了解外部客户的重要性，却没有意识到内部客户的重要性，认为只要满足外部客户的需求就行，内部客户的需求先等等吧。这种意识必须改正。因为如果企业内部各部门不能互相支持，不能好好配合，即使有很好的营销方法，也很难实现，内部客户都无法满足，就更无法满足外部客户的需求了。很多企业外部客户出现问题和投诉，其实根源还是产生于企业内部。

所以，企业准备开始实施年度经营计划前，首先要做两个调研：针对外部客户的调研和针对内部客户的调研。对外部客户的调研，主要侧重于外部客户对服务和产品有哪些不满意的地方，服务和产品有哪些待改进的地方；对内部客户的调研，主要侧重于各部门在协作方面存在哪些问题。通过这两个调研做出的企业年度经营计划，才能让企业内部和外部都得到提升。

对于外部的客户调研，其调研内容可以参考 ADP 模型。外部客户的需求概括起来主要表现在 A、D、P 三个方面：品牌体验的需求（A 值），就是对品牌的信任度；消费者在购物过程中的体验（D 值）；产品体验的需求（P 值）。针对外部客户的市场调研主要围绕这三个方面展开。

企业在做年度经营计划的外部调研时，一定要选择目标客户作为外部客户。所谓的目标客户，是指品牌面对的客户，既包括买本企业产品的客户，也包括买竞争对手产品的客户，以及一些潜在的客户。

在调研的时候，一定要注意对于 P（产品体验）方面的调研，主要是对企业产品的用户进行访问；对于 A（品牌体验）、D（购买过程体验）方面的调研，必须要针对潜在的用户，只有这样才能找到问题。

有些企业做调研时只调研自己的客户。这种调研方法存在一些弊端，因为客户已经购买企业的产品了，说明对企业、对产品还是比较认可的，最后得到的数据肯定有所偏颇。如果企业不去调研那些没买自己产品的客户，又怎么能了解那些客户的真正需求？又怎么能将那些客户吸引来？如果企业无法增加新客户，只有一些老客户，那企业又怎么增长？怎么发展？

企业在做外部调研时，除了要调研客户对自己企业的评价，还要收集客户对主要竞争对手的评价，将自己企业跟竞争对手进行对比，通过对比找到自身的不足。有的企业做调研的时候，只调研客户对自己的满意度，没有收集竞争对手的数据，这样的调研是无法得出正确结论的。比如，通过调研企业得知客户对自己的满意度是 80 分，但没有对比这个 80 分究竟是高还是低，是好还是坏。有些企业可能想通过这种调研跟自己的过去比，只要比过去好就算进步，但这种只跟自己对比的缺点就是，虽然企业比原来进步了，但还是不知道相对于竞争对手真正的弱点在哪里。所以外部调研一定要跟竞争对手比。

与外部调研相比，内部调研要容易得多。内部调研的问卷是固定的，调研的对象也只是企业所有的管理者，那些具体项目的执行者不用调研。因为年度经营计划要调研的内容是部门与部门之间相互协作存在的问题以及出现问题的原因，这主要跟企业管理者有关。

内部调研的内容很简单，就是约谈每个部门的管理人员，询问他们过去一年里部门在相互配合中遇到的问题，比如，市场部与研发、财务部，生产部与人力资源、行政等各部门之间，在上一年的配合中存在哪些问题。这个谈话就类似吐槽，就是让他们吐槽一下其他部门，不过谈话不能太笼统，要谈一些具体的问题。通常，市场部每年统一将问卷发放给所有的管理人员，让他们仔细填写，然后把问卷收集，进行分析。这些问题整理出来以后，确定一些改进的策略，再生成相应的项目。

通常外部调研花费的时间会更长，而且还要花钱；内部调研花费的时间会短一些，基本上不用花钱。在做年度经营计划的调研之前，管理者还要学习一些市场调研的基本知识，至少要知道怎样设计问卷、怎样进行抽样、怎样控制成本、怎样提高调研的体量等。此外，还要学习一些处理数据的相关知识，比如，怎样分析收集到的数据，怎样生成策略，进而为年度经营计划提供依据。

思考与行动

　　1.你所在的企业在做年度经营计划前做市场调研吗？除了外部调研，还做内部调研吗？

　　2.对于调研的结果，你采用什么方法分析？

第三节 总经理可以作为年度经营计划项目的负责人吗

制订年度经营计划本身就是企业一个很重要的经营项目，这样一个重要的经营项目，负责人应该是谁呢？在实际执行过程中，大多数企业认为制订年度经营计划是一个跨部门的系统性工作，应该由企业的高层领导整体控制协调，所以总经理通常被认定为制订年度经营计划项目的负责人。

很多企业在实际运作中发现，总经理做项目负责人存在很多弊端，甚至可能造成年度经营计划出现严重的偏差，最后导致整个项目的失败。这是为什么呢？

这主要跟总经理的权限有关。通常情况下，总经理的权限非常大，尤其在很多不成熟的管理系统中，只要有总经理参加会议，大多只是走走形式，讨论不出实质问题。出现这样结果的原因其实很简单，就是总经理的意见就是结果，领导的权威大过一切的流程。

这是一种不正常的现象。在世界一流的管理体系中，高层领导是真正藏在幕后的人物，基本上只扮演资源支持者的角色，而不是决策的设计者。但是在不成熟的管理系统中恰恰相反，总经理就是企业的"皇帝"，总经理的话就是"圣旨"，总经理的权威是神圣不可亵渎的。在这样的工作氛围中，如果让总经理担任年度经营计划项目的负责人，最后的结果只有一个，就是各部门之间的协调调研都可以省略，总经理说怎么办就怎么办。

总经理的权限太大，讨论不出实质问题

一切以总经理的话为准，没有协调调研

总经理个人的主观想法跟事实相差较远，最后立项会严重走形

总经理不适合当项目负责人

但是量化管理体系的年度经营计划是以调研分析为基础数据的，所有的策略生成及立项的依据都是从调研结果中分析出来的。于是矛盾就从这里产生了，因为没人敢跟总经理讨价还价，所以总经理领导的调研分析数据，其实就是总经理一人的主观想法，这样得出的数据是不科学的，也跟事实有很大的偏差。如果以这样的数据去分析，那么得出的经营策略也会有偏差，到立项计算资源的时候，就会严重走形。

管理学中有一个著名的理论叫"蝴蝶效应"，意思是，在自然界有一种奇怪的混沌现象，一只南美洲的蝴蝶扇动翅膀的气流，经过气象数据分析放大，就可能造成美国得克萨斯州的一场龙卷风！也就是说，原始数据对最终结果的影响非常大，原始数据中毫不起眼的偏差，可能会导致最终结果与预期完全相悖。

所以总经理不能充当年度经营计划项目的负责人，而应该由市场总监或者副总经理去负责。总经理要把自己藏到幕后去，只有这样才能让各个部门充分发挥本部门的职能，用客观实际的数据说话。

我们知道市场部是一个企业最重要的部门，是掌握市场信息最前沿的部门，市场总监有义务根据调研数据，生成年度经营计划。但实际工作中，又会发现另外一个问题，那就是大多数企业的市场总监根本没有这种工作能力，或者说在长期不健全的经营环境中，他们的这种工作能力已经被总经理的意志左右，跟岗位要求严重脱节。

经过调查发现，大多数企业最缺的就是市场总监这样的管理者，很多市场总监并没有做好自己的本职工作，总经理不得不越俎代庖，亲自上阵。总经理的这种行为，又加重了市场总监能力的退化，于是在这样的恶性循环中，企业的竞争力与经营能力日趋下降。

想要企业健康发展，总经理必须学会适当授权，将应该赋予的权力、责任和义务下放到市场部，逐渐培养市场总监的能力，让市场部成为企业对外观察的眼睛，调动市场部的活力，激发市场部的职能，从而让企业的经营能力逐渐趋向正常。

世界 500 强之一的宝洁公司，拥有强大的市场部，其市场部的卓越表现让宝洁公司的销售部几乎成为多余。产品不用推销服务，客户就会主动带着钱找上门来，因为市场部早在新产品上市前就已经把各种经营策略规划好了。

但是有些企业，最为劳神忧心的就是总经理，给企业造成破坏最大的也是总经理，真是"成也萧何，败也萧何"，这就是责、权、利不明确带来的后果。如果企业想要顺利实施量化年度经营计划，就不要让总经理做该项目的负责人。

思考与行动

1. 想想你所在的企业存在这种总经理"一言堂"的情况吗？
2. 如果存在"一言堂"，应该设置什么样的组织制度去避免这种情况？

第四节 现在的一些管理系统跟量化管理体系冲突吗

我在做企业咨询的时候，经常会被问道"我们现在施行的是 ERP 管理系统，这个会跟量化管理体系冲突吗？""我们使用了六西格玛、361 度全方位考核、6S 现场管理等管理工具，这会跟全面项目管理冲突吗？"

其实，完全不用担心，如果量化管理体系是一套操作系统，那么其他管理工具就是与系统兼容的软件。

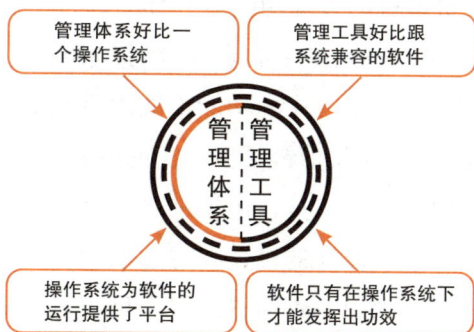

熟悉计算机的人都知道，Windows 平台就是操作系统，而我们通常使用的 Word、Excel、QQ、迅雷下载等工具就是软件。操作系统与软件的关系是这样的：操作系统为软件的运行提供一个平台和一种环境，软件只有在操作系统的支持下才能发挥本身的功效和作用；而操作系统只有兼容更多的软件，才能弥补本身功能的不足，为操作者提供更便捷的管理方式。

再说得详细一点，操作系统本身自带的绘图功能很简单，只能进行简单的图片处理，比如，裁切、旋转、放大等。当用户需要更强大的绘图功能时，则需要借助软件来实现。因此用户需要安装 Photoshop 或其他平面图形处理软件，用软件专业的平面图像处理技术实现对图像的高级编辑，比如，合成、美化、细节加工、滤镜等。软件就是这样实现对操作系统功能的完善和补充，让系统部分个性功能更加强大。

即使软件的某种个性功能十分强悍，但也必须在操作系统的支持下才能实现。比如，Photoshop 图形处理软件是不能独立运行的，必须在操作系统的环境支持下才能工作，离开操作系统提供的环境，软件再强悍，其功能也无法发挥。这就好比树木生长需要土壤一样，土地因为树木而变得丰富，树木必须在土地的资源环境中才能成活。

操作系统和软件之间的关系，形象地解释了量化管理体系和各个管理软件之间的逻辑关系。量化管理体系就好比操作系统，而 ERP 企业资源规划、六西格玛、361 度全方位考核、6S 现场管理等，都是基于操作系统而强化某些特定功能的软件。

ERP 企业资源规划是企业对所拥有的人、财、物、信息、时间和空间等资源进行综合平衡和优化的管理软件，这套管理工具可以协调企业各管理部门围绕市场导向开展业务活动，提高企业的核心竞争力，从而取得更理想的经济效益。其实，这与年度经营计划中营销价值链的管理功能是一样的，营销价值链就是 ERP 企业资源规划工具的简化模式。假设企业需要在资源规划方面做得更明确具体，且企业的资源环境比较复杂，营销价值链模式的功能不能满足现实的需要，就完全可以用 ERP 企业资源规划工具代替营销价值链模型，实现更为复杂的管理职能。

六西格玛是品质管理的重要工具，近年来已经逐步发展成为以顾客为主体来确定企业战略目标和产品开发设计的标尺，并逐渐演化为追求企业持续进步的一种管理哲学。在年度经营计划中，六西格玛完全可以与市场部、研发部和生产部的工作模型结合起来，帮助这些部门更高效地实现自己的管理职能。

同样，6S 现场管理是标准化生产的核心理念，同时也是一种管理软件，完全可以与生产部无缝连接，弥补年度经营计划本身提供的管理工具之不足，在更为复杂的情况下优化质量管理行为，拓展年度经营计划系统的外延功能。

361 度全方位考核是一套绩效管理考核工具，它部分实现了年度经营计划系统中的人事管理职能。绩效考核是企业管理的重中之重，361 度全方位考核体系可以将员工绩效表现完全数字化。但过程过于烦琐，不易操作。更关键的是，这套管理工具只量化了绩效考核系统，并没有将与之关联密切的岗位职责体系、职业发展规划体系、薪酬规划体系融合在一起。因此，361 度全方位考核只能作为年度经营计划体系中量化绩效的辅助工具，对系统整体的效率提升作用并不大。

每套操作系统都有其独有的思维方式——操作系统就是一套思维模式，以及根据这套思维模式所形成的行为习惯。每个企业都有自己的操作系统，只是有些企业可能还没有意识到系统的存在，或者系统本身还不完整。这时如果再将一些管理软件杂七杂八地安插到模式不清晰的操作系统上，软件本身的管理效能就不能正常发挥出来，效果就会大打折扣。

因此，企业有必要从本质上梳理管理模式，让所有的管理软件在核心上趋于统一，形成系统合力，这样才能提升管理的效果。为了达到这个目的，企业要对使用的管理工具、方式方法等进行必要的改造，使其适应企业的实际应用，不要拿来就用，生搬硬套。

思考与行动

1.你所在的企业管理模式是什么？

2.你所在企业使用了哪些管理工具？试着分析一下这些管理工具跟管理模式相符吗？

3.如果不符，你觉得哪些地方可以改进？具体该怎样改进？

第五节　全面实施量化的年度经营计划需要多久

　　我们在做企业咨询中发现，不少企业都存在急于求成的思想，恨不得两三个月就能将量化的年度经营计划全面施行，这是不科学的。通过前面的介绍，大家应该知道年度经营计划是一套很复杂的组织契约形式，从组织架构到执行体系，从职能梳理到人员素质锻造，从系统论到方法论，这是一个由很多模块组合而成的、立体的、全方位的管理模式。这样复杂的模式，施行起来是要按照一定步骤、遵循一定方法的，就像组装一部复杂的机器，工序流程非常重要。

　　一般来讲，企业想要全面实施量化管理体系的年度经营计划大约需要两年的时间。第一年的主要工作是导入年度经营计划模式；第二年的主要工作是维护年度经营计划模式。

　　在年度经营计划制订实施的过程中，各模块导入的顺序，就是一个很值得研究的问题。夸克公司多年的工作经验表明，企业管理改革如果不设立一个适当的缓冲区，不按照一个既定的、有经验的步骤执行，失败的概率就会相应增加。这个管理改革的缓冲区从时间上规划，以一年为界限是比较科学和客观的。

　　企业进入量化管理的第二年，主要工作是维护年度经营计划模式。企业在量化管理基础完善的前提下，开始整体全面施行以年度经营计划为主导的管理经营模式，并在此基础上，进一步形成岗位工作流程，用标准化的作业程序取缔原来以经验为主的控制方式，提升企业的整体执行力和竞争力。

　　在第二个阶段，企业要建设并固定组织的行为模式，即以市场需求为导向、以营销价值链为核心、以 ADP 模型为策略中心的经营模式。各部门的员工都要适应这种新的工作方法，并在此基础上进一步开发企业效益实现的途径。

当然，任何一种变革，都是一次痛苦的分娩。以前的惯性会不遗余力地抵制变革的发生，已经习惯了浑水好摸鱼的工作环境，乍然变得公开透明，很多人都会不自觉地找出各种理由来阻止或者消极抵抗管理方式的变革。

因此，在全面施行量化管理的过程中，必须先统一各个层级——尤其是领导层的观念。如果企业中高层领导都认为年度经营计划是空中楼阁，那么企业最终的经营结果一定会很糟糕，可能还不如原来固有的经营模式。

世界一流企业，大多数是以量化的经营计划为主导的经营方针，没有其他的方式。任何一家企业想要完成从经营机会到经营能力的转变，从经营产品到经营品牌的转变，从经营个体到经营组织的转变，都必须适应量化的经营计划，这是企业管理升级的必由之路，并且必须要坚持到底。

世界上无数成功的案例从实践的角度证明，量化管理体系的年度经营计划是切实可行的管理方式。大部分组织都能适应并灵活运用这种科学客观的管理方式，只是在活力不同的组织形态中，变革的难度有所不同而已。

如果年度经营计划在执行过程中出现抵触力量，就会造成不可挽回的后果。因此，在施行之前要进行全员宣导，在高层管理者的思维方式没有统一之前，不要轻易施行变革。只有这样，才能保证年度经营计划在执行过程中不会出现消极怠工的情况。

基于以上原因，企业组织架构的调整要先于量化管理体系中年度经营计划的制订实施。只有组织中的各个部门完全清晰自己的职能范畴，并有能力执行本部门的核心工作，最终的执行效果才能得到保障。

现在很多企业面临的现实问题就是市场部职能严重弱化，退化为宣传部，甚至变成可有可无的部门。这种组织架构体系，是不可能按照既定目标实现经营结果的。想要取得冠军，必须有过硬的身体素质，把希望寄托在点石成金般的神话中，得到的结果肯定是黄粱梦醒。

现在还有很多企业没认识到这一点，还把希望寄托在点石成金的神话中。今天流行细节管理，就抓紧进行细节管理的培训；明天流行平衡记分卡，就不顾一切地导入完全陌生的管理系统。这种做法是头痛医头、脚痛医脚的片面做法。在组织环境不适合的前提下，任何先进的管理工具和管理理念，都不可能顺利存活，或者说看不到应有的管理效果。

所以，在执行过程中如果出现不该出现的抵触力量，这不是管理工具的问题，而是前提基础的问题。地基没有打牢就匆忙起高层，是一定会出现问题的。对有效实施年度经营计划来说，地基主要有两个：一是量化管理的思维模式，包括全面项目化和职业素养量化，以及相配套的组织架构形态；二是事前统一管理者的思想工作，要完全按照预设的目标经营企业，而不是能做就做，不能做就算了。

企业要有量化管理的思维模式

实施年度经营计划的地基

在实施前要统一管理层的思想

思考与行动

1. 为什么全面实施量化的年度经营计划需要两年的时间？

2. 如果在你的企业全面实施量化的年度计划，你觉得会遇到哪些阻力？

3. 为什么会产生阻力？对于阻力最好应该怎么处理？

第六节　企业年度经营计划跟阿米巴模式有什么不同

　　近年比较流行的阿米巴经营模式，是由日本著名商业实业家稻盛和夫独创的一种经营模式，就是将整个公司分割成一个个被称为"阿米巴"的小型组织，每个阿米巴都按照小企业、小商店的方式独立经营，都有自己独立的利润中心。阿米巴经营模式中所谓的"阿米巴"，就是具有独立生存能力的生命体。

　　当年稻盛和夫之所以提出阿米巴模式，是因为他的公司发展壮大后，他感觉管理起来很费力，于是就将整个公司细分成一个个叫"阿米巴"的小集体，将大组织变成了小组织。后来，稻盛和夫重组日本航空公司（简称日航）时，将阿米巴经营模式导入日航。他认为这样可以让大公司重新焕发活力。这个模式确实让日航扭亏为盈，于是阿米巴经营模式就慢慢在世界范围内开始流行。

　　确实，很多人数比较多的大企业，从管理的角度上来讲，已经严重地超出管理的半径。因为组织太大，层次就会比较多，幅度也会比较大，这样对管理者的要求就会很高，超出了一般管理者的管理能力和管理范围。如果采用阿米巴经营模式，将大组织切分成相对较小一点的组织，就可以缩小企业的管理半径，让组织大小跟企业管理者的水平保持一致，这样就能够提高组织的活力，甚至提高组织的效率，最终能够实现扭亏为盈。

　　有一些企业采用了阿米巴经营模式，不过很多企业对阿米巴理论的理解存在问题。有些企业的阿米巴经营模式，是将整个企业按部门切分，比如，将营销切成一个班，制造切成一个班，财务切成一个班，人力资源切成一个班，让这些班都形成一个独立核算的单位，但是这样细分后，它们哪里还有独立生存的能力？

比如，生产部门切成一个班后，想要让其具有独立生存的能力，就得去揽业务，做销售，这种切分实际上已经违背阿米巴的基本原则了。

阿米巴经营模式要求切分后的小组织具有独立的生存能力，也就是必须要有基本的市场、销售、产供、人力资源、行政等部门。所以不管你怎么切分，绝不可以把生产和营销切分开，把人力资源、行政等后端部门跟前端部门切开，因为一旦将它们切分后，就不具有独立生存能力，这严重违背了阿米巴的思想。这一点就是阿米巴经营模式在运营过程中存在的问题，使用的时候一定要注意避免。

其实，阿米巴经营模式就是传统经营管理中提到的事业部的概念，一个企业发展到一定程度，就会按照业务方向或品牌方向，切分成若干个事业部。比如，宝洁公司规定，当业绩达到 50 亿元以上的时候，就可以考虑将一个完整的企业切分成两个事业部。两个事业部是完全分开的，基本上都有自己的人力资源、财务等部门。

阿米巴经营模式比较适合大企业，如果是规模比较小的企业，其意义并不大。有时采用阿米巴经营模式，不仅不能提高效率，还可能把企业搞乱，甚至可能把一家很好的企业拆散。一般来说，企业想要导入阿米巴经营模式，规模应该在 800 人以上。如果员工没有达到 800 人以上，根本没有必要导入阿米巴经营模式。因为切分以后反而会浪费资源，不利于企业的资源共享。

其实以项目管理为核心的企业年度经营计划，就是一个针对比较小型的、内部的运作机制。前面说过，不管企业的大小，首先得有独立生存的能力，这就需要在组织内部建立一定的结构。企业年度经营计划管理模式，实际上就是怎样在组织内部构建一个专业协作的组织系统。

采用年度经营计划这个管理模式，可以让企业内部的各个部门拧成一股绳，形成合力，减少各部门之间的摩擦。为什么这么说？主要原因有以下两点：

一、在组织内部建立了营销价值链

年度经营计划重新梳理了组织内部各部门之间的关系，并让各个部门形成一条链，其中，市场部是龙头部门，销售、研发是第二层的部门，生产、财务是第三层的部门，人力资源、行政是第四层的部门。

企业建立部门后，不知道怎么协调这些部门之间的关系，比如，销售和生产，到底谁先谁后？谁是谁的客户？经常没有答案。但是企业在实施年度经营计划模式以后，问题就得到了解决。通过以客户为导向这条营销价值链，企业明确了内部的工作循环关系。所以说营销价值链是高效率的、先进的管理思想。

二、建立了项目管理方法

企业年度经营计划的核心就是项目管理，可以说，项目管理贯穿了企业内部的所有工作。其实项目管理是企业内部各职能部门之间协同工作的一种工具，它保证了各个部门之间能够用统一的工作方法、统一的词汇、统一的概念和统一的逻辑去做事情，这就是协同。此外，企业做一个项目，首先会成立一个项目小组。这个小组是跨部门的，它打破了各部门之间的界限。在这个项目进行期间，各部门人员形成一个小团队，为一个共同的目标而努力，项目结束后团队解散，各回各的部门，再参加其他的项目。

跟企业年度经营计划相比，阿米巴经营模式则相反，它是将大企业切分成一个个独立的个体。不过企业年度经营计划跟阿米巴经营模式并不冲突，实际上它是紧接阿米巴经营模式的。一个大企业切分成一个个独立的事业部以后，想要让这些事业部高效运作，还是得通过年度经营计划管理模式。

其实，阿米巴经营模式和企业年度经营计划是解决组织问题的两个步骤：第一步，先将企业比作相对独立的、适合现有管理水平的几个独立作战单元，这就是阿米巴模式；第二步，就是用企业年度经营计划管理模式和项目管理模式来提高组织的效率和协同性。

思考与行动

1. 判断一下，你所在的企业有没有必要采用阿米巴经营模式？
2. 如果有必要，那么采用阿米巴模式时要怎样切分呢？
3. 切分后，结合企业的实际情况，怎样在小组织中推行年度经营计划？

第七节　如何解决预算与年度经营目标之间的矛盾

在实施年度经营计划初步阶段时，几乎有一半以上的企业都存在将各部门工作项目汇总后，财务预算严重超标问题。通常情况下，砍去一些不太重要的项目或者降低年度经营目标就好，但是大多时候出于各种原因，各部门都不愿删除自己部门的项目，并且总经理也不愿意降低年度经营目标，这就是资源与需求不匹配。如果企业能顺利解决这个问题，就可以提升执行力。

对于资源与需求不匹配的矛盾，企业可以从以下两个方向着手解决：

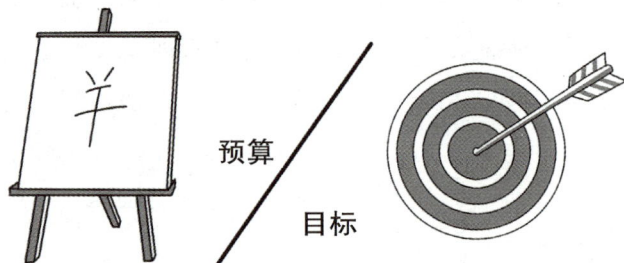

预算与年度经营目标矛盾的解决方案

01 逐一核算项目目标

02 逐一核算项目成本

第一个方向——逐一核算项目成本

很多项目的成本是采用事前预估的方法来确定的，这个预算本身就有很大的水分。企业要想精确地预算项目成本并提高成本预算水平，首先要认真展开规划工作，包括规划一定时期应有的成本水平和成本目标，然后对比分析实现成本目标的各项方案，进行有效的决策。

注意，在成本规划工作中，比较重要的是对项目流程的评估和建设。在量化管理实践中发现，改变一个项目的执行流程，减少一些不必要的中间环节或者改善流程图中严重消耗成本的环节，就可以达到有效控制预算成本的效果。如果在施行量化管理中遇到预算成本过高的问题，可以试着减少一些不必要的中间环节或者改变项目的执行流程。

量化管理体系中，几乎每个项目都以归档的方式进行最后的总结，归档的内容包含了对项目执行流程的探讨和总结。管理者可以从这些归档的项目中找到最优化的执行路径，然后在其他项目中加以应用、推广，从而控制项目的成本。

在项目执行过程中，管理者也要注意日常的成本审核监督工作，随时发现并克服执行过程中的浪费情况，在组织内形成成本控制习惯。平时要认真组织成本核算工作，建立健全成本核算制度和各项基本工作，严格执行成本开支范围，采用适当的成本核算方法，正确计算项目成本。

同时，还要安排好成本的考核和分析工作，正确评价各部门的成本管理业绩，促进企业不断改善成本管理措施，提高成本管理水平。企业要定期积极地开展成本分析，找出成本升降变动的原因，挖掘降低项目耗费和节约成本开支的潜力。

这里介绍一个重要的管理方式，就是将成本控制工作与各部门的经济责任制结合起来，将成本和收益直接挂钩。这样，各个部门在进行成本预算的时候，就会尽量降低成本的需求，争取用最小的消耗取得最大的成果。

逐一核算项目成本是成本控制的一个重要手段。其实，很多消耗都是想象出来的。有时各部门为了自身的利益，为了争取更多的资源也会虚报项目成本。当组织形成一套有效的成本管理方式后，降低项目成本就变得很简单。

第二个方向——逐一调整项目目标

我们知道项目目标是估测项目成本最重要的指标。如果将项目的目标降低一些，项目成本就会呈几何级数下降。

比如，将广告覆盖率从95%下调到90%，虽然目标覆盖率只降低了5%，但项目成本有可能缩减一半以上。

不过采用这种方式降低成本的时候，要注意重要经营项目的目标是不能轻易改变的。这是因为其中涉及关系企业经营效果的部分，这部分不能轻易降低，否则企业的经营成果就会不保。

面对这样的情况，企业要逐一评估每个项目的重要程度和紧迫程度，对于那些既重要又紧迫的项目，不能轻易降低目标，要保证其充分的项目运作空间。

这时就需要有职业水准的部门负责人。因为各部门负责人的职业水准对项目目标的调整和项目的综合评估有着关键性的影响。一个经验丰富的经理人，可以精确地把握每个项目的成本控制情况，在最可能的范围将项目成本和项目目标结合起来，从而达到成本控制的目的。

从这可以看出，企业日常对人才的培训是非常必要的，所谓养兵千日用兵一时，说的就是这个道理。

人才不是等需要的时候再去培养，而是先培养起来等需要的时候直接任用。企业对人才的培训要建立在量化管理系统的理解之上，因为只有深入地理解整套管理系统，才能将各部门的工作与整体组织工作结合起来，才能达到精确预算项目成本的目的。

如果企业平时没有对人才进行这方面的培养，那么在部门经理人职业水准不高的情况下，是不是就无法明确项目目标了？就无法开展相应的工作呢？当然不是。这时企业还可以聘请专业的管理咨询团队介入组织管理，通过专业管理咨询团队科学的专业技能、丰富的从业经验，协助企业为每个项目制订出合理高效的项目目标。

通过夸克公司无数次的量化管理实践证实，只要沿着这两个方向逐一梳理项目，就能让企业的成本预算与经营效果达到最平衡、最优化状态。很多企业开始觉得无法控制的预算，经过专业优化之后，也都得到了有效的控制，并且整体的经营目标也没有降低。

思考与行动

1. 如果你是年度经营计划的负责人，发现各部门上报的项目财务预算严重超标，这时应该怎么办？

2. 如果各部门都不愿删减项目，总经理又不愿降低年度经营目标，你又该怎么办？

3. 采用逐一核算项目成本和逐一调整项目目标时，需要注意什么？

第八节　企业每年立项常见问题

　　一些刚实施年度经营计划的企业，通常会有很多疑问，比如，企业每年立项最好控制在多少个合适？项目达成率一般在多少才算合格？怎样保证项目的达成率？怎样证明年度经营计划能给企业创造收益呢？下面将一一进行说明。

立项数量

小企业最少50个；
中企业最多300个

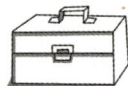

立项达成率

只有达到80%以上
才算合格

75%

保证立项达成率的小工具

电子工作日志；看板管理；诗睿管理系统；信息安全管理；过程管理工具

带来的效益

以往的实践表明，量化管理体系能在三年内让企业的人均利润增长十倍

一、企业每年立项最好控制在多少个

在制订年度经营计划时，每个部门应该有多少个工作项目这是无法确定的，因为企业规模不同、行业不同，部门也有大有小，每个部门在组织中所占的资源也不同，所以不能简单地规定一个部门一定要制订多少个工作项目，也不能草率地限定一个部门一定不能超过多少个工作项目。

虽然我们不能控制每个部门的立项，但是可以对行业内中小企业的年度整体工作项目数量进行简单把控。一般来讲，中小企业年度经营计划中的立项数量在 50 ~ 300 项。规模小一些的企业，最小立项数量也应该在 50 项左右，中等规模的企业，最大立项数量尽量不要超过 300 项。

为什么中小企业要将立项控制在 50 ~ 300 项呢？因为这涉及企业资源分配的原则问题。如果企业的立项数量过多，那么资源肯定不够用，这样客观上就会造成每个项目的资源分配都非常紧张，于是在执行过程中，可能出现各部门为了节约资源放松对项目的评估检测，导致项目执行质量严重下降；如果立项数量过少，则项目管理根本没有真正渗透到组织经营活动中，部门可能随时发现还有很多额外的工作要去做，只能追加项目，总经理只能为这些追加的项目分配资源，造成全年预算超标。

可能大多数人认为企业项目数量变少，可以节约大量的成本。其实不然，立项过少造成的成本上升情况更为普遍，这是因为总经理对额外项目的预算只有全年整体预算的 20% 左右，企业追加项目过多，就会耗干企业的预存资源，甚至出现现金流断裂的情况。

所以，企业在实施年度经营计划时要有效控制计划中项目的数量，不管项目数量多了还是少了，都会导致企业的经营成本上升、项目达成率下降。因为增加或减少项目涉及资源的再分配，还可能导致某些项目流产，或者出现执行质量严重下降。

二、项目达成率一般在多少才算合格

在正常情况下，年度经营计划项目达成率大约 80% 为及格线，也就是说，立项的工作，十项里大概有八项能达到最初预定的执行效果。如果达不到这个标准，说明组织管理存在问题，需要加大执行监控的力度。

三、怎样保证项目的达成率

企业可以引入一些小而有效的管理工具执行监控管理。比如，夸克公司使用的诗睿管理系统（办公自动化），以及本书前面介绍的看板管理管理工具，它们都能很好地为执行监控管理提供便利。

通过现代化管理工具的应用，企业可以最大限度地提高执行效率，改进执行质量，改善执行环境和条件，并辅助决策，减少或避免各种差错和弊端，缩短执行处理周期，提高管理和决策的科学化水平。

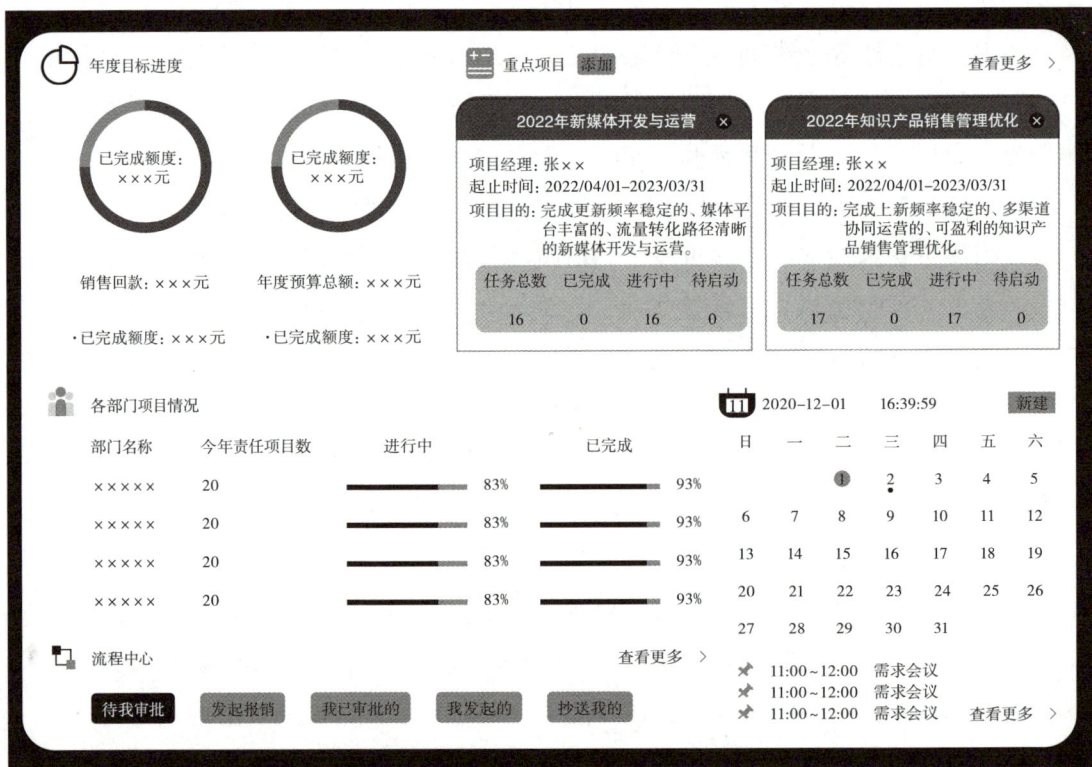

年度目标进度

已完成额度：×××元　　已完成额度：×××元

销售回款：×××元　　年度预算总额：×××元

·已完成额度：×××元　　·已完成额度：×××元

重点项目　添加　查看更多 ＞

2022年新媒体开发与运营 ✕
项目经理：张××
起止时间：2022/04/01-2023/03/31
项目目的：完成更新频率稳定的、媒体平台丰富的、流量转化路径清晰的新媒体开发与运营。

任务总数	已完成	进行中	待启动
16	0	16	0

2022年知识产品销售管理优化 ✕
项目经理：张××
起止时间：2022/04/01-2023/03/31
项目目的：完成上新频率稳定的、多渠道协同运营的、可盈利的知识产品销售管理优化。

任务总数	已完成	进行中	待启动
17	0	17	0

各部门项目情况

部门名称	今年责任项目数	进行中	已完成
×××××	20	83%	93%
×××××	20	83%	93%
×××××	20	83%	93%
×××××	20	83%	93%

2020-12-01　16:39:59　新建

日	一	二	三	四	五	六
		1	2	3	4	5
6	7	8	9	10	11	12
13	14	15	16	17	18	19
20	21	22	23	24	25	26
27	28	29	30	31		

流程中心　查看更多 ＞

待我审批　发起报销　我已审批的　我发起的　抄送我的

11:00~12:00　需求会议
11:00~12:00　需求会议
11:00~12:00　需求会议　查看更多 ＞

年度目标进度

已完成额度：
×××元

已完成额度：
×××元

销售回款：×××元　　　年度预算总额：×××元

·已完成额度：×××元　　·已完成额度：×××元

待办任务清单

任务名称	任务经理	目的	开始时间	结束时间	倒计时
××××	×××××	×××××	2019-9-03	2019-9-03	2019-9-03

部门数据统计　　　　　　　　查看更多 ＞

部门人力资源统计

部门当前总人数 10	责任项目数 10	达标项目人数 10	项目未达标数 10

人力负荷及比例

姓名	项目责任数	责任任务数	项目数占比
姓名	项目责任数	责任任务数	项目数占比
姓名	项目责任数	责任任务数	项目数占比
姓名	项目责任数	责任任务数	项目数占比

2020-12-01　16:39:59　新建

日	一	二	三	四	五	六
		1	2	3	4	5
6	7	8	9	10	11	12
13	14	15	16	17	18	19
20	21	22	23	24	25	26
27	28	29	30	31		

✈ 11:00~12:00　需求会议
✈ 11:00~12:00　需求会议
✈ 11:00~12:00　需求会议　　查看更多 ＞

流程中心　　　　　　　　　　　　　　　　查看更多 ＞

待我审批　发起报销　我已审批的　我发起的　抄送我的

重点项目 添加　　　　　　　　　　　　　　查看更多 ＞

2022年新媒体开发与运营 ✕

项目经理：张××
起止时间：2022/04/01-2023/03/31
项目目的：完成更新频率稳定的、媒体平台丰富的、流量转化路径清晰的新媒体开发与运营。

任务总数	已完成	进行中	待启动
16	0	16	0

2022年新媒体开发与运营 ✕

项目经理：张××
起止时间：2022/04/01-2023/03/31
项目目的：完成更新频率稳定的、媒体平台丰富的、流量转化路径清晰的新媒体开发与运营。

任务总数	已完成	进行中	待启动
16	0	16	0

2022年知识产品销售管理优化 ✕

项目经理：张××
起止时间：2022/04/01-2023/03/31
项目目的：完成上新频率稳定的、多渠道协同运营的、可盈利的知识产品销售管理优化。

任务总数	已完成	进行中	待启动
17	0	17	0

不过，在引入执行监控管理体系的过程中要注意一些问题，比如，信息安全问题。一些企业除加载防病毒软件外，很少采取虚拟网络、访问控制等措施，也缺少防火墙、入侵检测等硬件设备，技术防范手段较为落后，这样的办公网络面

临信息被搜集、侦听、哄骗、会话劫持等安全威胁。要知道执行信息既可以被组织监控并管理，也可以很方便地传递到竞争对手的会议室里，所以一套保密性能良好的办公软件是企业必备的执行管理工具。

企业在日常管理行为中，要向员工灌输信息安全的理念，必要的时候，还要实施重要数据加密保存的措施。信息安全管理看起来好像与监控执行管理没有联系，其实却是项目达成率的重要辅助保障方式。

假设企业信息泄露，竞争对手极有可能根据企业的执行信息，制订针锋相对的经营活动。这时企业不得不调整自己项目的目标，甚至放弃已经制订的工作项目，以适应市场的瞬间变化，这样整体执行率必然下降。

另外，引入过程管理工具也是保证项目执行率的重要方法之一，本书前面已经简单介绍过，就是通过对每个过程细节的管控，达到全面质量管理的效果。这里需要强调的是，细节管控不是越细越好，如果管理者将执行细节控制得过分严格，可能会适得其反，导致整体项目执行效率下降。

企业年度经营计划的立项结果是企业科学经营的规划图，立项如果得不到执行，年度经营计划就成了纸上谈兵。所以项目执行率是考查企业经营能力的重要参数，如果全年项目有一半没有达到预期的执行结果，那么企业的经营行为肯定是失败的。

四、怎么证明年度经营计划给企业创造了效益

这里需要说明一点，一套管理系统到底能给企业带来多少效益是无法精确衡量的，精确衡量就连管理咨询的机构都做不到，即使是麦肯锡也无法保证某种管理方案一定能带来多少实际效益。不过，如果长时间致力于研究并实践某种管理系统，那么至少可以掌握它对企业效益提升的大体平均值。大量的实践证明，量化管理体系能在三年内让企业的人均利润增长十倍！这个可以从江中药业股份有限公司的"品牌年度营销计划制订"案例中得到证明。

2004 年 3 月 2 日，江中药业股份有限公司总经理易先生等一行六人，从南昌飞抵广州，与夸克公司进行了第一次的正式会晤。2005 年，夸克公司运用科学化

管理思想和管理模式，为江中"亮嗓""草珊瑚含片""健胃消食片"等多个产品在市场管理等方面提供了先进的营销管理系统性指导。

2006 年，基于江中市场部的需求，夸克公司对其进行了组织架构、岗位职责、制度、考核体制的导入和主要工作流程的建立，并指导市场部完成了"健胃消食片""亮嗓"的年度品牌管理和补钙新产品"骨优"的上市管理。同年 7 月，夸克公司受江中总部邀请，开始对其下属多个职能部门员工约 450 人进行了全员基础素养提升培训。这次辅导，获得了江中董事会的高度好评。

在随后的一年中，江中药业股份有限公司按照品牌年度营销计划的制订步骤，提出了旗下多个产品的年度策略，并按照策略进行了立项。2007 年，江中健胃消食片销售突破 9.5 亿元，持续 3 年位居国内 OTC 药品单品销量第一，现已成为江中最具价值的品牌之一。如果以人均利润进行统计，从 2004 年到 2007 年，江中药业股份有限公司的人均利润增长大约是 17.6 倍。

江中的案例不是个案，夸克公司在多年的管理顾问生涯中，参与指导的江西汇仁集团、厦门安妮纸业、流行美发饰、河南谢人安防门帘、广东省九江酒厂、广州迪柯尼贸易有限公司、懒角落等企业，都按照预期计划，实现了既定的销售增长，并且在组织内部形成良好的文化氛围，将量化管理思想真正扎根到企业的日常行为中。

当然，任何一种管理方法都不是孤立存在的，只有在合适的氛围才能发挥最大的效用。所以，不能很绝对地说，年度经营计划制订执行体系能包治百病。组织想要达到预期的效果，还需要内部协同配合，包括组织环境、十大契约的建立、市场客观情况等。只有各方面的综合因素协同作用，才能最终收获理想的果实。

不过，任何企业的成长之路，必然是从有效制订年度经营计划开始的。不会做计划的企业，就像没有导航设备的舰船，动力再强劲，也无法保证顺利到达目的地，因为有可能航线就是错误的，还可能出现南辕北辙的现象。

这正如江中上市公司副总经理所说："品牌年度营销计划的制订方法比以前的工作方法更科学、更系统。以前只是点状思考，分析得出的结论心里不是特别有数，运用科学的方法得出的结论很有把握，对结论也有信心……"

总之，科学制订年度经营计划，是一个企业经营能力的根本性转变，是脱离经验指导转向客观数据分析得到策略的标志性里程碑，也是组织基业长青的必由之路！

思考与行动

1.分析一下你所在的企业是属于大型、中型还是小型企业，然后看看你所在的企业每年最好立项多少个？

2.分析一下你所在的企业有哪些监控管理工具？还可以引入哪些管理小工具？

附　录

附录 1：通用调查问卷模板

被访者姓名：＿＿＿＿＿＿　电话：＿＿＿＿＿＿＿　手机：＿＿＿＿＿＿

被访者详细地址：＿＿＿＿区/镇＿＿＿＿居委/村＿＿＿＿＿编号：＿＿＿＿＿

访问员姓名：＿＿＿＿＿＿＿＿＿访问员编号：＿＿＿＿＿＿＿＿＿

督导姓名：＿＿＿＿＿＿＿＿＿＿督导编号：＿＿＿＿＿＿＿＿＿＿

访问时间＿＿年＿＿月＿＿日＿＿时开始，＿＿时结束；时长：＿＿＿＿分钟

A 值通用调研问卷

A1.[不提示] 请问您都听过或见过哪些品牌的某类产品呢？还有呢？还有呢？（第一提及和其他提及分别记录在牌子【表—1】中，第一提及为单选，其他提及为复选）

A2.[不提示] 请问您都听过或见过哪些品牌的某类产品广告呢？这里所指的广告包括电视、电台、报纸、杂志、路牌、灯箱、网络 / 网站、邮寄宣传品等。还有呢？还有呢？（第一提及和其他提及分别记录在牌子【表—1】中，第一提及为单选，其他提及为复选）

[访问员注意：问 A3 时，先将 A1 的全部答案过录到 A3]

[出示卡片]

A3. 除了您刚才提到的这些品牌的产品之外，请问您都听过或见过卡片上哪些品牌的产品呢？还有呢？还有呢？[复选]

[访问员注意：问 A4 时，先将 A2 的全部答案过录到 A4]

[出示卡片]

A4. 除了您刚才提到的这些品牌的产品之外，您都听过或见过卡片上哪些品牌的产品广告呢？这里的广告包括电视、电台、报纸、杂志、路牌、灯箱、网络 / 网站、邮寄宣传品等。还有呢？还有呢？[复选]

A5. 在将来购买该类产品时，您会首先选择哪个品牌呢？第二选择呢？第三呢？

[每列单选]

请问为什么您把 ＿＿＿＿＿＿（读出 A5 的答案"首选"）作为首选品牌呢？【追问】还有呢？还有呢？

【访问员注意:深入追问原因。如"质量好",要追问质量好在哪些方面,如何好？】

还有呢？＿＿＿＿＿＿＿＿＿＿＿＿＿＿＿＿＿＿＿＿＿＿＿＿＿＿＿＿＿＿＿＿＿＿

＿＿＿＿＿＿

还有呢？＿＿＿＿＿＿＿＿＿＿＿＿＿＿＿＿＿＿＿＿＿＿＿＿＿＿＿＿＿＿＿＿＿＿

＿＿＿＿＿＿

[出示卡片]

A6a. 请问您曾经购买过哪些品牌的该类产品呢？还有呢？还有呢？[复选]

[出示卡片]

A6b. 请问在过去一年内，您都购买过哪些品牌的产品呢？我说的过去一年是指从现在开始往前算的 12 个月。还有呢？还有呢？[复选]

[出示卡片]

A7. 请问在过去六个月内，您都购买过哪些品牌的该类产品呢？还有呢？还有呢？[复选]

[出示卡片]

A8. 请问在过去一年内，您最常购买哪个品牌的产品呢？[单选]

请问为什么您会最常购买 ＿＿＿＿＿＿（读出 A8 的答案）品牌的产品呢？【追问】还有呢？还有呢？

【访问员注意:深入追问原因。如"质量好",要追问质量好在哪些方面,如何好？】

＿＿＿＿＿＿＿＿＿＿＿＿＿＿＿＿＿＿＿＿＿＿＿＿＿＿＿＿＿＿＿＿＿＿＿

还有呢？＿＿＿＿＿＿＿＿＿＿＿＿＿＿＿＿＿＿＿＿＿＿＿＿＿＿＿＿＿＿＿＿＿＿

＿＿＿＿＿＿

还有呢？＿＿＿＿＿＿＿＿＿＿＿＿＿＿＿＿＿＿＿＿＿＿＿＿＿＿＿＿＿＿＿＿＿＿

＿＿＿＿＿＿

[出示卡片]

A9a. 请问目前您拥有哪些品牌的该类产品呢？请包括您现在正使用的、存放的，但不要包括不打算使用的。还有呢？还有呢？[复选]

[出示卡片]

A9b. 请问在过去一年内，您最常使用哪个品牌的产品呢？[单选]

品牌表－1

	A1 品牌知名度（不提示）		A2 广告知名度（不提示）		A3品牌知名度（提示）	A4广告知名度（提示）	A5			A6a 曾经购买过	A6b 过去一年购买过	A7 过去六个月购买过	A8 过去一年最长购买	A9a 目前拥有的品牌	A9b 最长使用的品牌
	第一提及	其他提及	第一提及	其他提及			首选	第二	第三						
	单选	复选	单选	复选	复选	复选	单选	单选	单选	复选	复选	复选	单选	复选	单选
竞争品牌1	001	001	001	001	001	001	001	001	001	001	001	001	001	001	001
竞争品牌2	002	002	002	002	002	002	002	002	002	002	002	002	002	002	002
自有品牌1	003	003	003	003	003	003	003	003	003	003	003	003	003	003	003
竞争品牌3	004	004	004	004	004	004	004	004	004	004	004	004	004	004	004
竞争品牌4	005	005	005	005	005	005	005	005	005	005	005	005	005	005	005
竞争品牌5	007	007	007	007	007	007	007	007	007	007	007	007	007	007	007
竞争品牌6	008	008	008	008	008	008	008	008	008	008	008	008	008	008	008
竞争品牌7	009	009	009	009	009	009	009	009	009	009	009	009	009	009	009
竞争品牌8	010	010	010	010	010	010	010	010	010	010	010	010	010	010	010
竞争品牌9	011	011	011	011	011	011	011	011	011	011	011	011	011	011	011
竞争品牌10	012	012	012	012	012	012	012	012	012	012	012	012	012	012	012
其他（注明）															
不记得/不清楚	999	999	999	999	999	999	999	999	999	999	999	999	999	999	999

D 值通用调研问卷

> 先生 / 女士：
>
> 您好！我是 ×××公司的访问员，我们正在进行一项有关经销商满意度的市场研究，我们非常希望了解您的看法和意见，您的意见对我们非常重要。

D 值调研问卷范例

D1	请问贵公司与××行业公司合作的主要负责人在吗？现在我想和他/她谈谈，可以吗？〔如果被访者不在公司，则预约合适的时间再次访问。〕		
	请问贵公司与我公司的合作时间有多长呢？【单选】	编码	跳问
	半年	1	终止访问
D2	一年	2	
	两年	3	
	超过两年	4	
	不知道/不记得	99	

[出示卡片]

D3. 请问贵公司除了经销我公司产品以外，是否经销该行业其他公司的产品呢？（复选）

竞争对手	01
竞争对手	02

[出示卡片]

D4. 请问贵公司除了经销我公司的 ××品牌以外，是否还经销以下其他品牌呢？（复选）

竞争对手	01
竞争对手	02

D5. 以下是一些影响该行业企业与经销商合作关系的因素，请问您认为它们的重要程度是怎样的呢？请您用"1~9"分对每一个句子进行打分，"9分"代表最重要的因素，"1分"代表最不重要的因素。请问对于 ××（从打钩处逐一读出功能句子）您认为它的重要程度是多少分呢？（该提问只适用于一级经销商，对二级、三级经销商的指标需要确定，并需要对每一个指标做简单解释）

指　　标	重要程度得分
盈利（指在给公司带来的利润）	
利润率	
日常客户关系维护	
商务政策	
发票账务（在促销方面的票据管理方面）	
供货管理	
渠道管理（在补货、缺货沟通方面）	
帮助经销商开拓业务（在门面设计和产品陈列方面）	
帮助经销商开拓业务	
培训支持（包括常规和深入培训，例如，产品、技术和销售技巧等培训）	
协助代理商制订、完成市场计划，例如，促销奖励、广告宣传	

[出示卡片][出示功能卡]

D6.【针对我公司和 D3 题中有选择的公司逐一提问】以下是一些描述与该行业公司合作的功能句子，根据贵公司与该行业公司合作的情况，请问您对它满意度的评价是多少分呢？请您在"1~5分"之间选择一个分数进行评价，"5分"代表最高分，"1分"代表最低分，谢谢。

访问员举例：

例如：请问您用对"总是公平对待我"描述贵公司与 ×× 行业公司合作的满意程度是什么呢？

访问员确认被访者对题意的了解：

请问您现在是否了解我们这道题目的意思呢？（被访者回答否定，须从头开始向被访者解释题意；被访者回答肯定，开始功能句子的提问）。

[访问员将答案编号记录在下表中]

	我公司	竞争对手1	竞争对手2
作为合作伙伴，值得我信赖			
合作者，总是遵守承诺			
总是公平对待我			
如果合作中产生问题，总能提供一个公平合理的解决方案			
与他合作，让我觉得自豪			
总是非常尊重我			
对于我们这样的公司，是非常合适的合作伙伴			
是我不可缺少的合作伙伴			

[出示卡片][出示功能卡]

D7.【针对我公司产品品牌，以及 D4 题中有选择的同行业产品品牌逐一提问】以下是一些描述与该品牌企业合作的功能句子，根据贵公司的情况，请问您对它的评价是多少分呢？请您在"1~5 分"之间选择一个分数进行评价，"5 分"代表最高分，"1 分"代表最低分，谢谢。

访问员举例：

例如：请问在贵公司与 ×× 品牌公司的合作中，您对"日常客户关系维护"的评价是多少分呢？

访问员确认被访者对题意的了解：

请问您现在是否了解我们这道题目的意思呢？（被访者回答否定，须从头开始向被访者解释题意；被访者回答肯定，开始功能句子的提问）。

[访问员将答案编号记录在下表中]

	我公司	竞争对手1	竞争对手2
盈利（指在给公司带来的利润）			
利润率			
日常客户关系维护			
商务政策			
发票账务（在促销方面的票据管理方面）			
供货管理			
渠道管理（在补货、缺货沟通方面）			
帮助经销商开拓业务（在门面设计和产品陈列方面）			
培训支持（包括常规和深入培训，例如，产品、技术和销售技巧等培训）			
协助代理商制订、完成市场计划，例如，促销奖励、广告宣传			

P 值通用调研问卷

先生 / 女士：

　　您好！我是 ××× 公司的访问员，我们正在进行一项有关于 ×× 产品性价比的市场研究，我们非常希望了解您的看法和意见，您的意见对我们非常重要。

P 值调研问卷范例

【出示卡片】

P1【针对主要品牌逐一提问】请问您认为 ＿＿＿＿＿＿＿＿（读出品牌名字）给您怎样的感觉？（每个品牌单选）

P2 请问您通常通过哪些渠道购买该类产品呢？还有呢？还有呢？

_____

还有呢？ _____

还有呢？ _____

P3 请问您在购买该类产品时，都考虑哪些因素呢？比如说质量、服务等。

	（01）	（02）	（03）	（04）	（05）	（06）	（07）	（08）	（09）	（10）	（11）
	竞争品牌	竞争品牌	竞争品牌	竞争品牌	竞争品牌	竞争品牌	竞争品牌	竞争品牌	竞争品牌	竞争品牌	竞争品牌
	1311	1312	1313	1314	1315	1316	1317	1318	1319	1320	1321
奢侈品	5	5	5	5	5	5	5	5	5	5	5
高档品	4	4	4	4	4	4	4	4	4	4	4
中档品	3	3	3	3	3	3	3	3	3	3	3
大众品质	2	2	2	2	2	2	2	2	2	2	2
基本品质	1	1	1	1	1	1	1	1	1	1	1

还有呢？＿＿＿＿＿＿＿＿＿＿＿＿＿＿＿＿＿＿＿＿＿＿＿＿＿＿＿

还有呢？＿＿＿＿＿＿＿＿＿＿＿＿＿＿＿＿＿＿＿＿＿＿＿＿＿＿＿

P4	**出示卡片** 请您对您考虑的因素按照重要程度排序，最重要的是什么？其次，再次……【**直至排完P4中所有的选项**】		
		【复选】	【写序号】
	品牌	01	（　　　）
	产品价格	02	（　　　）
	产品性能	03	（　　　）
	产品质量	04	（　　　）
	使用方便程度	05	（　　　）
	维护方便程度	06	（　　　）

续表

	【复选】	【写序号】
售中服务质量	07	（　　）
售后服务保障	08	（　　）
其他（请注明_____）		（　　）
其他（请注明_____）		（　　）
其他（请注明_____）		（　　）

P5	请问在过去某段时间内，您购买过多少该类产品
	记录数量：

P6	**出示卡片** 您购买同类产品时，属于卡片上哪一种情况呢【单选】	编码	跳问
	我通常在购买前已经决定买哪个品牌，最后也买了这个品牌	1	
	我通常在购买前已经决定买哪个品牌，但最后改变了	2	
	预先没有决定品牌，最后随机决定	3	

P7	**出示卡片** 假如您对××品牌的产品性价比不满意，您通常会怎么办【单选】	编码	跳问
	暂时不买，等到价格合适才买	1	
	买该品牌的其他产品	2	
	优先考虑性能，只要性能合适就买	3	
	买别的品牌的产品	4	

P8. 您认为，该类产品表现优质应该具备哪些特征？还有呢？还有呢？

_____

还有呢？ _____

还有呢？ _____

P9	出示卡片 您最喜欢哪种类型的该类产品【单选】	复选	单选
	与众不同，不注重价格	01	01
	越便宜越好	02	02
	性价比平衡	03	03
	广告主导作用大	04	04
	随便。无所谓	05	05
	其他（请注明：_____）	98	98

P10	出示卡片 您最不能忍受的三个质量问题是	复选	单选
	常见问题质量一	01	01
	常见问题质量二	02	02
	常见问题质量三	03	03
	常见问题质量四	04	04
	常见问题质量五	05	05
	常见问题质量六	06	06
	常见问题质量七	07	07
	常见问题质量八	08	08
	常见问题质量九	09	09
	常见问题质量十	10	10
	常见问题质量十一	11	11
	常见问题质量十二	12	12
	常见问题质量十三	13	13
	常见问题质量十四	14	14
	常见问题质量十五	15	15
	其他，（请注明：_____）	98	98

P11. 在购买该类产品的过程中，您希望得到哪些优惠？请您详细地告诉我。还有呢？还有呢？

_____

还有呢？_____

还有呢？_____

P12. 您最希望出现什么功能的该类产品呢？请您详细地告诉我。还有呢？还有呢？

_____

还有呢_____

还有呢_____

P13	出示卡片 以下功能中，最吸引你的三个改善方向是什么【复选】	复选	单选
	设计功能方向一	01	01
	设计功能方向二	02	02
	设计功能方向三	03	03
	设计功能方向四	04	04
	设计功能方向五	05	05
	设计功能方向六	06	06
	设计功能方向七	07	07
	设计功能方向八	08	08
	设计功能方向九	09	09
	设计功能方向十	10	10
	其他，（请注明：_____）	98	98

附录 2：年度经营计划模板

＿＿＿＿＿＿＿＿公司 2022 年年度经营计划模板

一、背景与战略回顾

本文件旨在明确＿＿＿＿＿公司 2022 年的工作内容，其中包括公司年度目标与预算上限，年度策略，需求传递，年度项目列表与时间排期，项目数量与预算汇总表及年度经营计划的应用。总经理对年度总目标和总预算负责，部门负责人有权对本部门年度计划的项目进行整体统筹。

经战略回顾，公司 2022 年为战略期，主题是：＿＿＿＿＿＿＿＿＿＿＿＿＿＿。

本文件适用于＿＿＿＿＿＿＿公司。

本文件自总经理与部门负责人签名当日起生效。

本文件的解释权归＿＿＿＿＿＿＿公司。

总经理签名：　　　　　　　　　各部门负责人签名：

日期：　　　　　　　　　　　　日期：

二、年度目标与预算上限

1. 本财年销售收入（人民币）：＿＿＿＿＿元。

按＿＿＿＿月＿＿＿＿日至＿＿＿＿月＿＿＿＿日到账金额为准。

2. 本财年总支出预算上限（人民币）：＿＿＿＿＿＿＿元。

即，占 2022 年年度销售预计收入目标的＿＿＿＿%。

其中：

1）上述预算支出的____%（_____元）作为实施年度经营计划的经费支出；

2）总预算支出的____%（_____元）作为预留费用，由总经理调配支出。

三、年度策略

关键问题	类　别	策　略	所属部门

四、需求传递

内部需求列表

提需求部门	接受需求部门	需求	实例

战略改善项目需求列表

接受部门	问题/改善型项目需求传递	问题/需求解决		需求部门
		项目	项目目的	

五、年度项目列表与时间排期

1._____部门：

项目编号	项目类型	项目背景	项目名称	项目目的与目标	项目经理	起止时间	项目预算

2.＿＿＿＿部门：

项目编号	项目类型	项目背景	项目名称	项目目的与目标	项目经理	起止时间	项目预算

3.＿＿＿＿部门：

项目编号	项目类型	项目背景	项目名称	项目目的与目标	项目经理	起止时间	项目预算

4. 总经办：

项目编号	项目类型	项目背景	项目名称	项目目的与目标	项目经理	起止时间	项目预算

六、项目数量与预算汇总表

公 司									汇总	
类型	部门	部门	部门	部门	部门	部门	部门	总经办	项目数量	项目预算（元）
常规型										
改善型										
战略型										
合计										

七、年度经营计划的应用

年度经营计划用来指导年度工作，项目经理在执行项目过程中应严格遵守项目管理规定，部门项目总监对部门内各项目进行监控，总经办每月抽查项目执行情况，并组织核心资源召开年度经营计划监控会议，保证年度经营计划的顺利实施。

年度经营计划应在遇到以下情况时提出修改：

1. 市场中心负责人在年度经营计划监控会议上提出并一致决议修订策略；

2. 部门负责人在年度经营计划监控会议上提出并一致决议调整项目名称、目的与目标、预算、起止时间、项目经理。

＿＿＿＿＿＿＿＿公司

＿＿＿＿年＿＿＿月

附录 3：A 企业 2022 年年度经营计划

第 1 页：封面

A 企业 2022 年年度经营计划

第 2 页：目录

目　录

第 3 页：背景与战略回顾

一、背景与战略回顾

本文件旨在明确 A 企业 2022 年的工作内容，其中包括企业年度目标与预算上限，年度策略，需求传递，年度项目列表和时间排期，项目数量与预算汇总表及年度经营计划的应用。总经理对年度总目标和总预算负责，部门负责人有权对本部门年度计划的项目进行整体统筹。

经战略回顾，A 企业 2022 年为战略收藏期，主题是：以建立系统的组织管理体系，提升"A"品牌的综合实力。

本文件适用于 A 企业。

本文件自总经理与部门负责人签名当日起生效。

本文件的解释权归 A 企业。

总经理签名：　　　　　　　各部门负责人签名：

日期：　　　　　　　　　　日期：

第 4 页：年度目标与预算上限

二、年度目标与预算上限

1. 本财年销售收入（人民币）：1.5 亿元。

按 1 月 1 日至 12 月 31 日到账金额为准，加盟保证金不计入销售收入。

2. 本财年总支出预算上限（人民币）：1.275 亿元。

其中：

（1）上述预算支出的 85%（1.083 75 亿元）作为实施年度经营计划的经费支出。

（2）总预算支出的 15%（0.191 25 亿元）作为预留费用，由总经理调配支出。

第 5 页：年度策略

三、年度策略

类　别	关键问题	策　略	所属部门
A值 态度	知名度偏低（20%）	1.在2022年4月15日前，至少与2家符合品牌定位的电商平台达成合作，并开设线上品牌专卖店	市场中心
		2.在2022年6月30日前，至少要将100家门店的现有门头、灯带的标识更改完成	市场/销售中心
		3.在2022年6月30日前，至少在20个城市中投放广告，将目标客户的平均知名度提升至30%	市场中心
		4.在2022年6月30日前，至少要在全国20个城市开设30家门店（开业为结束标志） 5.在2022年6月30日前，至少要在5个新城市开设10家新门店（开业为结束标志）	销售中心
	尝试率不足（15%）	6.在2022年3月31日前，建立年轻化陈列的工作流程和标准，并按照新标准陈列2022年春季服装	市场中心
		7.在2022年3月31日前，对所有终端员工进行穿搭、陈列以及沟通技巧的培训，并建立终端工作流程和标准	市场中心
	流失人群的比例为10%	8.在2022年3月31日前，所有终端都配备iPad，建立客户档案	市场中心
D值 渠道	·A品牌店内环境跟B品牌有较大差距 ·A品牌比B品牌更了解客户的需求，但推荐产品和客户试穿率不如B品牌	9.在2022年8月31日前，完成终端标准化（仪表标准化、导购流程标准化、店内环境管理标准化），并在全国进行推广，85%以上店铺考核合格	市场/销售中心
P值 性价比	因价格问题导致客户流失率达10%	10.在2022年5月10日前，在保证利润率最多降低2%的情况下，将产品价格降低5%	研发/市场中心

第 6 ~ 7 页：需求传递

四、需求传递

内部需求列表

提需求部门	接受需求部门	需求	实例
产供	财务	财务打款速度不及时，影响了面辅料的货期（打款才发货）	每月都有3次以上
产供	销售	生产部缺熟练车工，未招聘到位	车工一直缺，1月份提出需要锁边人员20名，至今还未招满
销售	推广	促销赠品不能及时跟进	年中、"双11"活动时赠品一直不够
销售	产供	确认产品质量问题，需要回复的时间长	确认质量问题需要等7天以上
销售	行政	新开业的店铺，刚发过去的电脑、打印机、iPad就有不能用的	10月在X、Y、Z三地新开的店铺就出现这种情况

战略、改善项目需求列表

接收部门	问题/改善型项目需求传递	问题/需求解决		需求部门
		项目	项目目的	
人力	1. 2022年2月15日至4月15日招聘流水车工40人，车头老师6人，检验4人 2. 2022年4月16日至6月16日招聘流水车工20人，车头老师1人 3. 2022年6月17日至8月17日招聘流水车工10人	规范流水生产线的建立	通过规范流水生产线的建立，降低生产线员工专业门槛	市场中心
人力	1. 2022年1月24日前招聘或者培训3~4名有市场部操作经验的项目经理 2. 2014年1月24日前招聘或者培训3~4名有市场部操作经验的任务经理	初级专业市场中心建立	通过建立初级专业市场中心，提升公司品牌运作水平	市场中心
人力	1.招聘2名负责电商运营的电商部经理（5年以上电商管理经验） 2.招募到4名电商运营专员（2年电商工作经验）	2022年全国性电商平台合作开发	通过与符合品牌定位的、全国性领先的电商平台谈判，达成合作并上线	市场中心

第 8 ~ 18 页：年度项目列表与时间排期（节选部分项目）

五、年度项目列表与时间排期

1. 市场中心：

常规型项目29个；改善型项目8个；战略型项目9个

编号	类型	项目名称	项目目的	项目目标	项目经理	项目预算	起止时间
SC-001	常规型	2022年年度日常网络维护	通过对品牌网站、微博和微信平台等网络媒介方式的维护，保障公司网络媒介的正常运营	1.更新不及时次数不超过2次（5个工作日） 2.故障解决不及时次数不超过1次（3个工作日） 3.内容错误次数不超过3次	×××	1万元	2022年1月4日 2022年12月31日
SC-002	常规型	2022年品牌文案和平面设计支持	通过品牌文案和平面设计支持，满足公司品牌和产品推广方面以及各部门平面设计的需求	1.需求满足不及时次数不超过3次 2.有效投诉次数不超过2次 3.符合品牌定位	×××	5万元	2022年1月4日 2022年12月31日
SC-020	常规型	2022年客户服务	通过解决客户投诉、问题咨询、售后服务三个方面的问题，维护品牌，提高客户满意度	1.注册500个电话 2.问题处理不及时次数不超过3次 3.提出问题的客户不满意次数不超过3次 4.受访资料完整率不低于99%	×××	12万元	2022年10月15日 2022年12月31日
SC-021	常规型	制订2023年年度经营计划	通过制订2023年年度经营计划，有效保障公司2023年正常运营及持续发展	1.生成书面的《2023年度经营计划》，标准为：有紧扣战略且量化的年度经营目标、年度策略，各部门战略类/改善类/常规类工作项目，且每个项目都有的、目标、时间起始排期、项目负责人、项目预算 2.逻辑错误次数（不按照规范操作）不超过2次	×××	30万元	2022年1月4日 2022年12月31日
SC-030	改善型	2022年全国性电商平台合作开发	通过与符合品牌定位的、全国性领先的电商平台谈判，达成合作并上线	在2022年4月15日前完成上线，标准为： 1.与符合品牌定位、鞋服类排名前五的两家电商平台达成正式合作 2.建立电商操作的流程、标准 3.建立支持电商基本运营的团队	×××	25万元	2022年1月4日 2022年3月31日
SC-037	改善型	2022年重点城市品牌性广告投放	通过在重点城市投放品牌性广告，提高目标客户的知名度	在2022年6月30日前完成投放。标准为： 1.要在销售额排名前20的20个重点城市投放广告 2.广告形式及内容符合公司品牌定位 3.平均有效到达率达到40%	×××	115万元	2022年3月15日 2022年6月30日
SC-043	战略型	初级专业市场中心建立	通过建立初级专业市场中心，提升公司品牌运作水平	在2022年5月31日前完成： 1.调整市场中心组织架构，确定岗位职责 2.90%市场中心人员到岗 3.60%流程要标准化 5.80%人员通过专业素养的汇报考核	×××	0	2022年1月4日 2022年8月31日
SC-046	战略型	建立VIP客户服务管理模式	通过建立VIP客户新的管理模式，规范VIP管理的流程与标准	在2022年7月31日前完成： 1.内容完整（含VIP管理流程和标准）； 2.通过VIP的满意度测试 3.与新的管理模式匹配的信息系统获得××验收	×××	15万元	2022年2月1日 2022年9月30日

2. 销售中心：

常规型项目19个；战略型项目1个

编号	XS-001	XS-014	XS-039	XS-041
类型	常规型	常规型	改善型	战略型
项目名称	下半年终端培训管理	一季度货品运营管理	2022年新市场标准店拓展	初级专业销售中心建设
项目目的	通过对门店人员进行运营标准及专业技能培训，提升店铺人员的操作能力，满足店铺的运营需求	通过对终端货品及物料的配发、调拨、退货及库存数据的管理，提升商品管理水平	通过在新的目标市场建立标准店，实现渠道拓展，提升渠道覆盖	通过初级专业销售中心的建设，提升公司渠道和终端管理能力
项目目标	1.培训计划获得销售总监审批通过 2.培训内容计划执行率85% 3.参加培训人员考核达标率80% 4.培训（直营店和加盟店）覆盖率90%	1.终端对商品服务有效投诉次数不高于3次 2.终端货品需求不及时次数不高于6次 3.未按计划配发货物次数不高于5次 4.ERP系统数据更新不及时次数不高于5次	在2022年6月30日前完成开业，标准为：5个新市场开设10家新门店	在2022年8月31日前完成： 1.调整销售中心组织架构，确定岗位职责 2.95%销售中心正式员工上岗 3.所有常规型项目都要有参考流程 4.70%流程要标准化 5.90%销售管理人员通过岗位所属的常规型项目的操作流程和标准的汇报考核
项目经理	×××	×××	×××	×××
项目预算	25万元	500万元	70万元	0
起止时间	2022年6月15日 2022年12月31日	2022年1月4日 2022年4月15日	2022年1月4日 2022年3月31日	2022年2月1日 2022年10月31日

3. 研发中心：

常规型项目16个；战略型项目2个

编号	YF-010	YF-018
类型	常规型	战略型
项目名称	2022年冬季面辅料开发及管理	目标客户版型模型的建立
项目目的	通过对面辅料的开发、管理以及对样衣的管理，满足产品设计需求，保障账物相符	通过数据调研、分析、数学模型、实物模型的建立，生成一套符合目标客户的版型标准
项目目标	1.设计师平均满意度85% 2.各类型供应商开发数量不少于3家(以达成合作为准） 3.供应商档案不完整次数不超过2次 4.面辅料账物符合率不低于95% 5.样衣账物符合率不低于98%	在2022年9月30日前完成： 1.一套符合目标客户的数据模型（按面料和尺码分）、实物模型 2.通过目标客户的试穿测试
项目经理	×××	×××
项目预算	8.75万元	10万元
起止时间	依据研发计划需求时间	2022年1月4日–2022年9月30日

4. 产供中心：

常规型项目16个；战略型项目2个

编号	SC-018	SC-025	SC-039
类型	常规型	改善型	战略型
项目名称	2022年第一季成品质量检验	2022第一季度物流配送管理	品控体系的建立
项目目的	对成品进行检验，及时发现并报告不合格品，杜绝不合格品入库	通过对产品配送进行有效管理，保障产品及时、低耗、安全到达需求地点	通过岗位设置、流程与标准的建立、人员的配置，建立统一规范的品控体系
项目目标	完成季度产品质量检测，标准如下： 1.检验不及时次数不超过3次 2.季批量质量事故次数不超过2次 3.报告不准确次数不超过2次（尺寸、工艺问题、处理意见）	完成季度物流配送任务，标准为： 1.发货及时率95% 2.季度操作不规范次数为2次 3.季度货损货差有效投诉次数为2次 4.运输事故处理不及时次数1次	在2022年4月30日前完成： 1.90%品控管理正式员工上岗 2.所有常规型项目都要有参考流程 3.90%流程要标准化 4.90%品控人员通过岗位所属的常规型项目的操作流程和标准的汇报考核
项目经理	×××	×××	×××
项目预算	0	12万元	1 000元
起止时间	2022年1月4日 2022年4月15日	2022年1月4日 2022年4月15日	2022年1月4日 2022年9月30日

5.财务中心：

常规型项目19个；战略型项目1个

编号	CW-001	CW-007	CW-012	CW-018
类型	常规型	常规型	常规型	常规型
项目名称	上半年度财务数据分析	年度审计管理	上半年度人员工资核算	上半年度合作商结算
项目目的	通过分析公司整体财务状况，为公司的经营、发展需要提供决策依据	通过对公司各项数据的合规性审计，及时准确地反映成本、库存、终端运营等情况的问题与风险	通过对人员工资的核算，及时准确地满足工资发放需求	通过对合作商、供应商、托管商的账务结算，保障公司往来业务规范开展
项目目标	1.分析报告不及时次数不超过1次 2.数据明显差误次数不超过6次 3.分析报告不完整次数1次 4.报告内容明显逻辑错误次数不超过2次	1.内审报告不及时次数不超过1次 2.内审报告内容完整，无明显逻辑错误 3.内审报告数据不准确次数不超过4次	1.不准确次数不超过3次 2.不及时次数不超过1次 3.响应不及时次数不超过1次	1.核算不准确次数不超过3次 2.核算不及时次数不超过1次 3.未按照标准、流程操作次数为0次
项目经理	×××	×××	×××	×××
项目预算	25万元	12.95万元	664.56万元	289.14万元
起止时间	2022年1月4日 2022年7月15日	2022年1月4日 2022年12月31日	2022年1月4日 2022年7月15日	2022年1月4日 2022年7月15日

6. 人力中心：

常规型项目29个；改善型项目8个；战略型项目9个

编号	类型	项目名称	项目目的	项目目标	项目经理	项目预算	起止时间
RZ-001	常规型	上半年度常规招聘管理	通过有效的招聘途径，满足各部门（不含终端）常规的用人需求	1.需求满足率达95%以上 2.需求满足及时率达95%以上 3.需求部门满意度不低于95%	×××	3.3万元	2022年1月4日 2022年7月15日
RZ-003	常规型	上半年度培训综合管理	通过新员工培训，以及对各部门专业能力培训需求的收集与制订相应的计划，按计划满足各部门岗位员工对能力的需求	1.培训计划完成率不低于100% 2.培训组织及时率不低于95% 3.培训考核合格率不低于95% 4.部门满意度不低于95%	×××	10万元	2022年1月4日 2022年7月15日
RZ-005	常规型	年度日常职业发展管理	按公司规范组织员工完成职业发展评估与考核	1.工作完成及时率不低于95% 2.数据准确率不低于90%	×××	1 000元	2022年1月4日 2022年12月31日
RZ-006	常规型	上半年度绩效考核管理	通过对员工绩效信息的统计和计算，保证将绩效薪资及时准确地提供给财务部	1.核算出错次数不超过3次 2.核算不及时次数不超过1次	×××	91.38万元	2022年1月4日 2022年7月15日
RZ-008	常规型	上半年度劳动关系综合管理	保证员工与公司的劳动关系合法化、规范化，维护和谐的劳动关系	1.劳动合同签订不及时次数不超过2次 2.社保办理、居住证办理不及时次数控制在2次以内 3.劳动纠纷解决及时率100%	×××	60.66万元	2022年1月4日 2022年7月15日
RZ-012	改善型	年初各部门人员需求招聘	针对各部门2022年年初提出的人员需求，进行有效招聘，满足各部门落实年度经营计划的（不含终端）用人需求	1.需求满足率达95%以上 2.需求满足及时率达95%以上 3.需求部门满意度不低于95%	×××	1万元	2022年1月4日 2022年2月28日
RZ-014	战略型	薪酬福利激励体系建立（含终端）	建立一个公平、规范、透明的有竞争力的公司级薪酬福利激励体系	在2022年10月31日前完成： 1.高管年薪在2022年10月10日前完成并宣导，内容包括：涉及对象、年薪标准、考核与执行方案 2.整体薪酬体系在2022年10月20日前完成并宣导，内容包括符合企业发展阶段，正式、书面的初级薪酬方案，方案包括各层级月度奖金、年终奖金 3.通过专家论证 4.在2022年3月31日前完成激励创新的机制（包括流程与标准） 5.在2022年8月31日前完成福利、津贴标准	×××	0	暂定

7. 行政中心:

常规型项目16个;战略型项目2个

编号	XZ-001	XZ-010	XZ-014
类型	常规型	常规型	常规型
项目名称	2022年上半年度行政综合支持	2022年信息化软硬件管理	2022年上半年度终端日常工程装修和日常维护
项目目的	通过各部门行政的综合支持,及时满足各部门的行政需求(含接待、会务支持、订票、邮件收发等)	通过规范软硬件的日常维护、故障处理和需求响应,保障公司信息化软硬件的正常运行	通过对终端工程的装修与日常装修问题的处理,响应市场及销售的装修维护,满足终端店形象需求
项目目标	1.部门需求响应不及时次数不超过2次 2.有效投诉次数每月不超过2次 3.部门满意度达90%以上	1.需求满足不及时次数不超过3次 2.数据安全事故次数为0次 3.故障解决不及时次数不超过3次	1.日常维护需求满足不及时次数不超过3次 2.维护响应不及时次数不超过1次 3.装修不及时次数不超过1次 4.一次验收不通过次数不高于1次
项目经理	×××	×××	
项目预算	3.5万元	8万元	11万元
起止时间	2022年1月4日 2022年7月15日	2022年1月4日 2022年12月31日	2022年1月4日 2022年7月15日

8. 总经办：

常规型项目：19个战略型项目1个

编号	ZJB-001	ZJB-005	ZJB-009	ZJB-010	ZJB-012
类型	常规型	常规型	常规型	常规型	常规型
项目名称	2022年年度经营计划监控	2022年第一季度总经理日常工作综合支持	2022年上半年度公司制度日常监察	2022年年度项目档案管理	上年度各部门综合支持
项目目的	通过及时收集和反馈项目的进展信息，保障年度经营计划按规范执行	通过协助总经理日常工作的安排，落实总经理日常交办事宜，并组织重要会议，满足总经理的日常管理需求	按公司规范完成对《公司制度》及公司级《管理规定》的日常监督	通过对项目资料的归档与管理，保证公司的项目知识传承以及档案的完整性和有效利用	通过对各部门的综合服务和支持（包括各类文案、函件、合同、项目管理技术的支持等），满足各部门提出的需求
项目目标	1.监控报告不及时次数不超过1次 2.问题响应不及时次数不超过3次 3.会议决议跟进不及时次数不超过2次 4.会议纪要不及时提交次数不超过1	1.指令落实不及时次数不超过2次 2.总经理日程更新不及时次数不超过2次 3.总经理会议纪要不及时次数不超过1次 4.总经理满意度90%	1.监控不及时次数不超过1次 2.处理不准确次数不超过1次 3.有效投诉次数不超过3次	1.归档处理不及时次数不超过3次 2.档案不完整次数不超过3次 3.借阅投诉次数不超过3次 4.违反借阅流程和标准次数为0	1.有效投诉次数不高于3次 2.需求处理不及时次数不高于3次 3.部门满意度达到90%
项目经理	×××	×××	×××	×××	×××
项目预算	1万元	5万元	0	0	1万元
起止时间	2022年1月4日 2022年12月31日	2022年1月4日 2022年4月15日	2022年1月4日 2022年7月15日	2022年1月4日 2022年12月31日	2022年1月4日 2022年12月31日

第 19 页：项目数量与预算汇总表

六、项目数量与预算汇总表

A企业

类型	市场中心	销售中心	研发中心	产供中心	财务中心	人力中心	行政中心	总经办	汇总	
									项目数量	项目预算（元）
常规型	29	38	16	38	19	11	14	12	177	93 716 826
改善型	8	2				1			11	3 967 115
战略型	9	3	2	2	1	2	1		20	9 894 200
合计	46	43	18	40	20	14	15	12	208	107 578 141

第 20 页：年度经营计划的应用

七、年度经营计划的应用

年度经营计划用来指导年度工作，项目经理在执行项目过程中应严格遵守项目管理规定，部门项目总监对部门内各项目进行监控。总经办每月抽查项目执行情况，并组织核心资源召开年度经营计划监控会议，保证年度经营计划的顺利实施。

年度经营计划应在遇到以下情况时提出修改：

1. 市场中心负责人在年度经营计划监控会议上提出并一致决议修订策略；

2. 部门负责人在年度经营计划监控会议上提出并一致决议调整项目名称、目的与目标、预算、起止时间、项目经理。

A 公司
2021 年 12 月